江苏省高等学校重点教材

2021-2-051

传播与社会

秦宗财 / 编著

人民出版社

contents ————————————————

目　录

前　言

　　传播是社会个体与社会群体之间关系形成的路径和过程，尤其是在如今万物互联时代，文化、媒介、传播、社会等已深深交织于一体。如今受以网络媒体和移动媒体为代表的数字新媒体影响最大的是青年学生群体。良好的媒介素养是青年学生必须具备的基本素质，迫切需要高校加强针对基本素养的教育。同时，面对众多媒体平台带来的复杂信息，如何解读、识别和判断媒体信息，以及如何充分有效地利用新媒体信息实现自我发展，对青年学生的媒介素养教育也提出了越来越高的要求。帮助青年大学生学会利用传播规律去理解社会现象，是十分重要的事情。基于此，本书基于新媒体时代文化传播新知识、新技术、新成果，力图成为内容创新、富有特色、通俗易懂的通识性读物。

　　本书坚持以习近平新时代中国特色社会主义思想为指导，从传播与社会文化互动发展的基础和背景出发，运用国内外传播学研究的最新成果，有机融入中华优秀传统文化、法治意识和国家安全等教育理念，结合新媒介技术的发展，阐释人类社会的信息传播现象，注重概念的明晰性和理论的系统性，对现代信息社会中的传播现象、传播与家庭、传播与人际交往、跨文化传播等领域中的许多理论和现实课题进行深入浅出的分析和阐释，努力构建具有中国特色、融通中外的概念范畴、理论范式和话语体系，引导读者尤其是青少年树立正确的世界观、人生观和价值观，从而服务于立德树人的教育目标。在本书编写过程中，遵循如下基本思路。

　　第一，思想铸魂育人。坚持以习近平新时代中国特色社会主义思想为指导，针对新时代思想教育理念和要求，本书将进一步把中国特色社会主义新闻传播理论体系和话语体系作为教材建设的重点分析内容，持续改进本土化的新闻传播理论和话语的内容，提升教材思想的高阶性，突出思想教育的创新性与引领性。立足新时代大学生认知与成长实际，明确中国本土特色和话语体系的教材建设方向。因此，本书在教育思想上，坚持以建设新时代中国特色社会主义新闻传播理论体系和话语体系为指导，以立德树人为根本目标，从传播与社会关系的视角，精心设计相关议题，解读文化、传播与社会三者之间的互动发展，加强大学生传播能力的基础性教育。

第二，注重能力培养。立足我国新时代下经济社会发展需求和人才培养目标，优化本书内容与结构，突出易读性、易理解性和一定的趣味性，使本书能够适合于各类学科人才阅读，促进各类学科专业人才的媒介素养培养。特别是针对非新闻传播学专业读者的认知水平和接受能力，充分吸收国内外前沿研究成果，从传播能力、关系传播、家庭传播、教育传播、公共传播、传媒产业、健康传播、时尚传播、危机传播、亚文化传播、跨文化传播等维度，向读者介绍人在社会发展过程中必须要面对的、重要的传播问题，诸如如何提升人际沟通能力、如何认识和建立社会关系、如何优化家庭传播效果、如何通过教育途径获取人力资本、如何塑造公民身份、如何认识文化软实力、如何提升人文本位的健康传播、如何辩证认识时尚传播、如何认识族群认同、如何提升跨文化适应能力等，培养读者传播社会学的思维，以期让读者从传播社会学的视角对社会发展尤其文化的繁荣创新有更深入的了解，提高读者认识社会文化、理解文化传播的水平，提升读者分析媒体、运用媒体的能力，从而提升读者认识社会、融入社会乃至改造社会的能力。

第三，贴近青少年读者需要。遵循教育教学规律和人才培养规律，精选与读者人生成长和社会生活中紧密相关的十一个主题，即"传播能力与人际沟通""关系传播与社会圈层""家庭传播与代际传承""教育传播与人力资本""科学传播与科学素养""艺术传播与艺术素养""健康传播与人文本位""时尚传播与社会流行""危机传播与风险沟通""亚文化传播与族群认同""跨文化传播与文化适应"，从分析传播规律出发，帮助读者认识社会传播现象，进而培养读者的传播意识，提升其传播能力。从个人、家庭，到组织、族群、社会，根据不同的传播类型，编排内容，力求能反映教学内容的内在联系、发展规律，同时能够体现创新性和学科特色，本书富有启发性，有利于激发读者尤其是青少年的学习兴趣及创新潜能。

传播是人类社会交往、社会信息共享的活动，传播是社会的传播，社会是传播的社会，二者密不可分。因此，传播与社会的关系丰富庞杂，涉及诸多学科的理论和方法。国内外学者对此多有研究，目前国内传播与社会方面的高校教材或专著（包括国外引进翻译版），主要有［日］竹内郁郎，张国良译《大众传播社会学》（1989）、［美］威尔伯·施拉姆，金燕宁等译《大众传播媒介与社会发展》（1990）、［法］塔尔德，邵培仁《传播社会学》（1994）、［美］克拉克，何道宽译《传播与社会影响》（2005）、张国良《新闻媒介与社会》（2001）、胡中生等《传播社会学导论》（2002）、［英］伯顿，史安斌译《媒体与社会批判的视角》（2007）、［加］克劳利等，董璐等译《传播的历史：技术、文化和社会》（2011）、［美］加布里埃尔·塔尔德《传播与社会影响》（2016）等，这些教材或专著不是专业性太强，就是出版时间较早，已无法满足新媒体时代的新变化、新需求，而且很多是国外的书，缺失中国本土特色和中国话语体系。编者在前人研究的基础上，意以此教材促进大学生增强对传播与社会关系的认知。但限于编写水平有限，不足之处在所难免，恳请方家批评指正。

导　言

案例导入

龟骨上的文字：中国古代社会的传播媒介

2017年10月，甲骨文成功入选《世界记忆名录》。这无疑昭示了以甲骨文为代表的中华优秀传统文化无论是在古代社会还是在现代社会对于我国的重要意义与价值。其中，甲骨文在我国古代社会充当传播媒介的功能，在承载丰富文化内涵方面发挥着基础效用。

汉字源于远古时期，它作为华夏文明史中最基本的文字符号与信息载体，长久以来发挥着记载中华文明的重要功能。三千年来，汉字由甲骨文、金文、简帛文逐渐演变为今天的楷书。而在甲骨文出现之前，先民便基于各类图案，使用各种具有象征意义的符号表示并记载重大事件，并在与新的符号结合过程中，慢慢建立起文字的概念，最终诞生了中国古代社会早期文字——甲骨文。在汉字长期的演进过程中，作为其诞生"源头"的甲骨文不仅承载着物理载体的信息，更被寄寓了当时社会背景下的特殊语义，也因此曾一度成为商代巫师及祭祀等神职人员与商王祖先、上天沟通的重要媒介。总体看来，甲骨文凭借其凝聚着我国古代社会中古老奇特的人文信息而成为了我国古代社会传播活动中重要的传播媒介。

一、传播：人类社会特有的文化现象

（一）传播与人的社会化

在正式解读、理解传播与人类社会的关系之前，我们不禁发问，究竟什么是传播？这是人类社会所特有的活动和现象吗？

实际上，在人类社会诞生之前，自然界中的信息传播活动——动物传播已经普遍出现。比如，某些鸟类为吸引异性，会做出或奇异、或可爱的舞蹈动作；某些鸟类为告诫同类警惕捕食者的到来，会发出刺耳的尖叫声；还有些鸟类为宣告领地权，又会发出奇妙、动听的叫声……这些现象均说明了自然界中的动物需要通过声音、动作、气味等信息的发出与接收，来确保自己的生存或种群繁衍，而且这种动物传播活动大多是依靠有限的声音和特定的化学或物理信号实现的。

人类社会的传播也正是在这种动物传播活动的基础上发展而来的，但又因为人类社会的传播是人类在生产劳动与社会实践中、在一定社会关系中所进行的信息传递与交流活动，因此人类社会的传播与动物传播有着本质区别。人类社会的传播不仅借助原始的器物，而且慢慢创造出语言，用其来表示具体事物以及任意抽象、虚构的事物，创造新概念与新含义。这些特点也使得人类社会的传播已经不仅仅停留于动物传播活动中的信息传递的工具层面，更被赋予了文化创造与保存的内涵，由此确保不同社会背景下文化意义的共享与代际相传。人类社会的传播，也因此成为了人类社会所特有的文化现象。

总而言之，广义的传播包括自然界的信息传播活动与人类社会的传播两个维度，而狭义的传播仅仅指人类社会的传播，具体而言是指在人类社会中，人们借助特定的传播媒介，基于一定社会关系而展开的信息传递与交流、意义共享的活动与过程。在把握人类社会传播的内涵时还应该注意人类社会中传播活动的基本特征，主要体现在以下几个方面。

第一，传播是一个信息传递的过程。人类社会物质交往实践与精神交往实践均处于一定社会关系中，且离不开社会交往，在此过程中，各类信息的传递、收受的传播活动便成为人们进行社会生产实践的必要途径。例如，在日常生活中，我们每个人都会进行的反省活动，便是一种在个体内部、在大脑中进行的信息交流活动；在日常工作实践中，同事间的工作交接、上级领导的工作部署、公司的年会活动甚至各类大型动员活动，都离不开基本的信息传递，与此同时，此过程中，也必然少不了人与人之间的交往活动，毕竟无论是物质交往实践还是精神交往活动都必须在不同的社会关系中才得以建立与发生，即使是个人的自我反省活动，也是需要在基于自己与外界交流互动的基础上才能发生，而且这种自我反省活动所带来的结果，也将会进一步应用至此后的人际交往等不同的社会实践活动中去，由此也可以看出，作为信息传递过程的传播是社会运转的基础和必要活动。

第二，传播作为一种基于一定社会关系而展开的信息传递活动，这种活动可体现出传受者间横向或纵向的社会关系。例如，公司领导对于下属的任务指派，便属于一种基于纵向社会关系的传播活动；而公司同一部门内或不同部门间同一级别职员间的业务交流，便属于一种基于横向社会关系的传播活动。与此同时，传播又是一定社会关系的体现，正如大学生与同学间的交往方式，包括措辞、动作、称呼等在很大程度上会与师生间的交往方式存在差异。关系亲密的同学间，在彼此交流前不一定需要尊敬的称呼和敬语，大家往往会以开门见山的方式直接传达信息内容，而同学们在同老师交流前，必要的敬语和特定的尊敬的称谓是必不可少的。这在一定程度上说明，在传播活动中，传播者与受传者在信息传递过程中，除了具体的信息内容（如称呼），双方所使用的表情、动作、手势等均可在一定程度上体现出传受双方的社会关系。

第三，单凭传播者、受传者以及信息的存在还不能构成一个完整的传播过程，使得传播得以完整成立的一个重要因素是传播者与受传者需要拥有共通的意义空间，这指的是传受双方需要有较为接近的文化背景或生活经验。例如，东西方对于龙的解读便存在一定差异。龙在中国自古以来就被赋予了吉祥的寓意，在我国古代，龙往往是天神代言人的角色，在现代社会中，中国人往往自称是"龙的传人"。与中国不同，龙在西方文化中更多时候是邪恶的代表。此外，对于不同历史时期的人们而言，也会存在对于同一事物认知以及意义理解的差异。比如，在我国不同历史时期，关于女子身材的审美标准，总体来看也发生过动态流变，在发展至鼎盛时期的唐朝，人们便倾向于更加丰腴的女性身材审美，而到了现代社会中，人们对于女性身材审美更倾向于"骨感"，在曾经风靡一时的"A4腰"的网络挑战中便可窥见这种以"骨感"为美的审美标准。由此可以看出对于处于不同文化背景中的人们而言，对于同一事物理解的差异很有可能会衍生出一系列误解，而解开误解的办法便是理解信息传者或受者的文化背景，从而拥有共通的意义空间。

第四，在一定程度上，传播作为人类社会特有的信息传播活动，既是不同社会成员在社会中生存所需的必要行为，是一种社会实践行为，也是一个信息传递的过程，此外，这种行为或过程所带来的社会影响可以遍布整个社会系统，可以产生综合性效果，引起总体发展变化。以大学生在课程中听课为例，老师向同学们进行知识讲解便可被视为一种基本的信息传递活动，一种"一对多"的传播活动。这种知识讲解活动首先便可被视为一种传播行为，这是老师个人的社会实践活动，而当各种知识点被同学们接受、理解时，这中间发生的各种细枝末节的传播机制（包括同学们是否可以听清老师的话、老师是否表述清楚、同学们是否可以理解老师所讲解的知识点等）的存在，便可视为一种传播过程。再进一步看，当同学们理解老师所讲解的知识点后，再将这些知识、理论应用在日后的学习和工作中，甚至继续将这些知识点向自身的其他朋友或家人进行讲解或介绍的时候，这种原本作为老师个人的社会实践活动的传播，其所带来的影响便慢慢渗透进整个社会信息系统中了。

一般来说，社会化包括两个方面的含义：第一，个体掌握社会的知识、技能和规范，即成为一个"社会学习者"；第二，个体利用其所掌握的社会知识、技能和规范，积极投入社会实践活动中去，组建自身的社会关系网，成为一个"社会实践者"。这两个方面意味着个体需要源源不断地接受、学习并学会运用社会信息系统中的信息，从而使自己在这一过程中能够理解与接受特定社会背景下的文化。而在个体为实现一个完整的社会化过程中，即成为一个合格的"社会学习者"与"社会实践者"的过程中，传播作为一种基本的社会实践活动，会对个体的社会化带来重要影响，具体体现在以下两个方面。

第一，在成为一个"社会学习者"方面，个体在从一个"自然人"转变为"社会人"的过程中，往往需要学习一定的社会技能和规范，由此才能适应社会，在社会中生存。例如，日常生活中的关于交通规则的学习，同学们关于校规的知晓，作为员工对于公司日常规章制度的了解……这些社会规则对于不同的社会成员而言都是必须学习并付诸为自己的一言一行的。而在具体的学习过程中，人常常是在人际交往过程中，直接或间接地了解、学会不同的社会规则。例如，作为学生，我们不一定会直接去翻看、背诵校规手册中的具体条例，而是经常会通过老师的"口头传播"来了解什么可以做、什么不可以做。

第二，在成为一个"社会实践者"方面，传播是人类社会文化生成和延续的基础。传播也是一种文化建构的象征过程，人们可以通过传播所具有的信息沟通、交流的基础功能，借助不同形式的传播媒介，如报纸、电视、广播等，实现特定社会背景下社会文化意义的共享，以建立共同的行动范式。不同的社会知识、技能与规范的形成不是一蹴而就的，其在很多时候往往是经历了历史的积淀、多次删改后才慢慢形成的。在此过程中，文字作为一种基础媒介发挥着重要功能，文字传播使得不同时代背景下的社会规则得以保存，并为后人制定新的社会规则提供一定借鉴。对于个体而言，通过文字等基础媒介来了解、学习社会知识、技能与规范也是个体实现社会化、成为一个合格的"社会人"的基本途径。此外，传播是人与人的关系得以成立和发展的基础，也由此成为个体与社会群体之间关系形成的方式。人类社会的信息传递、交流活动成为了人与人之间各种关系建立与发展的基本纽带，也由此搭建了人类社会实践活动的基本脉络。

总而言之，在人类社会中，信息无处不在，也使得传播无处不有。作为人类社会所特有的基本活动，传播扮演着支持人类社会运转的基础设施的角色，成为社会成员开展社会实践活动的必要途径。在现代社会，不仅在个体的社会化过程中，传播帮助社会成员搭建自己的社会关系网，帮助个体成为一个合格的"社会人"，而且文字传播等具体传播活动可以实现人类社会文化的代际传承，实现人类社会的可持续发展。因此，传播在人的社会化过程以及人类社会的发展过程中都具有重要的意义。

（二）人的社会化过程中传播的机制

现代意义的社会化是一种终身社会化，即人在从出生到终老的任何阶段，都会进行社会化，社会化是人一生的任务和活动。传播在人的社会化过程中有着举足轻重的地位，这主要通过大众传媒在现代社会中对现代人生活的影响而得以体现，这种影响过程主要体现出以下几个特点。

第一，大众传媒较其他社会化载体的特殊性和不可替代性。在传统媒体时代，人们热衷于通过看报、听广播、看电视等手段来了解新闻信息与社会整体动向。在新媒体时代，人们转向使用移动终端来获取自己需要的信息，发表个人观点，寻找趣味相投的小众社群……还有在公共场所的电子屏幕上投放的广告、招贴画以及宣传册等都可以被列为广义上的大众传媒的范畴。人们目光所及之处，大众传媒无时无刻以多样化面貌呈现丰富的内容，也是其不可替代性的根本所在。而其中，以移动终端中的各类新闻媒体为代表的大众传媒，在不同平台被发布的新闻评论等体裁直接发挥着引导人们价值观念的作用，这也是其区别于其他社会化载体的特别之处。

第二，大众传媒影响的长期性和潜在性。美国社会学家乔治·赫伯特·米德认为个体在从"一个只有我的世界"到"生活在别人和我的共同世界里"的社会化过程中需要经历模仿、游戏、游戏规则三个阶段。而个体如若想要在这一过程中实现社会化，往往需要依靠于不同的社会化载体来了解社会"游戏规则"。在各种社会化载体中，仅有大众传媒对人的影响可贯穿于人的整个社会化过程，并且在社会化过程中的每一个阶段都发挥了不可或缺的作用，这体现出大众传媒影响的长期性，并且这种影响往往是通过一种"润物细无声"的方式进行的。例如，上班族在日常上下班途中所见的广告，便是以一种潜移默化的方式，悄悄在各类消费者脑中播下一颗印象"种子"，以便今后进一步引导消费者对于产品的总体印象，从而打造一个关于产品的具有持续性影响的印象系统。

第三，大众传媒担负个体终身学习和再社会化的重任。人类社会不断变迁，社会环境的变动迫使社会成员需要借助大众传媒所承载的信息来调试自身的生活状态，包括学习和了解新的社会知识和规范等，使得自身关于社会信息的认知始终保持更新状态。在此过程中，大众传媒的再社会化功能主要体现在以下四个方面。

首先，大众传媒是个体掌握、更新和丰富社会知识与技能的便捷工具。在现代信息社会，知识与技术更新的速度越来越快，现代人为了满足自身多方面的生存需求以及适应信息社会的变化，需要掌握一定的知识与技能，并需要始终保持更新状态，其中，信息检索与筛选的能力已成为人们开展各种社会实践活动的基础。对此，大众传媒所承载的海量信息、信息筛查与个性化推送等功能无疑为社会成员提供了便利。对于学生而言，学习资料的检索、生活娱乐的消遣、社会群体的交往等都离不开大众传媒的信息传递功能。

其次，大众传媒具有引导个体价值观念与帮助个体学习社会规范的作用。大众传媒凭借其在现代社会中充当的信息传递者的角色而衍生出更多现实功能。例如，一国在一段时期内为了大力弘扬节约能源、保护环境的理念，并使得这一理念深入人心，该国往往会通过新闻媒体的大力宣传、表扬保护环境的正面典型、深入学校进行环境保护的教育、街头巷尾的海报张贴等潜移默化地培养或激发社会公民的环保意识，这无疑说明了大众传媒的价值观念的引导作用。此外，在价值观念的引导过程中，一系列社会规范的践行更凸现出大众传媒再社会化的功能和效用。

再次，大众传媒促使个人目标与社会目标保持一致。正如前文所述，大众传媒具有引导个体价值观念与帮助个体学习社会规范的作用，在这一过程中，大众传媒关于社会目标的宣传也会间接影响社会成员个人目标、社会目标的确立与实现。例如，在我国大力弘扬中国大运河历史与现实价值的当下，社会成员关于保护、传承、利用中国大运河的基本印象也由此形成，乃至于在相当一段时期内，社会各界包括学者在内，均尤为关注中国大运河，致使其研究热度居高不下，以进一步深挖中国大运河对于我国的现实价值。

最后，大众传媒可以帮助个体认同社会角色，掌握角色技术。作为社会成员的个体在其社会生活中，在其所需经历的生老病死的一生中，需要扮演不同的社会角色，承担不同类型的社会责任，这在一定程度上可以被划入社会道德规范等范畴，并且亟待每一位社会个体来履行。在这一过程中，大众传媒会告知社会成员作为不同类型的社会角色所需承担的责任，比如为人父母，需要履行抚养与教育子女的责任；为人子女，需要履行孝顺和赡养父母的责任；作为教师，则需要履行教书育人的职责；作为政府官员，便需要时刻谨记为人民谋福祉的责任……这些角色对不同的人来说或许存在一定差异，或许集于一身，但无论具体社会身份如何，在此过程中，大众传媒所发挥的社会规则的训诫作用可促使社会个体按不同的期望来扮演好不同的社会角色。

综上所述，大众传媒主要通过对正在变化着的社会规范和价值观念进行迅速的宣传，为整个社会形成新的大众文化，逐渐渗透到原先的社会文化中去，被大众接收、理解或修正，接受并内化，促使其完成学习和再社会化过程。从社会学角度来看，社会化是在一定社会环境中，一个未经过社会教化的"自然人"，通过与他人不断进行接触，进行互动，从而逐渐在特定社会文化的"熏染"下，学习、接受并传递一定社会文化的过程。概言之，社会化是社会个体逐渐适应并接受社会文化，由"自然人"转变为"社会人"的过程，即只有那些认同且接受社会文化支配的个体，才具备了社会属性。从这个意义上来说，未经历过社会教化的婴儿自然就不具备这种社会化属性。而在"自然人"转变为"社会人"的社会教化过程中，传播发挥着重要作用。例如，未经社会文化"熏染"过的"自然人"往往需要通过积极参加社会活动，或书本，或向其他"社会人"了解，来介入社会环境，进入社会关系系统，并由此学习社会行为规范、价值观念、前人的智慧结晶等方面的信息，再将其内化为个人的品格和行为，在此过程中，通过积极参与社会活动，或书本，或向其他"社会人"了解所伴随的信息交流便充分彰显了传播的必要性与重要性。因此，研究人的社会化过程，就是将人类的传播活动置于整个社会大系统中，从而对人——讯息——社会之间的互动机制进行深刻剖析。

（三）传播与人的现代化、信息化

20世纪，现代化大潮席卷全球，作为人类文明发展的前沿，追求并实现现代化成为人类文明发展的一种深刻变化以及一种必要趋势，同时也是人类认识、利用与控制自然的能力不断提高的历史过程。现代化作为一个动态发展且开放的历史过程，这一过程包含了文明要素的选择、淘汰与创新，并且涉及社会发展的各个领域。

对一个国家而言，现代化意味着从农业经济向工业经济、从农业社会向工业社会、从农业文明向工业文明转变的历史过程。现代化涉及人类社会各个方面的变革，如工业化、信息化、民主化、城市化等等，而需要注意的是，不同的历史时期和不同的社会环境下的现代化的特征和内容又是不同的。例如，在当前信息化社会背景下，信息与能源、物质一起并列为社会发展的三大支柱，从而成为创造社会生产力和经济发展的重要来源。而一国的现代化必然意味着需要不断向社会中注入新增的信息资源，并为社会政治、经济、文化各领域，为社会各行各业赋能，利用信息资源进一步拉动综合国力。中国作为一个发展中国家应充分认识到这一点，坚持以马克思主义现代化理论为指导，将工业化与信息化并举，走社会主义性质的现代化路程，坚持全面、系统、开放、合作的现代化，不仅要充分利用本国的一切有益的信息资源，也要借鉴、吸取国外现代化的有益经验，尽快缩短与发达国家之间的差距，及早实现我国建设社会主义现代化国家的远景目标，实现中国式现代化。

一个国家要实现现代化，首先就要实现人的现代化，实现人的全面发展。这是因为人作为现代社会的主体，作为现代化活动的主体，是社会实践活动的践行者，如果没有现代化的人，那么这个国家无论如何也不能成功跨入自身拥有可持续发展能力的现代化国家的行列。人作为社会发展、前进的主动性因素，人的思维方式、价值观念与行为方式也在现代化进程中不断演化。有了现代化的人，才会有现代化的活动，才会有现代化的国家，对于奋力建设社会主义国家的中国来说，更需要懂得与重视人作为现代化主体的重要意义，这在一定程度上说明了要建设社会主义现代化国家，还要实现人的现代化，其最终建设的目的还是指向了作为现代化主体与现代化本质的人。

作为现代化的重要组成部分的信息化，既是实现现代化的基础，也是实现现代化的题中之义。作为现代化建设的主体，人在实现现代化的过程中，当然也需要实现信息化，信息化也由此自然地成为了实现人的现代化的重要组成部分。在当前以信息技术革命为先导、以人为主体的信息社会中，信息化成为了人们为不断实现社会化、推进现代化进程的重要手段，而传播正是现代人为实现信息化、现代化生存而架构社会信息网络的基本途径。信息化作为一个与现代化、工业化同样需要经历动态变化的过程，涵盖了信息资源、信息人才、信息技术等要素，其中信息人才更是在实现信息化过程中发挥着主体性作用，这主要与现代社会中，人们利用信息技术和电子信息装备，开发和进一步利用信息资源的实践活动密切相关。

在信息产品制造业不断发展的现代社会中，传播媒介的迅速发展、信息资源的开放性与交互性特征愈发显著，信息资源架构起无数张无形或有形的人际关系网与信息传递网，而这些"网络"不断延展的过程正体现出大众传播媒介更新迭代升级的过程，在此过程中，信息传播的范围越来越广，信息资源的容纳限度越来越高。由此，一系列信息传播活动包括人与计算机之间的双向沟通以及人与人之间的多向交流，使得以信息生产、传递与交流为核心的传播活动在社会生活中的重要程度大大提高，这就在极大程度上使得人们以往借助传统媒体时代的主要传播媒介（报纸、广播、电视）进行信息传递与交流活动的信息交流与关系交往领域大大拓展，更突破了以往传播活动受限于时空范围的局限。而对于作为现代化、信息化建设主体，在日常生活中，人们获取信息的媒介途径也越来越多，也可以不断地在这些信息资源网的不同触点间"奔走"，更可以进一步促使人们的信息能力（包括辨识信息的能力、搜集信息的能力、利用信息促进自我发展的能力等）提高。总体来看，在信息社会中，人的社会化生存首先表现为信息化生产与传递、交流，而现代化人的培养模式就是人的信息化。

在面对全球范围内开展的信息技术革命的时代背景下以及在当前大众传播媒介几乎无处不在的社会中，传统的物质资源在现代社会中为维持国家基础运转所发挥的重要作用依旧无可替代。然而，不可忽视的是，信息也已经成为人类社会当前发展的主要能源与动力。信息资源占有的优势在很大程度上会带来经济、政治、文化等领域的竞争优势。对于个体而言，通过各类信息渠道、各种媒介平台搜集、甄别、选取自己需要的不同领域的信息，并以此来不断更新、丰富个人的信息系统，将成为个体实现信息化、社会化，从而成为一个合格的"信息人"与"社会人"的必要途径。正如，在当前我国每年考研人数高达百万的考研形势下，对于每一位考研学子来说，信息化便意味着在备考过程中，自己搜集获取、理解、利用考研信息的能力，是否能够在海量数据信息的对比中，锚定自己可以"跳一跳"够得到的目标院校，而不是无视现实条件与实际能力，盲目冲刺；是否能够根据往年目标院校的报录比来合理判断该院校的报考难度；是否能够找寻正规途径来判断自己心仪的社会考研机构的资质；是否能够通过线上或线下途径，凭借自身善于人际交往的能力，从目标院校的学长、学姐处"求取"考研经验；与同校甚至不同校的同学在线上或线下进行考研信息资源的交换；甚至对于已经"上岸"的同学，被考研院校录取后，在读研过程中依旧需要不断提升自己的信息收集、利用的能力，才能顺利完成各项理论与实践任务，顺利毕业……以上均可以看出，信息化作为现代人的生存方式，对于个人成长及其社会实践的重要性。

人的信息化参与人的现代化的整个过程，影响人的现代化程度。人的现代化程度的高低取决于其信息化能力。在现代信息社会，个体在实现信息化的过程中，主要存在以下几点问题。

第一，没有形成收集、利用信息的习惯，过度信赖或盲目抵触信息机构。这一问题主要存在于老年群体甚至中年群体当中，由于中老年群体早已适应了传统媒体时代的信息收受方式，所以其在当下的新媒体时代中无论是在信息搜集的时效上还是信息搜集平台的确认等方面，能力都普遍较为滞后的。此外，更有一些中老年人会过度依赖或抵触所有的网络信息，例如，在中老年微信朋友圈，曾一度火热的养生信息，对于大多数没有信息分辨能力的中老年群体而言，直接成为了他们的养生"法宝"。对此，这类人群可以依赖年轻群体，向年轻一代寻求信息搜集以及如何合理利用信息的经验，努力填补"数字鸿沟"。

第二，无法甄别信息真伪。以网络平台中的众多新闻媒体为例，既包括专业新闻媒体，也包括依靠信息转载、加工来"谋生"的自媒体。当某一突发新闻在网络平台中被新闻事件的当事人或旁观者率先曝光时，自媒体往往会因为急于抢夺流量而未加求证便对事件进行评论，甚至添油加醋恶意煽动网民情绪。在这种情况下，专业新闻媒体核实新闻事实需要一定时间，因此无法及时向大众述清事实真相，从而导致网络舆论场中的被自媒体所"挑"起的情绪化评论肆意蔓延，网民在这种情况下，如若没有一定信息素养（例如懂得等待专业新闻媒体发声）也更无法判断新闻信息的真伪。对此，网民应该更关注专业媒体的发声，不应轻信无良自媒体的煽动性言论。

在现代社会，每当不同类型的社会新闻出现时，现代人便常常被信息浪潮席卷、裹挟，许多社会成员也不经生发无法甄别、无处选取自己所需信息资源的烦恼，对此，成为一个合格的"信息人"，便成为了一种检验个体能够在信息化社会生存的一种重要手段，这意味着在当前，既然我们无法躲避也不可能完全躲避网络世界中的冗杂信息，不如慢慢学会适应自己所处信息化世界，学会去甄别、判断、利用对自己有所助益的信息资源。

二、媒介与人的互动延伸

（一）媒介被定义为技术性的存在

信息激增与人类传播活动的丰富是当时世界发展的现象，其中最核心的构成是媒介。不同社会背景下的媒介的内涵，也在随着技术的演进而发生阶段性变化，因为在信息化时代中，媒介一词几乎是就技术而言的，涉及媒介的问题几乎都不能回避技术的问题。在当前"万物皆媒"的时代背景下，人们的日常生活始终存在各种各样由媒介技术交织而成的"网络"中。当人们谈及媒介时，往往具有多种意义指向，主要表现为以下三类：第一，媒介指物理学意义上的"介质"，强调它作为一种客观的物质实体存在，具有不以人类主观意志而转移的客观属性。比如，"人用菜刀切菜"，这里的"菜刀"就成为了具有物理学意义上的媒介。第二，媒介也可指向生物学意义上的"载体"。比如，在培养皿中使微生物生长的作为培养基的物质就是该语境下的"媒介"。第三，媒介还可以指代社会文化现象。处于社会文化视角下的媒介，是在特定社会环境中，在原初物质载体基础上，经过人类改造和加工而形成的传播形态和文化样式，其可成为一种为人类开创新的经验的"装置"，重构人类的感官和意识，这也是媒介被定义为技术性的存在的主要依据。

长久以来，人类对于自身一直生存在技术系统中的客观实际情况保持习惯性地忽视，殊不知，人类活动从远古时期开始直至被多彩文化所包裹的当下，实质上都无法脱离技术系统或技术网络而独自存在，人类与技术相伴而生已然成为人类社会中无法抹去的既定事实。例如，生活在原始部落时代的人类，使用结绳或绘画等技术工具来传递、表达符号与意义，为了生存如捕杀猎物、传递收受野兽入侵或发起进攻的信号、钻木取火、借用象形文字来进行表述交流而常与技术工具相伴，再往前细究一步便可发现，这些与技术工具相伴的人类活动，实质上都是依赖人类自身身体器官的技术活动，人们彼此间的交流除了基础的口语交流，也少不了与口语内容相关的肢体语言的交流与互动。例如，用刀叉捕杀猎物是将人类肢体作为一种技术工具而展开的技术活动；通过口耳传递收受野兽入侵或发起进攻的信号是将人类的耳朵和喉咙等感觉器官作为一种技术工具而展开的技术活动；钻木取火同样是将人类肢体作为一种技术工具而展开的技术活动。总体来说，这些都属于在环境中使用人工物而展开的活动。此外，这一时期的肢体的交流活动始终充当着一种发挥伴随性或辅助性功能的角色，这些都是基于传受双方都处于面对面的、同一传播空间中，即必须依赖于传受双方身体的面对面即时在场才能完成。可以发现，根据这一时期的技术活动的特点（即以口语传播为主导媒介形态，身体媒介则作为口语媒介的辅助伴随形态），其被归为前技术时代，也可被称为"原生口语文化时代"。

当下我们常言的技术时代是基于前两次工业革命的时代背景下发展起来的现代技术上的，具体包括从拼音文字发明后的书写技术时代，到不再限于传统印刷技术且以印刷机、摄影机、摄像机为主的机械印刷时代，最后到以电话、电视、电脑等媒介形态为主的电力媒介技术时代。随着文字媒介和印刷媒介等技术的发展，在技术时代，人与人之间的信息传播交流互动可以通过文字媒介、印刷媒介和电子媒介等大众传播媒介工具来完成。而前技术时代并非与技术时代中的技术活动特点完全对立，并不是指完全不使用技术工具的时代，从前技术时代到技术时代实质上体现了一个技术工具迭代升级，简单来说，前技术时代与技术时代的关系实质上是后者包含前者并对前者加以升级的过程。在这一"技术升级"的历史过程中，媒介技术逐渐向外延展出一种特殊能力——能够超越人类身体存在来保存符号。例如，在电力媒介技术时代，前技术时代的传统肉身传播转向了技术时代以纸质媒介和电子媒介为主的符号化传播，具体而言，比如日常生活中人们在通过电话进行口语交流时，不用附加肢体这类伴随性语言；人们通过移动网络设备进行信息传递与感情交流时，甚至不用发出声音，仅仅依靠网络平台中的不同表情符号便可以保存或传递感情信息；人们在观看电影时，媒介技术更可以在形式上"独立"于人类身体而存在，并且可以在电影放映过程中，向观众进行精彩的符号"表演"……

以当下火热的古装剧为例，这些古装剧常常基于特定的社会背景，基于特定的封建王朝，并以某皇帝在位时期的若干主要事件为脉络，剧情中间还会夹杂着一些没有历史依据的、改编的情节。作为观众的我们，在体会封建王朝中不同历史人物的儿女情长或是观览历史人物的宏图伟业的建设历程时，与这些人物进行的对话交流其实是编剧或导演将史书上的真实记载转化成一个个可以表演或言说的符号，让观众更直观地感受到历史人物的内心活动或者是特定历史时期的风雨飘摇。诸如此类的实例均能够体现出人们在信息的交流传播过程中物质性身体主体可以实现不在场，媒介作为技术能够超越人类身体存在来保存符号的现象足以说明媒介的发展使得人类的传播活动可以超越人类身体的限制。以文字为例，文字的出现而发展成形的书面文化逐渐构建了人的思维方式和主体意识。即使人的主观意识在某些时刻会受到文字媒介本身特质的限制，但是这也充分体现出文字媒介作为一种技术手段可以帮助促进人类的理性思考或感性交流，媒介是一种使事物所以然的动因，而不是使人知其然的动因，媒介自身已然成为一种技术手段。

（二）以媒介本体与人的关系来定义媒介

在人类社会的整体交往实践中，媒介与人的关系实质上就是人们在物质生产与精神生产实践活动中所产生的社会关系。而在社会发展尤其是社会信息系统发展变化的不同阶段，媒介与人的关系也发生了巨大变革。从传统媒体时代的媒介环境到当前以媒介对生活的"沉浸式"介入为主要特征的数字媒介环境，人类日益分化出一种数字化、虚拟化存在，并且在与媒介的融合过程中，进一步拓展其信息外部活动范围，进一步深化人的媒介功能，在此过程中，人与媒介之间的界限越来越弱，甚至有观点称人与媒介的界限已经消失，还有观点称人与媒介的关系甚至已经发生了主客体逆转，从"人（主体）——媒介（客体）"变为"媒介（主体）——人（客体）"再到"人与媒介合而为一"。这些观点在一定程度上模糊了人的主体性与媒介作为客体的界限，或者无法认清当下人与媒介之间无法扯断的联系，在一定程度上忽视或无视人本身的理性思维或者过度夸大媒介对于人体功能的延伸发展。

媒介技术的发展的确延伸到了我们身体无法触及的领域，帮助人类搭建了社会关系网，拓展了社交圈，媒介技术通过对社会关系的"再组织"扩张人类的活动半径，更在一定程度上赋予个体理性思考的能力。譬如在口语传播时代，人类社会的社交范围往往会因为地理距离而局限于部落内部，因此，距离较近的亲朋好友间的往来成为口语传播时代下人类社会交际往来的主要特征。到了文字传播时代，文字媒介的力量第一次使得人类社会的远距离社交成为一种普遍现象，人与人之间的交流对话不仅不需要身体的即时在场，信息传受双方得以倚赖文字媒介进行互动交往，并大大提升了人类理性思考的能力。直至电子传播时代，以个体为连接节点且不断向外发散、连接、再发散、再连接的社会关系网络的持续性扩张成为显著特征。

但在技术时代，人的身体也逐渐被书写媒介技术、电子媒介技术消解、分割和重组，在某些时刻人类身体的完整性（人体功能综合发挥而言）不在，对于身体的"肢解"在一定程度上会威胁到作为完整的人的主体性地位。因此，媒介作为一种技术对人体所进行的延伸在一定程度上也意味着对人体原始主动性的"截除"，当某种媒介过度延伸人体感官某一方面的能力时，个体的知觉场会过度集中于某一感官通道，从而造成其他感官的暂时性麻痹。例如，当下流行的各种短视频平台，无疑延伸了人类的视觉与听觉感官能力，在这种情况下，人类大脑的自主性思考的能力在一定程度上则被削弱，动手能力在一定程度上会发生退化，人类肉体的整体性功能的发挥在某一时期内会被削弱，甚至出现视听感官过度沉浸于短视频的视听世界中而无法自拔，这其实就是上文所言的暂时性麻痹的现象。因此我们也不能轻视或忽视媒介传播活动中物质性身体的缺席，长此以往这种物质性肉身在媒介传播活动中的长久缺位或者在综合运用时发生的长久分离最终会威胁到我们人的主体性发展。具体而言，媒介与人体功能的发挥呈现一种你强我弱、你弱我强的关系，在当前电子媒介时代中，更能凸显出这种本质关系，即彼此间相互依赖，无法分割。

从原始社会中主要依靠口语媒介进行信息传递与交流，到当今社会我们仅需依靠文字符号甚至非文字符号便可完成意义的传递。尤其是沉浸在技术带来的福利与便利之下，在现代社会中逐渐浮现出这样一种观点，即认为人类的本身在当下显得不重要了，实际上，这种观点是对媒介技术发展的一种误解，媒介技术对于人的主体性来说是一把双刃剑，从媒介技术建构人的主体性方面来看，正如20世纪原创媒介理论家麦克卢汉所言，媒介的确在一定程度上大大延展了人体的部分功能，无论是作为物质性工具的媒介还是当下普遍成为人类信息"触手"的互联网，都可以肯定媒介技术对于人类主体性的建构与延伸的价值；而从媒介技术解构人的主体性方面来看，以当前的互联网为例，互联网一定程度上确实存在着侵蚀人类个体思考能力的风险，但是这种风险并不是绝对的，这在很大程度上取决于不同社会成员的信息化以及现代化的程度，只有合理认识、掌握并利用媒介性质以及功能的人才能够避免在媒介使用过程中被媒介技术解构人的主体性，从而始终保证自身的主导地位，源源不断地从中汲取丰富的信息资源为自己所用，或者是在其中建构庞大的社会关系网，在线上线下同时积累社会实践经验。

（三）沉浸媒介：人与媒介的互动延伸

1. 一切都是媒介，人是媒介的延伸

技术的升级也在推动新的媒介诞生，而新的媒介的诞生最终会建立起新的文明。

从媒介环境学派来看，凡是能负载信息的东西都是媒介。最初在"万物皆媒"的观点被提出时，学界对于媒介的概念的理解显得模糊、笼统，媒介的意义过于宽泛。直至人类在经历了多次技术革命的席卷后，人们真正身处于所见所触皆为媒介的现实场景中时，才发现"万物皆媒"的现实预言已经到来。

自美国麻省理工学院媒体实验室提出"可穿戴技术"以来，智能可穿戴设备便成为了人们头脑中构想的数码产品的未来模样。随着"可穿戴技术"的日趋成熟，智能手环、穿戴扬声器、智能眼镜等智能可穿戴产品在当前已经广泛"涉猎"人类生活的诸多领域，包括游戏竞技、影音、社交互动等等，带来更为丰富多彩的生活样态和社会结构。其中，VR（虚拟现实）技术在经历了多次阶段性升级后，VR 行业在 2016 年初步形成了相对完整的产业链，总体迎来了 VR 行业发展时期，以 VR/AR 眼镜为例，其作为一种可穿戴式微型计算机被广泛应用于影音娱乐的头戴式显示设备，它可以通过打造出一个具有空间感的立体视觉效果而轻松为佩戴者打造出虚拟现实场景，可以让参与其中的人们在不同领域内完成一定程度的现实社会实践活动的拓展。在佩戴者的使用过程中，通过封闭佩戴者对外界的视觉、听觉，由此引导用户产生一种身在虚拟环境中的感觉。虚拟化的传播实践不仅可以打破时间与空间对于人类实践的多重限制，还可以使得虚拟化的传播实践的参与者能够在科学技术的助推下，通过媒介获得视觉、听觉的延伸。

但随着当下科技"进化"的速度愈来愈快，人们不再满足于各种包括可穿戴设备在内的媒介技术，以实现人体部分感官的延伸，而是希望将人体直接置于一个完全虚拟的媒介空间中，在该空间进行各类实践活动，凭借各类信息的传播可由物理时空向虚拟时空扩散，因此无论是游戏还是电影、音乐等娱乐活动，都可以在这种媒介空间或虚拟空间中实现人体整体的全方位感官延伸，从而沉浸式感知外部世界。后技术时代，诸如《头号玩家》《黑客帝国4》这些科幻电影中便充分展现了这类穿戴设备在电子竞技场景中的应用前景以及数字虚拟人出现在未来人类现实生活中的大胆构想，随着今后媒介技术会向着愈来愈艺术化和智能化的方向"进化"，在未来会进一步构造出"仿真"度高、沉浸感强、艺术与个性化浓烈的虚拟时空，在此过程中当然也会赋予人类更多更大胆的视听想象。2020 年 2 月韩国电视台利用 AR（增强现实）技术生成一位女孩的虚拟影像，AR 技术装置的加持不仅在最大限度上还原了女孩的外貌，更通过女孩生前的相关影像资料等信息实现了虚拟人物影像与现实人物的对话交流。

这个女孩因患白血病去世，电视台为帮助她的母亲能够实现再"见一见"女儿的愿望，利用了虚拟技术合成再现了基于已故者外貌、声音等人体特征的 AI（人工智能）实体机器人，从而帮助这位母亲"重新见到"了因白血病而故的女儿。

近年来，世界各国都在致力于研发能够为不同领域，包括新闻领域、游戏领域甚至公共场所提供服务的机器人，随着这些机器人无论是从外观上还是在工作技能的高效率方面越来越具备人类现实实践活动的特点，不再是传统意义上还需人工辅助才能完成整个工作或专业能力施展流程的机器人，现代仿真智能机器人所具备的互动功能、情绪监测或感知功能等都可以帮助人们在精神、心理、交往等方面的需求得到里程碑式的实现与满足。以电影《超能陆战队》为例，电影中的"大白"便是一个具有情绪监测与"抚慰"功能的智能机器人，它不是存在"屏幕"中的虚拟机器人，而是一个在未来世界中可以同人类共同生活、无时无刻不为人类提供情绪诊疗等功能的机器人，这充分展示了人类对于智能机器人为人类所用的大胆畅想，也可以看出利用科学技术打造出的虚拟形象的机器人在未来也将不断走进普罗大众的日常现实生活之中。此类智能媒介借助传感器等软件在吸纳了人工智能等最新技术成果后，对人类社会的最新信息资源和媒介技术进行全面融合、连接与重组，并由此带来了人类社会虚实世界的多维连接。在此过程中此类智能媒介形成了庞大的媒介系统并逐渐渗透进人类生活，不仅涉及现实物理世界，更使得数字虚拟世界成为了一个巨型媒介空间，智能媒介不断为人与人、人与物以及人与物理世界、心理世界提供联结，以虚拟的方式构建时空感知，塑造注意力，并以此成为人类的认知基础和认识本身，这也正昭示着当前"万物皆媒"的时代特征。

在前技术时代，人的身体是人类在传播活动中所运用的基础技术工具，而到了技术时代，人类总是在不断地创造出新的技术，媒介技术升级迭代，层出不穷，媒介技术工具的竞争与发展，在一定程度上进一步促进了新技术代替人类身体的进化，从而实现了延伸人体器官与扩展人体感官。比如，当 VR/AR 等技术应用至可穿戴设备后，其不仅仅是作为某种被创造出来的、可触及人的身体并与之相连的工具，实际上，VR/AR 技术本身成为一种媒介，由此在形式上实现了人与媒介的紧密连接（甚至塑造了人的中枢神经甚至是意识系统），而在这"连接"的背后，更蕴含着媒介与人的本质关系，即媒介作为人体的延伸。传播学者麦克卢汉曾于 20 世纪 60 年代就媒介的演变提出个人论断，即"媒介是人的延伸"，他强调媒介的演变根本就是围绕着人的延伸而动，并具体指出三次媒介革命是人类的三次延伸，且每一种新媒介的出现，都在改变着人们认知世界的方式：拼音字母的发明与运用使得在原本被口头文化主导的社会中，视觉被置于感官系统的最高等级，即从听觉走向视觉的延伸；印刷术的发明促使拼音文化向近代机械和科学文化的飞跃，使得个人主义与专业化分工大大强化，实现了从视觉走向肢体的延伸；电力媒介时代中，电子媒介的出现则实现了人类社会由机械文明向电子文明的飞跃，构造出一个让人们都互相卷入的信息环境，在此过程中，延伸的是人体整个中枢神经系统，即从肢体走向大脑的延伸。

把人看作媒介的延伸，可能会为我们认识技术时代下人与媒介的关系提供更多元化的视角，即强调人的思维、意识在以媒介技术为基础架构的世界里得以不断"升级进化"。总体而言，"人是媒介的延伸"进一步启发了我们用开放且辩证的思维去关注媒介的新兴形态和发展趋势，同时也为探索媒介及其社会影响开辟了崭新的视角。

2. 不再有"媒介内"与"媒介外"

在当前的数字语境下，媒介与人类社会活动如影随形，媒介不再仅仅是一个人们社会活动之外的客观对象，媒介重新成为人的附属物，并随着人一道成为主体。而原来所谓"媒介内"和"媒介外"的概念，将不再有存在的必要，不再有媒介系统内外这类界限分明的划分。人们的日常生活仿佛已经嵌入一张由媒介织就的大网，媒介完全成为一种承载甚至构成人类的意义空间的重要"中介"，由此带来的直接影响就是传统意义上的空间界线被打通，现实空间与虚拟空间融为一体。

在目前对元宇宙（Metaverse）的想象与描述中，则体现了在未来的"后技术时代"中，不再有"媒介内"的与"媒介外"区分，并且有深度融合的趋势。元宇宙并非横空出世，作为源于科幻小说《雪崩》中的概念，最初指向一个平行于现实世界的网络世界。而所有现实世界中的人，在元宇宙中都有一个"网络分身"。实际上，元宇宙更像是一个有机的生态体，它不会是所谓"平行宇宙"，而是媒介技术和应用场景不断"进化"并被预测的一种未来媒介形态，是媒介融合的高级阶段，是遵循媒介融合发展趋势的媒介平台，这就意味着元宇宙既可以是混合游戏、社交、内容融合的沉浸式的泛娱乐平台，更可致力于将消费、金融、教育、工作及生活服务等社会元素转移到虚拟世界，它可以使人类进入一个更具自由度、更高灵活性、更多体验性、更强功效性的超现实世界之中，并由此打破虚拟与现实的边界以及人与社会的二元对立，形成多维空间的"嵌套"，进而对人的行动产生影响，构建新型的社会体系及生活方式。然而，在元宇宙的概念诞生之初，人们常常将其视为一种平行于现实世界的存在，这就意味着元宇宙在很大程度上会独立于人类现实世界存在。尽管这在一定程度上体现出人类对于新生事物的无尽畅想，但无疑是对于人类全新文明形态发展的一种巨大误解。事实上，元宇宙并不是凭空产生的，作为一种数字革命所发展起来的全部技术与社会现实融合发展的全新的文明形态，元宇宙无法脱离现实世界而独立存在。在"元宇宙"的概念出现之前，互联网世界各底层技术的总体格局是一种相对离散、各自发展的状态。而互联网的发展逻辑告诉我们，连接才能产生更大的生产力与价值增值。这种"连接"不仅是指通过技术将现实世界的各种要素加以连接和整合，同时也包括各种技术之间的连接与整合，因为只有所有的技术连接整合成为一个巨大的社会构造的框架时，一种新的文明状态才能形成。"元宇宙"就是在这一逻辑的推演之下形成的对于未来互联网全要素如何发展的一个"远景图"。它的最大价值在于：它在升维的意义上为互联网发展中全要素的融合提供了一个未来的整合模式。

元宇宙本质上是媒介融合技术的再一次进化。回顾互联网的几次革命，互联网 1.0 是单向信息的传输和读取，互联网 2.0 带来了双向互动、内容消费和社交，互联网 3.0 时代的元宇宙，则背负着更为多元化的未来。在未来，"元宇宙"则将不断引入虚拟现实（VR）、增强现实（AR）、人工智能技术（AI）、智能网络技术、物联网技术等新的技术，由此将改变人类与故事的"物理关联"方式——将通过"视、听、触、识"的闭合方式，创生出幻觉性的沉浸意识和交互体感，在最大限度上消除现实世界与电子世界之间的屏障。基于此，元宇宙在未来很大程度上将彻底模糊"线上线下"的概念，会成为取代移动互联网的下一代互联网平台，包括社交、沉浸式体验的娱乐产品、电子商务等。媒介融合最终要实现，不再有"媒介内"与"媒介外"的区分，这意味着新媒介（相对于旧媒介出现较晚）较于旧媒介（相对于新媒介出现较早）而言，不是取代关系，而是迭代关系；不是谁主谁次，而是此长彼长；不是谁强谁弱，而是优势互补。人们通过元宇宙中的数字身份展开实践，并通过这一身份连接元宇宙与现实，活跃其中的不仅仅是媒介中的人，其要实现的是从媒介中的人向媒介人的转变，同时将媒介人与真实的人一一对应，你就是我，我就是你，成为能够在多元空间中不断跳跃展开行动、获得全部感官体验的"赛博人"。

3. 不再有"社交媒介"，所有媒介都具有社交功能

人作为社会化动物，个体间进行物质与精神交流的社会活动的社会交往是人的基本需求。现在我们所言的社交，并非传统媒体时代个人与媒介机构之间的单向互动，而是社会化媒体时代的这种个体与个体之间的多向的、范围涵盖全社会所有成员之间的充分互动。回溯人类漫长的发展史，当"我"开始渴求与"你"交流之时，便第一次拥有了语言、动作、表情等传播媒介，从而开启了传播媒介发展与交往革命相伴相生的历史进程。与此同时，媒介在服务于人们的交往需求的同时便也成为了推动媒介演化的原因与结果，媒介技术的发展破解了人类交往过程存在的难题。在"万物皆媒"的技术时代背景下，媒介技术不仅是作为一面透镜、一种渠道在传递信息，其本身的偏向和自主性也在塑造着人们生活与交往的环境。在这样一种社会环境中，其实一味地强调媒介的社交属性已无意义，因为当下的人们通过微信进行社交，通过游戏竞技进行社交，通过各种线上与线下活动围绕各种内容进行社交……所有媒介都成了社交平台，呈现"无媒介不社交"的现实图景。因此，无须再专门提出"社交媒介"的概念，因为所有媒介，都将具有社交功能。

数字技术为人类编织了一张"崭新"的社会关系网。在社会交往中，媒介技术延伸了人类沟通的边界，增强了个人和群体间的社会联系。从个体之间的微观交流，到整个社会的互动变迁，媒介已深深嵌入人们的日常生活和社会情境之中，无所不在地不断创造和呈现新的时空结构、存在方式和交往路径。从媒介嵌入社会交往所形成的交往形态来看，目前人类的社会交往可以分为以下三个阶段。

一是以地域为主导的无中介面对面现实交往阶段。在传统媒介时代，人类的社会交往基本依赖于实质性的传播内容，与日常的生活紧密相关。在这一阶段，人类的社会交往主要以个人的社会和生活为半径，在身体所能触及的范围内进行交往，面对面的身体在场交往不仅能够利用语言进行交流和表达，还能利用丰富的非语言因素进行交往。因而，面对面的交往尽管范围有限但其调动的元素更为丰富，能形成全方位互动，是互动性最强的交往形态。

二是以各类现代与非现代媒介为纽带的中介化虚拟交往阶段。互联网技术重构媒介环境的同时也掀起了一场声势浩大的交往革命，消弭时空的"脱域交往"，获得"提升"，战胜了传统的"在场交往"。例如，在社会关系网络中进行视频内容的观看与分

享成为人们的生活常态，其一端连接身外世界中遥远、泛在的拟态环境，另一端连接现实生活中真切、亲密的个体生活，建立起虚实相生并富有深远意义的社会关联，超越时空局限的"脱域交往"便战胜了此时此刻此地的"在场交往"，人们挣脱了时空的束缚，线下未建立联系的陌生人在线上平台认识后，可以在短时间内通过文字、图片、语音、视频等方式熟络起来，虚拟空间在此发挥着情感连接的功用，帮助人们实现数字关联、数字约束、数字互助及数字共享，基于互联网技术的虚拟交往也成为这一时期人类交往的主导形态。在虚拟交往中，交往对象没有被主体直接观察，被主体所直观观察的只是交往对象所制造的文字、声音和图像等中介物。这种虚拟交往的出现使得传统意义上基于血缘和地缘进行高频率互动交往的强关系也逐渐瓦解。

三是人类正在迎来的深度媒介化时代的数字交往阶段。到了互联网技术全面融合、连接与重组的数字媒介时代，空间异化使得人们之间的相互关系不再以物理距离的远近为主要凭据。以数字符码作为交往话语，以数字设备构建交往环境，以数字方式实现交往体验，能够将人们的交往行为置于全新甚至奇幻的数字场景之中。技术对人类生活的全面渗透，使数字化时代的媒介不再仅仅是纯粹的信息提供者。在这一阶段，个体之间的连接不再只是简单的精神、意识上的连接，而上升到了可以应用、互动和感知的层面，同时可以产生连接的范围也不再局限于个体与个体，还包括个体与信息等等，从而将社会引向了一种大连接的时代。深度媒介化时代中的数字技术特性允许不同类型的媒介在一个虚实叠加、多维融合的空间中构建社交场景。电视等传统意义上的媒介平台不再仅仅是提供交流的媒介渠道，亦为社交本身，即智能传播时代电视所应追寻的社交化"再现"。人、信息、媒介和社会融合共在，不断形塑现实生活世界，现实生活中主体间的交往重组为目的性的数字化间接交往。

总体而言，要实现社交，需要人与人之间的连接，人作为连接现实社会中"线上"与"线下"交往的核心媒介，而建立在"泛在"连接之上的沉浸传播将提供无时不在、无处不在的连接。既生存于两种同步在线的时空与文明中，又使得能随时抽离出来的沉浸传播会打破娱乐、工作和生活的边界，工作时社交，娱乐时社交，从而在真正意义上实现无处不连接，无处不社交。

第二章

传播能力与人际沟通

案例导入

　　某大学同专业、同班级、同宿舍的 2 名女生，成绩都很优秀，其中李某担任学生干部，喜欢积极参加集体活动，在人际交往中善于表达个人意见，偶尔也因班级工作原因与个别同学发生矛盾，但她总能主动反思自己，积极寻求问题根源，妥善解决矛盾。所以，李某在班级人缘很好，得到大家的一致拥护。但另一位张某学习刻苦，成绩优异，却不爱与人交往，人际关系处理能力较弱，性格也较孤僻，不爱参加集体活动，总是独来独往，游离于集体之外。大学四年级下学期，李某顺利找到工作并提前顶岗实习，实习过程中得到了实习单位领导的多次表扬。而张某在找工作过程中多次碰壁，久而久之，心情抑郁不畅，得了抑郁症。

　　两个成绩都很优秀的同学最后境况迥异，其内在原因是什么？对于这个问题，我们需要从认知与传播、自我传播和人际传播的能力培养说起。

一、人的认知与传播

传播是人类社会最基本的行为，没有传播，人类社会将无法正常运转。而围绕个体所发生的传播活动主要可以分为人内传播、人际传播两个方面。

（一）人内传播

1.人内传播

在日常生活中，你是否会思考过这样一些问题：你了解你自己吗？你有思考过自己在他人眼里是怎样一个人吗？你在作出某些决定前，会分析各种可能出现的结果吗？你在解决问题前，会思考解决问题的不同方法吗？……以上这些问题都有一个共同特点，就是它们都是在个体的头脑或内心独自处理完成的，尽管思考这些问题前会或多或少地受到他人的影响，但总体而言，这些都是属于个人头脑内部的信息处理过程或活动，这种过程或活动便可以称为人内传播。

2.人内传播与自我认知

在人内传播活动中，人们思考的内容丰富，不仅有日常生活中自己与他人交往过程中的种种环节与事件，还包括关于自己的反思活动，这种反思活动一定程度上也是基于与他人的交往活动，总体而言，这种对于个体自身的反思便属于自我认知活动。自我认知属于人内传播的一种，这是个人生存与发展的基础，也是个人适应社会环境的自我调节活动。每个人都会进行自我认知活动，这是其开展其他类型的传播活动，如人际传播、群体传播、组织传播等传播活动的基础。个体只有对自己所涉足的社会实践活动或者基于他人的实践经验进行充分思考与认知，才能够顺利开展此后的社会实践活动。例如，在一次考试后，某同学取得了优异的成绩，但是其在班级中的总排名与上一次成绩相比还是没有进步，对此，该同学进行了一系列的反思活动，包括造成自己在班级中的总排名没有上升的主要原因是不是自己不够努力？不够刻苦？在下一次的考试中，自己需要从哪些方面做出着重突破？是否需要向老师寻求提高成绩、提高排名的建议……这些问题都是该同学围绕此次考试所做出的自我反思活动，其中既包括对于自己现状的思考还包括对今后如何做出改善的思考，这些都属于自我认知的范围，都属于人内传播活动。与此同时，这种自我认知活动或人内传播活动更是该同学今后开展其他传播活动的基础，例如，当他向某位老师寻求提高成绩的建议时，该同学与某位老师间的沟通与交流便属于人际传播活动，这种活动恰恰是基于该同学的自我认知活动。由此也可以看出，自我认知活动在人内传播活动中的重要地位以及与其他传播活动的重要关系。

（二）人际传播

人际传播作为人类社会中的限于人与人之间进行沟通与交往的信息交流活动，一般由传播者、受传者、讯息、通道或渠道、反馈五个基本要素构成。

第一，传播者。传播者指人际传播过程中信息的发出者与传送者，也因此可被称为信息源，简称信源。传播者与受传者都是人际传播活动中的主体性要素，在传播活动中扮演着主要角色。

第二，受传者。受传者指人际传播过程中信息的接受者，也因此被称为信宿。作为信息接受者的受传者，在接受信息时并不是无条件的全盘接受，而是会在自身认知基础上对所接收到的信息加以解释。此外，其在人际传播活动中的角色是相对于传播者而言的，其与传播者是一种相互作用与相互影响的关系。在一个完整的传播活动中，在信息交流的传播环境中，一个人既可以是传播者也可以是受传者。

第三，讯息。讯息是传播者和受传者之间进行交流与互动的中介。它由一组相互关联且有意义的符号所组成，能够表达某种完整的意义。讯息是传播的内容，它可以包括具体的谈话内容，也可以包括动作、表情、手势等。

第四，通道或渠道。通道指讯息在从传播者到受传者的传递过程中所经过的途径或赖以传送的手段，是连接传播者和受传者双方实现信息交流的桥梁。如果没有传播通道，信息就不可能传递，传播者和受传者双方就无法进行交流。

第五，反馈。反馈是指人际传播活动中受传者对于其所接收到的讯息的反应或回应。反馈也是使得传播活动中传受双方的交流能够持续进行下去的重要条件。

二、个人身份与传播

（一）身份、身份建构与传播

1. 身份

你是否思考过这些问题：你会认为我们自己的身份就像钱包夹层里面的身份证一样，是自己拥有的一件物品，内含自己的姓名、居住地、编号吗？你会认为自己眼中的自己与家人、同学、老师眼中的自己是一样的吗？……追根究底，这一系列问题的实质其实在于身份的建构，我们的身份究竟是自然形成的还是需要人为控制才能形成的？如果身份建构是由人为来控制的，那么这种身份的建构权究竟掌握在谁手中？是自己还是对自己做出评价的他人？这一系列问题有待思考。

人们身份的主要特征可以分为以下几个方面：第一，身份具有多重性。个体身份并不受数量限制，而且即使是在某一既定语境中，对个体而言，也不只存在一种身份。例如，坐在教室上课的学生在当下这一语境中是学生的身份，但他在另一语境中可能是子女、兄弟姐妹。对于不同群体而言，每一个人在不同的重要群体拥有很多不同的身份，并且他们可以同时归属于这些不同的群体。此外，这些身份往往并不是完全隔绝的系统，每个个体都是身份系统中的一员，是各类身份的集合，这也意味着人们可以在不同的传播系统下获得多样的身份。因此，身份可因具体场景和特定关系而不同。第二，身份并不是一个固定不变的实体，而是会处于一个动态流变的过程中。身份会在已有语境中建构，并会随语境的变化而变化，这些语境的调节和界定是通过介入社会变量和语言表达来实现的。在任何一个交际语境中，无论显著与否，身份都是一个重要因素。与此同时，语境中的身份是复杂且多重的，在任何一个交际语境中，参与者身份的选择都存在着动态的等级划分，这种等级划分基于选择身份时的合理性，以及根据人物关系和人物性情对当前事态做出的评价。由此可见，参与者可以依据特定语境动态地建构身份。第三，身份预示着某种社会关系，同时也预示着塑造这种社会关系的交际。例如，对于分别拥有老师、学生身份的个体而言，尊敬师长是个体在被赋予学生这一身份时同老师沟通交往过程中所需要遵循的原则，而细心指导学生则是个体在被赋予老师这一身份时在同学生沟通交往过程中所需遵循的原则，对于拥有其他社会身份的个体而言也同样如此。

2. 身份建构与传播

个体身份是由社会建构起来的，而且只有在社会中才能完成身份建构，身份建构不是单纯的个人行为，而是包含一系列的社会互动。此外，身份建构还包括以下特点：第一，身份建构是一个动态管理过程，且在一定的语境中是在局部进行动态建构的。第二，既然身份的建构是个人与他者在社会交往中逐渐发生的，那么不难想象身份建构的主体并不仅仅是个人，或他者，而是双方。第三，在人类社会，身份是一个复杂的社会现象，个体身份在很大程度上是通过人们与他者对话、在同他人的交往过程中逐步建立的。例如，当你在一个新环境中时，与新结识的朋友交流往来几次后，彼此间会形成对对方的初步印象，对彼此的身份的认知也由此初步建立。在此后的每一次相处攀谈过程中，也会不断改变这种初步印象，对对方的身份认识也在发生动态变化。彼此间在经历了几次人际传播过程后，才会发生这种身份认知与建构的过程。因此，可以看出，身份建构是一种传播过程，人类身份的建构与传播息息相关，且会在局部的话语语境互动中出现并不断循环。通过对身份的定义和特征的认识，我们知道社会身份的建构必须在社会交往过程中才能完成，且在很大程度上须依托语言完成，此外还会在一定程度上受到社会交往语境的干预。

（二）身份传播

身份作为社会化的附带产物，同时也是人的属性的重要组成部分。当然，身份也是人的传播活动中必不可少的主体，身份也成为了一个与传播活动息息相关的概念。身份与传播之间存在相互作用的关系，传播不仅是一个在不同传播者与受传者间的信息传递活动，更是身份主体发挥自身身份属性并作用于信息传递的活动，一方面，身份在传播中建构和获得认同；另一方面，身份对传播的各环节产生重要影响。总体而言，身份是在广泛的社会实践中，随传播活动的实际需要而逐渐成形的，而且身份对传播的作用及影响从人类传播诞生之初就镌刻其中。

身份传播具体指一个或多个具有特定身份的传播主体接受、处理与传播信息，并通过主体身份与信息的结合而将主体身份作用于传播各环节的身份信息传递活动。作为一种特殊传播活动，身份传播既存在于人际传播、群体传播、组织传播过程中，也存在于大众传播过程中。在此，需要明确什么是身份信息。身份信息即身份和客体信息的结合，客体信息是纯粹的、不带有任何传播者意图的符号组合，而身份信息则强调信息发出者个体属性的传达，往往客体信息是明确可以用文字、语言、表情等符号表示出来的，而身份则更多是存在于人们约定俗成的既有层级观念中的，往往是信息的伴随意义。例如，短视频平台中的商家邀请当红明星在直播中对产品进行宣传，通过这种在镜头前直接有效地向受众宣传产品价值的传播行为，可以对受众消费行为产生影响。这一直播行为的背后实质上是直播平台幕后的卖家利用当红明星的身份价值，在直播平台中与其潜在受众或稳定受众进行着价值层面的交流。

身体是人类最直接的物质性存在和传播媒介。身体在场就意味着能够对在场的事物产生影响，甚至直接操纵、改变在场或周围的事物，且受媒体技术影响具有不同表征。不论是直接的身体在场还是借影像等完成的身体虚拟在场，都会对传播产生影响。在传统媒体时代，身份传播主要有三种形态：一是由媒体"政府喉舌、市场主体、全球媒介"等角色背后的具体物质现实基础和媒体自我认同倾向所决定的媒体身份在其传播行为中的表现；二是占有身份资本的人借助大众传媒传播；三是大众媒体利用信息来源的身份进行或放大传播。在新媒体时代，身份的概念也被不断拓宽，"新媒介赋权"使公众在身份传播活动中不再是被动地接受具有特定身份的个体或群体的意义表达，而是拥有更多主动权和解释权。无可否认，网络传播的确给社会带来了匿名身份下表达权的合理化想象，互联网空间中个体被充分数据化，每一个个体都拥有平等发言的机会，匿名性、开放性似乎带来人们网络虚拟身份的平等化，消除了既有的身份差距。但与此同时，这种新媒介环境也使得身份传播的过程更加复杂。这种复杂性也对身份传播的主体提出了更高的自我反思要求。

三、意义、符号与传播

英国哲学家洛克写道："人们必须找寻一些外界的明显标记，把自己思想中所含的不可见的观念表示于他人。"这句话中的两个关键词即"外界的明显标记"与"不可见的观念"，描摹了人类社会现实表达活动中所不可或缺的两个要素，即符号与意义。简言之，在人类社会中，人们需要凭借以显性形式出现的外在标记（如动作、表情、语言等）来向外界传达自己头脑中所构想的事物或各种意涵。

（一）符号与意义

人类通过符号表达意义，符号是意义之载体，没有不携带意义的符号，也无不借助符号而表达的意义。世界上所有的意义行为都依靠符号。符号携带和表达意义，为了意义而存在。意义是一个中介，它是主体将自身和对象相联结的意义体，连接了符号与对象。或者说正是因为符号意义的存在我们才能了解符号与对象之间的关系。

符号承载的意义是在人们的互动中创造出来的，它产生于人与人之间的交流和约定，只有人们在互动中分享符号的共同解释时，意义才产生。人们根据他人赋予某个符号（事物）的意义，决定如何与它建立某种联系、采取某种行为。譬如，医生看到了病人 X 光胸片上的阴影，并认为病人可能患有肺癌。在医生作出判断的这一过程中，X 光胸片上的阴影作为符号，它所指代的其实是病人肺部上实际的病变部位，用胸片这一物理载体将生理的病变部位再现出来。接下来，医生便对这个阴影符号进行了解释，认为它可能代表病人患了某种病症。在这一过程中，作为 X 光胸片上的阴影的符号与作为病人已患癌症的结论（即意义）的关系一目了然。再比如作为我国汉族民族图腾的"龙"这个符号，自我国古代社会到现代社会无不与"龙"这一象征符号有着这样那样的纠葛。作为中国文化的象征，"龙"这一象征符号在不同的历史时期也经历了意义的流变，无论是封建社会中在一定程度上将皇帝视为龙的化身，皇帝拥有至高无上的地位，还是现代社会中中华儿女将自己称为"龙的传人"，总体来看，从古至今，"龙"作为一种象征符号，一直都被赋予了至尊、吉祥安康的意义与内涵。此外，想要厘清符号与意义的关系，还可以以日常生活中的一件件小事为例，当身为学生的我们在一个考试中，取得不错的成绩时；在校园里捡到贵重物品及时归还失主时；在朋友需要帮助时，及时递上我们的双手时……老师、同学、父母对我们竖起的大拇指，学校针对"拾金不昧"行为做出的公开表彰活动，朋友对我们所表达的感谢，无论是语言上的还是行为中的，都体现出在人类社会中符号与意义不可分离、相互依赖、相互作用的关系。

在现实社会，图像也可体现符号与意义间的互动关系。图像凭借自身固有的符号架构传达着丰富的意义，这在敦煌壁画中得以充分体现。敦煌壁画的图像是通过不同符号的布展而显现出来的，因此敦煌壁画往往通过作为符号的布展来表达其不同主题的意义。当然，符号的意义是人们主观赋予的，作为游客与观赏者的我们，由于所处的现实生活环境与时代背景与敦煌壁画创作时代存在较大差异，因此也只有在我们充分理解敦煌壁画的文化背景后，才能对不同主题布展中所展示出的图像做出相对完整的解读。

在很多现实社会场景中，在现实传播活动中，符号使用者身份的传播者与受传者往往不会使用单一符号来表达他们所想传达的意义，而是会以语言符号为主，再结合肢体语言、面部表情、声音大小等作为辅助性的、伴随性的符号使得传播过程更加完整，从而能够更加准确地传递传播的意图。这是因为，单一的语言符号或者表情符号仅仅作为一种无法替代事物本身的代码，并且这种代码在很大程度上还会受到社会情境的影响，包括文化因素、历史因素、情感因素等等，生活的复杂性也反衬出符号使用的局限之处。所以，在社会传播活动中，尽可能地使用多种符号组合来传播自身想要表达的意思，尽可能理解对方的文化背景等来理解对方所传递的意义便可以在一定程度上提高沟通的效率。

（二）符号的能指和所指

作为用来表示某种意义的记号或标记的符号，主要由能指和所指互相联结而构成。在符号内部，能指是形式，所指是意义，符号是形式和意义的结合体。广义来讲，人类置身其中的世界本身也是由能指和所指构成的集合，甚至可以说人类整个文明史就是由所指和能指构成的多层次的网络系统。具体而言，我们每天阅读和处理的文本也是由能指和所指构成的。由此可见，能指、所指与我们息息相关。

能指与所指还存在着对立统一的关系，能指和所指不可分离，没有脱离能指的所指，也没有脱离所指的能指，能指与所指密不可分。比如，"黑板"，其发音或文字的表现形式即"能指（signifier）"。而由能指所唤起的关于"黑板"的发音和文字形式带来的意义的心理形象便是"所指（signified）"。

能指与所指并非一一对应，一个能指对应多个所指是符号的常态。主要有两个方面的原因，第一，从词义演变的角度。"笔记本"是我们耳熟能详的词，以前，一提到笔记本，我们会想到是一沓纸，而现在一提到"笔记本"，人想到就会是能记东西的一沓纸和笔记本电脑，这就是一个能指对应多个所指。第二，从情境条件的角度。以中文"方便"为例，在不同场合中，该词则具有不同的意义。当你在课后想继续向老师请教问题时，可能会说"老师，请问您现在方便帮我看看这个题目答得对不对吗？"又到了另一个场景中，一群人酒足饭饱后，其中一位悄声说，"你们先聊，我去方便方便！"显然，这两个场景中的"方便"指代有所区别。当然，中国人对于此类虽然有着相同的话语表述，在不同场景下却能表述出不同的意义的现象已经见怪不怪了，但对于汉学初学者而言，能够准确识别不同场景下同一个词的不同意义的确会有一定难度。

（三）语言、言语和话语

语言是符号系统最庞大的体系，包括一系列词汇、语法、惯用法等个人不能任意改变的规则系统。语言具有指向性、传播性、逻辑性、描述性等特性。以语言具有传播性为例，具体是指语言具有塑造话语和语境的功能，对话塑造了话语及其特殊的语境，而语境会使对话双方对对话内容不断进行解构。换言之，语言的传播过程既是话语和语境塑造的过程，也是对话语和语境解构的过程。

言语指人们具体表达的语言，是个人话语的选择和实践。日常的说话是具体的"言语"，而说话所依据的各种规范则是"语言"。话语则是某一传播的专门领域所使用的有特性的言语，例如新闻话语、公文话语、法律话语等。

语言和言语密不可分，言语是在语言规约下的具体表现。没有言语，语言无所依凭；没有语言，言语无法言说。在英国语言学家霍克斯看来，"语言的本质超出并支配着言语的每一种表现的本质。然而，假如离开了言语提供的各种表现，它便失去了自己的具体存在"。

（四）语言符号和非语言符号

语言符号与非语言符号是人类社会中人们运用的最广泛的符号形式，这两种最基本的符号形式在传播活动中都具有基本的交流与指代的功能。语言符号是一种有组织结构、约定俗成的符号系统，这是一种基于社会共识而使用的音义结合体的符号系统，在形式上它用声音来表现内容，非语言符号作为一种"虽不见文字，但所见者都能理解的代码"，可以分为视觉性非语言符号与听觉性非语言符号两种类型。非语言符号具体是指不以有声语言和书面语言为载体，而是一种以手势、表情、服饰等进行信息传播的符号形式。例如，在一节由老师教授的课程中，老师的表述语气、语调、服饰、体态等都可以成为老师授课过程中所使用的非语言符号，都可能会成为老师向同学们传达信息的辅助手段。这是因为非语言符号拥有语言符号所不具备的特性——即时性、通义性等，这些特性可以使其突破语言符号在传播活动中运用的局限，有助于传受双方进一步控制、协调传播过程。例如，老师在课堂教学时，常常会用手势指向黑板上的某一知识点，以便于进一步收拢以及引导同学们的注意力，由此可以进一步改善与优化单纯利用语言符号进行授课的传播效果。

无论是语言符号还是非语言符号，它们都因人类社会的传播活动而产生和持续存在，并且会随着人类社会文明程度的不断提高而不断丰富。以作为非语言符号的服饰为代表，无论是作为民族象征的民族特色服饰还是作为在特殊场合规定穿着的特定类型的服饰，其颜色、图案、风格等都会在原有服饰特色的基础上不断丰富，且会随着社会文明程度的不断提高而更易为社会大众所接受。

（五）符号意义的准确与模糊

在人类社会的传播活动中，为了保证传受双方能够理解对方传递信息的意图，往往会使用语言符号与非语言符号相配合的方式来保证传播效果的实现，在这一传播过程中，符号意义的准确、精准利用各类符号传递意义成为保证传播效果的必要条件。一般而言，简单的信息传递活动容易保证符号意义的准确传递，但是由于人类社会的万物以及丰富多彩的各种现象在很多时候无法用简单的语言一一进行精准概括，因此语言使用的基本原则是尽量用最少的单位来表达最大限度的信息量，这就在一定程度上造成了在部分传播活动中符号意义的模糊。

一般而言，符号意义的模糊主要由以下几点原因造成：第一，语言符号或非语言符号的多义性。在传播活动中，传播者与受传者的文化背景差异较大，同一种语言符号或非语言符号的使用很多时候可以代表截然相反的意义。以人们常用的非语言符号为例，竖大拇指或者是比"V"等手势在不同社会文化背景下，或褒或贬，具有不同的意义。第二，语言符号或非语言符号本身意义的模糊。以日常生活中人们常用的语言符号为例，"人才"一般具有褒义色彩，常用于表示对他人能力的肯定。但是，如果将该词换个语境使用，例如，在老师批评某同学的写错题目时，可能会说"你真是个人才！这道题目都能写错"。在这种情况下，"人才"便被作为贬义词而使用。因此，语言符号与非语言符号本身意义的模糊在很大程度上也会带来传播过程中符号意义的模糊的现象。

四、说服：提升你的沟通能力

说服作为传播的一种基本形式，是一种利用言语进行传播的信息传播活动。具体指传播者运用一些技巧、策略劝说某对象，而该对象在接受传播者所传递的信息后主动改变自己观念、态度与行为的完整过程，并且这种观念、态度与行为的改变需要经过一定的时间。

说服，伴随着人类社会的发展一直存在，这是一种"攻心术"，是一种传播技巧，也是一种沟通的艺术。我国自古以来就将"说服"视为一种主要将语言作为工具的柔性艺术和策略，无论是在市井小民的日常传播活动中，还是在群雄割据的春秋战国时期的军事活动中都普遍存在。《鬼谷子》与韩非子的《说难》，以及先秦时期大量士人进行的说服活动都体现出说服的价值与意义。

（一）说服的过程、类型与技巧

1. 说服的过程

根据上述说服的具体定义，可将说服过程归纳为三个阶段的程序：认识阶段、认同阶段和行为阶段。这三个阶段是针对被说服者的认知、态度与行为改变的过程来划分的。

第一，认识阶段。对于被说服者而言，无论其是否接受了说服者的结论，其最终在作出决定前都会接受一个信息传递过程，都会被"卷入"一个传播活动中去。认识阶段具体是指被说服者关于说服者所提出观点的思考过程，该过程也可能包括对自己既有观点的思考过程，对于将其他可能的观点与说服者观点、自身既有观点间进行对比的过程，这些过程总体都被概括为认识过程，即说服过程的认识阶段。例如，当说服者提出"在水果中，苹果更有营养"的观点，并试图说服你也接受这个观点时，你可能会思考哪种水果更有营养？除了苹果之外，还会有其他更有营养的水果吗？对方判断"营养"的依据是什么？这些思考的过程均可视为说服过程的认识阶段。

第二，认同阶段。对于被说服者而言，最终说服效果的实现必然会经过认同说服者观点的阶段。在认同过程中，既会出现"颠覆"自己原有观点、原有认知的情况，也可能会出现进一步加深巩固自己原有观点倾向的情况（主要存在于被说服者不确定自己既有的观点或者在肯定自己观点时出现犹豫的情况下）。例如，当说服者提出"在水果中，苹果更有营养"的观点，并试图说服你也接受这个观点时，你的原有观点可能会被"颠覆"，而转向认同被说服者的观点，或者还有一种情况就是，你原本也认为"在水果中，苹果更有营养"，只不过没有确定自己的观点是否正确，而在说服者也提出这个问题时，你便更加确信这个观点。

第三，行为阶段。对于被说服者而言，最终说服效果的实现必然会经过将说服者的观点付诸行动或者自觉地利用说服者向自己灌输的观点转向说服他人的阶段。例如，当说服者提出"在水果中，苹果更有营养"的观点，并试图说服你也接受这个观点时，当你转而向其他持有不同观点的人进行说服活动，或者当你在日常生活中因为接受了"苹果更有营养"的观点而坚持选择苹果作为你的日常水果时，便已说明了你经历了说服过程的行为阶段。

以上三个阶段可以被视为说服过程的简化版，中间或多或少可以插入一些环节来帮助说服目的的达成。一般意义而言，要想实现说服，以上三个步骤缺一不可。

2. 说服的类型

按不同的分类法则，可以派生不同的说服类型。这里仅列举几种常用的说服类型并做出详细解释。

第一，劝诱型说服。不同类型的说服活动虽然可能都会带来一致的说服效果，但是因为在不同类型的说服活动中所使用到的具体说服手段、具体说服技巧可能存在一定差别，所以说服效果实现的时间、被说服者的观点接受、观点认同程度等方面可能会存在一定差别。在劝诱型说服活动中，说服者更多会以一种诱导性的语气和话术来引导被说服者认同说服者的观点。劝诱型说服属于说服活动中一种较为简单的"低阶"说服活动，这是因为，这种诱导性的说服过程常常会使得说服者的说服目的更容易暴露出来，这在一定程度上可能会刺激被说服者出于自我保护而过度"捍卫"自己的观点。这种现象一旦发生，对于说服者而言，说服活动想要进行下去，且想要达到说服目的便更不容易了。

第二，比较型说服。严格意义上来说，比较型说服可以被视为劝诱型说服的一种。比较型说服一般通过采取将说服观点与相反观点或者将说服对象与未成为说服对象的人进行对比，分析两者间利弊的方式来进行劝服。例如，当说服者提出"在水果中，苹果更有营养"的观点时，为了试图说服你也接受这个观点，常常会通过将苹果与其他水果的营养价值进行对比，以突显出苹果的营养价值。还有一种情况则是将说服对象与未成为说服对象的人进行对比，例如，当说服者提出"在水果中，苹果更有营养"的观点时，可能会将经常吃苹果的人与经常吃其他水果的人的健康状况等进行对比，以突显说服者观点的正确性。但在使用比较型说服时，需要注意的一点是，对比分析的对象需要与说服观点中所提到的事物具有一定程度的可比性，两者可比性过小，往往无法带来理想的说服效果，甚至会造成反面影响。

第三，曲线型说服。以上两种类型的说服活动都是在面对面或者是说服者与说服对象之间的直接交流，一般没有第三方介入两者间的说服过程，而曲线型说服则与以上两种类型的说服活动存在明显区别。曲线型说服常常因为说服者与说服对象之间由于各种原因不便于直接展开说服活动，所以常常需要"第三者"介入，通过传递两者的想法来进行间接沟通。这种曲线型说服活动常常在某员工想要跳槽至其他公司或者某公司想要引进人才的过程中会发生，在该过程中，专业的"猎头"便会在其中充当"第三者"的角色，以传递不同公司对于该员工的招聘意愿，进行一种间接的、曲线型的说服活动。需要注意的是，在这种说服活动中，决定最终说服效果的主要因素不再是单一的说服者，作为说服者的说服意愿传递者的中介者，常常也是决定最终说服效果的重要因素。

3. 说服的技巧

面对不同的说服对象，说服者可以采用不同的说服技巧，以下三种说服技巧作为最常用的几种技巧对于达到说服目的有所助益。

第一，一次性说服。一次性说服是指说服者在对说服对象进行第一次说服活动时，最终取得的说服效果往往优于之后的第二次乃至第三次说服的效果。这是因为，当说服者完成第一次说服活动后，这时说服对象便了解说服者的说服动机和说服观点，如果第一次说服失败，那也就意味着说服对象关于说服者的言行的防御心理也初步形成，在此过程中，很可能会更加坚定自己既定的主张和观点，这在一定程度上也加大了说服者在之后说服过程中的难度，无论是各种说服技巧还是措辞，都需要重新打磨，因为说服对象对此都已经产生一定"免疫"心理。

第二，准备充足的论据。说服的过程不仅仅是说服者与说服对象单纯在观点方面的较量，说服者如果想要进一步控制自己说服过程的逻辑是否严密，论述是否有条理，就需要在展开说服活动前便充分准备好围绕说服观点细细展开阐述的论据。因为说服对象并不是完全被动接受说服者的观点，说服对象会在说服者的说服过程提出种种质疑与反驳，对此，说服者不能被说服对象"质问"得哑口无言，而是需要提前做好收集足够论据的准备。例如，在大学生求职面试的过程中，大学生作为一个向面试官展示自身价值以说服面试官录用自己的说服者，面试官作为这一过程的说服对象，大学生在自我介绍过程中需要着重突出、强调自身优点，但是这种介绍、说服的过程并不是毫无逻辑的陈述事实，而是需要根据自己实际情况，从不同维度详细阐述，如实践经验丰富，便可以选择从自身的校内实践经验与校外实践经验两个方面详细阐释。

第三，顺应对方。在面对不同类型的说服对象时，往往需要说服者采取不同的说服手段与不同的说服技巧，这是因为不同的说服对象，他们关于坚守自己的观点的程度往往存在一定差异，一般意义上较为容易被说服的对象，他们在坚守自己的观点方面的"定力"较为一般，而一般意义上更不容易被说服的对象，他们在坚守自己的观点方面的"定力"则更强，更需要说服者采取区别于前者的说服技巧来达到说服目的。其中，顺应对方就是当说服者面对坚守自己的观点"定力"更强的说服对象时所采用的说服技巧。这种说服技巧具体指当说服者如果想要说服对象直接接受自己的观点时有一定难度，这个时候不妨围绕观点衍生出一系列副观点，相当于议论文中总论点与分论点的关系，所有副观点的作用均为肯定总观点。此外，还有一个关键要素就是，说服者要懂得不断缩小每个副观点与说服对象的既有观点的差异，慢慢让说服对象适应这种观点间的差异，即使说服对象进行反驳或质疑，也不可贸然否定，采取先肯定说服对象的反驳或质疑之处，再慢慢抛出自身观点，分析自身观点优势的手段即为顺应对方。

（二）提升组织的沟通能力

在现代社会，无论是在企业还是班级，组织成员的人数总体都在不断上涨，组织的规模都在不断扩大，组织内部的人际交往活动越来越成为影响组织整体工作、学习或合作效率的重要因素。因此，进一步提高组织内部的沟通能力具有十分重要的意义。

1. 建立良好的人际关系对组织生存和发展的重要性

第一，增强组织成员的凝聚力。每一个组织不同时期都会有一个总体目标或若干个阶段性小目标，这些组织目标的实现不仅依赖于组织成员间的良好沟通与交流，还需要每一个组织成员对于组织自身的认可，而这些条件在很大程度上都依赖于组织成员间凝聚力的强弱。例如，在一个班集体中，这个班级便可视为一个组织，而班级内的成员便可视为组织内部的成员，该组织在实现不同时期的阶段性目标时，往往首先需要组织成员对组织本身的高度认可，因为组织内部的凝聚力必不可少。比如在拔河比赛中，组织成员是否能够齐心协力地赢得比赛，如果在组织内部的凝聚力不足，甚至还存在各种矛盾，存在各种摩擦，那么大家也不一定愿意听从组织内部领导者的分工安排，也不一定愿意听从领导者下达的各种"号令"。因此，组织内部的凝聚力对于组织的生存与发展而言至关重要。而在如何增强组织内部凝聚力方面，组织成员间良好的人际关系尤为重要，因为这是保障组织内部成员间关系融洽的重要因素，不论是横向的人际关系还是纵向的人际关系，都需要保持良好的沟通。

第二，提高组织成员的工作效率。良好的人际关系不仅是组织内部凝聚力的有效保证，同时也是提高组织成员工作效率的重要条件。在当今社会，任何工作都需要在一定的沟通与交往中才能完成，无论是领导下达的总体任务，还是部门负责人分配的各种具体工作，还是组织成员之间的任务对接都需要建立在一定的沟通的基础之上，如果缺乏沟通或沟通不畅，带来组织成员间不良的人际关系甚至引发组织成员间的矛盾，势必会使得工作效率大打折扣。因此，无论是企业还是班集体，都需要保持积极的内部交流，建立良好的人际关系，以保证任务完成的效率，保障组织目标的实现。

2. 采用改善人际沟通的有效方法，以实现组织内部的有效沟通

为实现组织内部的有效沟通，必然需要积极采取有效的人际沟通。在一个传播活动中，同一个人既可以是信息传递者也可以是信息的接受者，而根据每一次交流对话的信息传递与收受过程可以暂且将双方的角色划分为信息发送者与信息接受者，以便提出针对性的建议。下面主要从信息发送者与信息接受者的角度出发，提出几点改善人际沟通的方法。

第一，作为信息发送者，在改善人际沟通的过程中要注意以下两个方面：

一是提高自己的表达能力。对于信息发送者而言，表达能力的提高关系着自己在每一次交流与对话中的话语权与主导地位，无论是对于分派任务的领导者，还是交接任务的员工之间，都有一方会占据人际沟通中的主导地位，控制着人际交往的主要方向，这也在一定程度上要求信息发送者的表达能力务必要好。首先，能够清楚地表述事实是基本条件，其次，面对涉及双方利益的问题，能够在陈述事实内容的基础上委婉妥帖地表述，使得双方的沟通目的达成一致，这需要信息发送者的语言智慧了。传统意义上的只讲求将信息传达到位的观念可能并不有利于改善人际沟通，也未必有利于同信息接受者建立或保持长久的良好人际关系，这就需要信息发送者通过"晓之以理，动之以情"的表达方式来完成沟通。

二是注意选择合适的时机。在不同的场合、不同的情境中往往需要配合不同的话语表述方式。这种灵活调整话语表达时机的表达技巧对于改善人际沟通具有重要意义。例如，在公司每周定期举行的例会上，往往会出现总结上一阶段工作情况、部署下一阶段工作任务等重要议程，这些内容更为正式与严肃，因此往往需要在更加正式的场合在组织内进行交流。而组织成员间的个体或者由几个人组成的小团体之间的沟通便不一定需要在正式例会中进行。对于选择合适的时机来改善人际沟通的重要性在学校中也有突出体现，作为老师，在指正同学们的错误之处时，常常会选择私下沟通

交流，这主要是出于照顾同学们的自尊心，而且私下交流也便于同学们敢于诚恳地表达自己的真实想法，能够围绕错误之处与老师进行有效沟通。

第二，作为信息接受者，在改善人际沟通的过程中要注意以下两个方面：

一是仔细聆听。作为信息接受者，在每一次信息传受过程中都需要做好倾听对方表述内容的准备，这既是展开之后交流与对话环节的基础，更是建立交流双方信任的基础，因为愿意去倾听他人的表述也是对他人尊重的表现。在交流过程中，随意打断对方表述的行为则是对他人不尊重的表现，也难以取得对方的信任，更不用说有效地改善人际沟通了。

二是积极反馈。作为信息接受者，在每一次的交流对话中并不是完全被动的存在，而是需要针对信息发送者表达的内容作出回应，无论是口头回应还是会做出点头或手势，这些都是促进交流对话进一步展开的重要条件。

概言之，有效的人际沟通在组织内起着非常重要的作用。无论是组织内部的一般成员还是组织内部的领导者都需要认识到组织内部人际交流的重要性，也需要正确掌握建立与改善人际交流的正确方法，由此，便可以进一步促进组织目标的实现。

五、倾听：提升你的信息接受效果

（一）什么是有效倾听？

在人际交流活动中，无论是对于信息发送者还是信息接收者，倾听都是提升信息接收效果、促进此后的对话交流进一步展开的关键。有效倾听具体是指在每一次交流活动中，信息接收者不仅能够明白信息发送者的表达内容，还懂得信息发送者的交流与传播意图，了解对方进行传播活动的目的。如果信息接受者仅限于听清和明白信息发送者的表达内容，那么其意义也仅限于倾听，而非有效倾听。

（二）有效倾听的障碍

在人际交流活动中，对于信息接受者而言，主要会存在以下三个方面的有效倾听的障碍。

1. 选择性倾听

信息接受者在接受信息发送者的信息内容时，常常会根据自己的兴趣对于交流内容进行取舍，尽管这种取舍在很多时候并非有意而为之，但这种行为也在一定程度上影响了后续信息接受者对于信息内容的判断、信息反馈，从而会影响信息接受的整体效果。例如，很多同学在学校学习时常常会存在"偏科"的现象，这种现象带来的直接影响很有可能是偏向文科的同学在学习理科时，对于接收、理解老师在课堂中讲解的知识点的整体效果欠佳，即便这类同学们在主观上还是在积极地接收、理解老师所讲授的课程内容，但潜意识还是会对这类信息产生排斥，这也是绝大多数"偏科"的同学无法改善自己"偏科"现象的重要原因。

2."情绪噪声"

在人际交流活动中，极端化的情绪会使得信息发送者与信息接受者无法冷静地传受信息，无法对信息做出理性解读，无法给出恰当的反馈信息，也会因此导致对话过程不畅，信息交流活动的整体效果欠佳。例如，在课堂中，当老师带着个人情绪向同学们讲授知识时，这在很大程度上会影响同学们的听课效率，甚至可能出现同学们不敢提出疑问，不敢举手回答问题的情况，这种带着情绪进行教学的活动就是一种无法排除"情绪噪声"的传播现象。在这种传播活动中，对于充当信息接受者角色的同学来说，实现有效倾听的难度便会大大增加。

3. 环境噪声

总体而言，以上两点障碍因素是针对信息交流活动环节提出的，而在信息传受过程中，关于干扰有效倾听的障碍，除了存在信息发送者与信息接受者的主观原因，还可能与外界环境有关。在嘈杂的传播环境中，连听清信息发送者的信息内容都无法保证时，便更无法保证信息接受者能够理解信息发送者的传播意图了。

（三）实现有效倾听的建议

针对上述的有效倾听的障碍，分别提出了以下三点针对性建议。

1. 积极反馈

即便信息接受者会对所接收到的信息内容进行选择性倾听，但只要个人在主观上积极改进，并积极做好信息反馈工作，即针对交流内容提出自己的看法或建议，或者直接询问信息发送者的传播意图，便可突破选择性倾听的障碍。当信息接受者对于信息发送者的信息内容不太理解时，常常会忽略信息交流活动中的部分信息要素。例如，学生不理解老师讲授的某一知识点时，往往会出现学生对于讲授过程中所涉及的其他部分知识点也不理解，这时就需要学生能够积极主动提问，询问自己存在疑惑的地方。这一环节对于学生进一步开展此后的学习活动具有重要意义。

2. 做好"情绪管理"工作

极端的情绪是阻碍正常人际沟通的重要因素，也是干扰信息接受者有效倾听的主要障碍。对此，信息接受者需要在开展人际交流前，保证自己的情绪足够稳定，在此基础上，方能展开正常的信息交流。例如，在实现组织总体目标的过程中，或多或少会出现各类问题，这些问题在很多情况下会引起组织内成员的不满，尤其是对于组织内部的领导者在情绪上的不满，如若此时领导者带着烦躁或较为极端的情绪来处理问题，展开组织内部的交流，与组织内部的其他成员进行对话，势必也会将这种情绪"传染"给其他成员，这不利于有效倾听的实现，也不利于成员间对于造成问题的原因进行剖析与妥善解决。

3. 选择合适的交流环境

嘈杂的传播环境势必会影响正常的人际交流活动，无论是对信息发送者还是信息接受者而言，环境噪声无疑会干扰自身的信息活动。对此，选择一个安静的交流环境方可保障信息传受活动的有序开展，保证有效倾听的实现。例如，在某些公司中，一般会设置几个专门的会议室用来开展各种会议，以保证信息接受者的有效倾听、任务的有序部署、会议中交流目的的顺利实现。

第三章

关系传播与社会圈层

案例导入

    2015 年春节，微信、支付宝、手机 QQ、新浪微博等诸多互联网平台纷纷加入红包"大战"之中，不遗余力地向用户发放红包，一时之间网络中掀起了抢红包的热潮。其中新版本微信更是突破自身基于强关系社交媒介的局限，推出了基于泛关系传播的摇一摇功能。原来的微信发放红包模式决定了红包的收发只限定于关系较为亲近的好友，比较符合中国传统红包文化的传播规律，既能体现好友之间的社交关系，同时又能维系彼此之间亲密的感情。新推出的摇一摇功能则是各大企业、明星向网民发放红包的模式，任何安装微信的用户都可以参与其中，在收发红包过程之中同样实现了企业、明星与网民之间关系的互动，凸显了泛关系传播的商业性与趣味性。在红包大战之中，"社交网络＋"的理念体现出其有无限的价值与可能，关系传播在"互联网＋"环境之下的重要性也不可忽略。为了让同学们更好地理解关系传播，传播是如何发生的，我们则需要从关系的界定及其特征开始说起。

一、关系及其传播

（一）关系的定义、特征、分类

1. 关系的定义

在费孝通的"差序格局"理论之中，关系是人际社会中一种特有的人际互动形式，社会关系是石头丢在水中所泛出的一圈圈"波纹"，每个人都身处在"波纹"的中心，而社会关系是需要一个一个人推出去，逐渐实现私人关系的增加，社会范围则是一根根私人联系所构成的网络。[①] 因此在社会学中人与人交往过程中建立的关系是社会资本，关系在人际交往之中扮演着重要的角色。

但是在传播学领域"关系"有其特殊的定义，"关系"是指建立在传播双方相互作用的方式基础之上各自对对方行为的一组期望。[②] 它是由一整套你来我往的、具有高度动态性的回应行为组成的，包括各种互动模式。由此定义来看，关系与传播之间的联系是密不可分的，只有在成员进行长期的互动交流之后关系才能形成。例如逢年过节，大家都喜欢用微信群发祝福，如果对方不在你的微信好友中，他就收不到信息。互相发送信息的前提是需要有彼此的微信账号。同时，在群发祝福时，给长辈老师发的祝福语与给朋友发的祝福语不一样。在给前者发送祝福语的时候需要有敬语，内容要正式一点；给朋友发的祝福语就可以俏皮可爱，甚至随意一些。这是因为传播也是一定社会关系的体现。传播对象与主体的关系不同就会产生不同的传播内容，传播寓于传播主体之间的互动以及关系建构之中。除此之外在传播过程之中关系会按照自身的意志而裁剪传播内容。当传受双方的关系处于饱和状态，传播则处于一种催眠的状态，内容的传播效果趋近于零，只剩下关系的传播。例如处于热恋的情侣在吵架

[①] 费孝通. 乡土中国　生育制度 [M]. 北京：北京大学出版社，1998：26.

[②] 斯蒂芬·李特约翰，凯伦·福斯. 人类传播理论 [M]. 史安斌，译. 北京：清华大学出版社，2004：275.

之时，双方沟通是处于低效的。

2. 关系的特征

从以儒家"关系"概念为中心的群体关系研究范式来看关系的概念有如下几种特点：

（1）与角色规范具有伦理关系

当以社会身份抑或亲缘身份去界定与对方的关系，那么在交流互动的过程之中意味着必须遵守符合关系的互动规范。

（2）关系特别对亲密、信任、责任做出规定

在亲缘关系越相近的角色之间，彼此越应该亲密无间，信任对方，承担应有的责任。亲缘关系抑或准亲缘关系就限定了彼此之间应尽的义务。

（3）关系可通过交往建立或中断

通过履行基于亲密关系角色才需要的义务与责任，在日常交往之中，表达近距离关系才具有的感情，便可以实现由生关系到熟关系、从没有关系到建立关系的转化。

（4）关系网络的形成是以自我为中心且环环相套

关系网络的形成往往是以自我为中心，通过不断的交往活动，形成一圈圈关系层，层层相套。

因为关系角色规定的义务以及交往建构的关系网，就使得伦理道德、权利结构、资源配置、交往动力交织在关系之中，身处中国社会的每一个人都难以脱离关系，独立生活。在这样一个充满联系的社会之中，每一个人都是各种关系的集合体。

3. 关系的分类

社会关系具体包括配偶、父母、子女、兄弟姐妹、邻居、同学、同事、朋友等，从不同的角度都可以对社会关系的类型进行划分。从亲密程度来看，社会关系可分为初级关系和次级关系。初级关系主要是源于日常面对面的亲密合作与交往，例如，家人、玩伴、邻居；次级关系则源于具有工具性目的的交往，主要是在人们参与社会生活后形成的，例如师生、同事。从相互作用来看，关系还可分为合作关系和敌对关系。合作关系主要是指两人或两个以上的成员为达到特定的目标而形成的相互肯定的协作关系，而敌对关系主要是指两人或两个以上的成员因为相互冲突的目标而形成的相互否定的失调关系。依据分类的方式不同，关系也可被分为众多类型。

基于本讲的研究目的，从连接纽带入手可以将关系分为血缘关系、地缘关系、业缘关系、趣缘关系。

（1）从血缘角度划分

血缘关系主要是指以生育或婚姻为连接纽带，因生育或婚姻而产生的关系，包括父母、子女、兄弟姐妹以及由此派生出的其他亲属关系。血缘关系是一个人与生俱来就被赋予的关系，对社会生产以及个人生活都产生了极为重要的影响。它在人类社会产生之初就存在，也是人们最早形成的一种社会关系。正是基于血缘关系的持久性以及可以频繁交往的先天条件，拥有血缘关系的人们在进行交往时可以优先获得情感支持以及互惠互利。在人们遇到困难之时，会本能地向自家人倾诉烦恼，不仅是因为自家人在重大问题上值得信任，还在于自家人会时刻出谋划策，即时提供情感或者是经济方面的支持。在大部分中国人眼中与自己有关系的人才值得信任，对家族以外的人会有防备之心。

（2）从地缘角度划分

地缘关系主要是指以土地或地理位置为连接纽带，主要是在一定的地理范围内共同生产所产生的关系，例如街坊、邻居、同乡等。在人类社会形成之初，因为游牧狩猎的方式使得人们的血缘与地缘关系合一，地缘关系也只限于自身所处的族群之中。[①] 但是为了抵御自然灾害、繁衍后代，人们开始打破自身所处的小范围，突破固有的家庭、家族的地域限制，逐渐向外拓展形成了氏族与氏族之间的交往。氏族之间的交往因为地域的聚合，产生了基于的地域的文化、生活、行为的同一性，产生了拥有各自特色的地域文化。边界的明确划分为在其中共同生活的人们提供了一致的生活场景，例如地点、人物、事件，以及风俗习惯等，正是相同的生活场景成为基于地缘关系的人们进行交流的信息来源。也正是因为地缘方面的优势，当人们遭遇突发事件之时，往往基于地缘的关系可以第一时间给予帮助。但是相较于血缘关系，地缘关系的建立往往带有利益因素的考量，过去各地方、民族之间的封闭的状态也逐渐被趋利动机和地缘之间的相互依赖所打破。

（3）从业缘角度划分

业缘关系主要是指以职业为连接纽带，因职业活动产生人际交往而形成的关系，

---

① 费孝通.乡土中国　生育制度［M］.北京：北京大学出版社，1998：70.

例如同事、同行、下属、合作伙伴等关系。与血缘关系和地缘关系不同，业缘关系不具有先赋性，并不是人类与生俱来的，而是在基于血缘和地缘的基础之上进行广泛的社会分工而来的，主要源于社会分工的精细化以及社会生活的职业化，具有明显的后置性。并且随着社会的不断发展变迁，业缘关系出现了由简至繁的倾向。与原来农耕时代大家共享的农业知识不同，因为社会分工的精细化，个体之间的共享互通消息逐渐变少，不同领域也有不同的专业语言。[①] 俗话说"隔行如隔山"，在基于业缘形成的圈子之中，圈内对于本专业知识的认同度极高，但与其他圈子之间出现隔阂，非专业人士被排除在外。相较于血缘与地缘关系形成的群体，因业缘而相聚的群体之中利益占比更大，一些个体会因为进一步实现优化利益目标而在职业选择方面出现波动。因此，在业缘关系时代，因自身不同职业变动与选择而产生的关系流动成为了该时代的明显特征。也正是因为职业选择的丰富性为人们在人际交往的过程之中提供了更多的场景，拥有了更多人际交往之中的角色规范与行为约束。

（4）从趣缘角度划分

趣缘关系主要是指以相同或相近的兴趣为连接纽带，在有关兴趣爱好的话题交流与讨论之中所形成的关系。趣缘关系较之血缘、地缘、业缘关系有以下特点：其一，广泛性。兴趣的延伸触角可以突破血缘、地缘、业缘的束缚，可以触及任何人际交往存在的地方，只要兴趣可以触及的地方都有可能产生趣缘关系。因为兴趣的广泛性，人们可以基于自身意愿进行随意选择，这就使得每个在趣缘关系中的个体可以在"参与—退出—再次参与"的模式之中寻找趣缘生活的快感，这也带来了趣缘关系的动态变化。其二，多样性。人们可以基于各种各样的兴趣爱好聚集在一起，例如在豆瓣平台，喜欢相同电视剧、小说的网友可以聚集在一起，讨论剧情，发表见解。关系主体可以因不同的兴趣建立趣缘关系，同时也可以参与到不同的趣缘群体之中，实现了对单一的血缘、地缘、业缘关系的超越。其三，平等性。基于趣缘而聚集在一起的群体之间不存在等级模式，在该群体之中的人们相互之间不存在依附关系，是独立的个体，只要有相同的兴趣爱好就可以结交在一起，也正是相同的兴趣爱好决定了个体之间关系以及地位的平等。

---

① ［美］邓肯·J·瓦茨.六度分隔：一个相互连接的时代的科学［M］.陈禹等，译.北京：中国人民大学出版社，2011：8.

二、新媒介时代的关系传播

（一）关系传播的定义

传播可分为内容和关系两个层面，传者在进行传播时，内容层面传递的是讯息中所包含的信息，受者需要对信息符号进行解码，才能理解其中内涵。而关系层面传递的是两个或更多参与者的人际关系，基于双方的姿态、情感等象征符号的解读，进行关系的表达。内容的信息一般是指具体的、明摆着的信息；关系的信息则是指语言中的一些暗示行为，可能并不是传达的字面意思，而是在传达过程中的含有暗示的眼神抑或暗藏在话语中的声调、节奏等。

口头传播时代是人类进行传播活动的第一个阶段，因为口语只能在短距离内传递信息，且声音转瞬即逝，不易保存，在进行口语传播之时则需要传受双方面对面交流。在此过程之中，双方不仅能对声音符号进行编码与解码，同时还能解读表情、动作等非语言符号，有时还需基于双方的关系判断、鉴别说话者的真实意图。因此，在口语传播时代关系，传播是基于双方都真实在场的传播。

而到了文字传播以及印刷时代，信息依存于纸张等物质载体得以保存，信息保存度极高。因此在这两个时代，传播更侧重于内容层面的而非关系层面的信息传播。大众传播时代，电视、广播的蓬勃发展使得普通的民众都可以参与到信息的传播活动之中，信息广泛大量的复制让受众集中关注媒介的信息表达。"内容为王"成为新闻传播媒介在市场中取胜的关键，传播有价值且能够抓住受众的信息成为传播活动的主要目的。因此，大众传播时代尤其是电子媒介的点对面的传播更加注重内容层面的信息传达。

但是微博、微信等新媒介的出现则给予了培育关系的沃土，在新媒介时代，关系传播的价值得以体现。除了人际层面的关系传播，在新媒介平台关系传播还可以分为社会层面、文化层面两个方面。在新媒介中我们除了需要通过即时通信、邮件等方式进行情感维系之外，我们还需要基于自身的社会角色建立社会关系、基于共通的价值观与他人分享兴趣爱好。因此，新媒介是所有关系的连接中枢，它既是好友维系情感的秘密空间，也是各种社会角色交流汇聚的平台，更是不同文化激荡、碰撞、包容、汇通的新阵地。新媒介的关系传播不用去在意人与人之间的差异问题，需要的是创建一个新的思想假定，寻求接受彼此差异的方式，以各自的差异为依据去探寻关系中同一性与差异性之间的永恒张力。① 它实现了由技术性的信息传播到对话性的关系传播的转变，以点对面的网站为中心的信息传播学到以人为中心的关系传播学的转变。

（二）关系传播的特点

1. 忽略差异的平等对话

大众传播是撒播式的独白式传播，人际传播是对话式的传播形态，而以新型信息传播技术为支撑的新媒介则实现了电子对话式的平等传播形态。在微信、微博这些新媒介平台，关系并不是发展自身社会资本的功利性工具，而是"我"与"你"平等对话的关系。在电子对话中，存在着"人—机—人"关系，但是随着互联网的不断发展，平台转化成为"我"与"你"对话关系的支撑中介，因此在 Web 2.0 时代，电子对话成为了"我"与"你"的平等对话。在对话中，交流双方忽略彼此的差异，寻求对于话题共通的理解，从而建构属于彼此的交流世界。在这段关系之中，"你"向"我"诉说，"我"给予"你"回应，但是彼此又保持着各自的特点，对话将两者联系在一起。例如在微信朋友圈的人际交流之中，双方的对话既不是个人的独白，也不是基于利益关系的交流。双方本着相互理解、相互认可、相互尊重的原则，展开真实的对话相遇，以对话为出发点，通过对话建立彼此依赖的交流关系。

---

① 王怡红.关系传播理论的逻辑解释——兼论人际交流研究的主要对象问题 [J].新闻与传播研究，2006（02）：21.

2. 复杂的网状传播模式

传播学者拉斯韦尔所提出的"5W 传播模式"之所以能够起到传播的效果是因为其设定的基本前提：信息是以线性的方式进行传播。一旦信息进入信道，无论是否受到噪声的干扰，都可对接受者起到效果，接受到传播者的传播意图。但是从关系传播的角度来看，传播的空间是由错综复杂的关系网络形成的，每一个传播者身处在社会之中，信息的传播就必然沿着复杂的社会关系网络进行传达，不能脱离环境进行单向直线型劝服。在新媒介时代，每个人都可以是麦克风的掌控者，信息也不再是依据传统的人际关系进行传播，更可以顺延着互联网延展脉络，将信息传播到其可触及的各个角落，关系传播的网络进一步扩展。任何尚未见面的陌生人都可以通过互联网建立联系展开对话，皮尤研究中心在 2010 年 10 月 12 月期间对美国成年人进行调查，研究发现每个 Facebook（脸书）的用户平均拥有 229 个好友，但是在好友列表中，平均从未谋面的联系人约占百分之七，这也意味着每 16 个 Facebook 好友中就有 1 个如同陌生人一样，在社交媒介之中即使素未谋面也可以展开即时对话，保持社会联系。[①]

3. 由自然人演变成社会人

在社会学中，自然人是指脱离母体之后，尚未经历社会化过程的人。而社会化则是个体与其他社会成员进行互动成为合格的社会成员的过程。在传统社会，人们处于各种人际关系之中，通过口头传播与他人进行互动交流便可被称为社会化的过程。但是在电子对话式的新媒介时代，将社会人的界定仅停留在能够与人进行口头互动可能并不合乎时宜。美国管理学家、人际关系学说的创始人梅奥认为新时代的社会人应是除了物质以及社会需要外，还需要从社会关系中寻找乐趣的人。可见随着社会的不断发展变迁，人们对于社会人的界定标准也在不断提高。在新媒介时代，人们在进行关系传播的同时不仅要学会新媒介的使用技术，还需要运用新的传播媒介，建立彼此间的信任与情感，在多元化的互动过程之中寻找成为社会人的乐趣。

在微博、微信这些新媒介平台，信息的传播并不仅限于文字内容的传播，而是实

---

① Hampton, K. N.,L. S. Goulet,L. Rainie, etal. Social Networking sites and Our Lives[R] . Pew Research Center's Internet & American Life Project, June 16, 2011.

现了人与内容的关系向人与人关系的转化。交流者可能在一段对话之中，并没有文字的体现，更多的是一次点击、一次链接的分享这些微内容的传递。例如当我们无意之中听到好听的歌曲抑或休闲时刷到好看的电视剧，通过一键分享到朋友圈，就实现了人与人之间的关系传播。

（三）关系传播的表现

1.博客传播：关系传播

Blog（博客）一词意味网上日志，是由美国博主约恩·巴格于 1997 年提出的。1999 年 6 月 Pitas 开始提高免费的 Weblog 服务，为使用者提供了方便，通过 FTP 就可直接将个人 Blog 发表在个人网站之上，表达自己的意见看法。在博客之中，每一个人都可以在自己的主页发表心声，既可以是对于社会事件的看法也可以是个人的所见所闻，还可以是一些自己感兴趣的网页链接等等。在传播过程之中不仅可以与亲密的好友进行互动分享，同时在世界各地的网站粉丝都可以就发表的内容进行反馈。在博客之中，个人的传播关系对象可以是亲密无间的挚友、志同道合的博友，总之在博客中的交流互动都是建立在双方自愿、主动的基础之上，并不是一方对另一方强制性的劝服。而这正符合关系传播的内涵：双方的交流不需要解决两人之间的差异问题，而是寻找解决差异的方式，去认识关系之中同一性与差异性的张力。

随着 Web 3.0 技术的发展，一种开放式的互联网社交服务"微博"逐渐兴起。微博是微型博客的简称，与传统的博客不同，人们在微博上只需要撰写满 140 个字符即可发布自己想表达的内容，此外其发布内容的方式也较为多样化，图片、视频、文字都可以在移动端进行传输。在微博的世界中，每个人是自己关系网络的信息传播者，是个人舞台展示的中心，同时也可以成为其他博主的跟随者。在微博之中即使互不认识的用户也可以相互评论，给予对方个人的意见看法。因此，微博拓宽了关系传播的范围，既可以是强关系的传播，也可以是泛关系的传播，在相互都不知晓对方身份的情况下就可以实现背对脸的信息交互。

虽然微博将关系传播的网络进行了拓展，但是在没有信息把关人的情况之下，虚伪、碎片化的信息充斥在网络之中。因此，网民在微博中进行信息传播需要提高自身的媒介素养，不去传播违反国家法律以及社会道德规范的信息；媒介平台也有义务加强对信息的监管，即时删除违反规定的信息，为新媒介时代营造一个风清气正的关系传播空间。

2.SNS：个人的社会网络

SNS 是 social network software 的缩写，是一种社会性网络软件，在一个相互连接的系统内，用户可以构建公开或者半公开的个人主页，用户可以在系统中列出与他们自身相关联的其他用户的名单，还可以浏览自己列表中的朋友以及其他人列表中朋友的网页。SNS 的提出主要是依据六度分隔理论，该理论的主要内容为在人际交友的过程之中，人们最多只需要结交六个朋友就可以认识任何一个陌生人。在 SNS 中，线下的人际关系可以在该软件中得到进一步的维系与扩展，同时也可以展开陌生人之间的虚拟对话。而与陌生人的虚拟对话很大程度上是以个体自我生产的内容为关系纽带，将建立延伸网络社会关系作为目标。

SNS 的出现使得原本一维的人际网络逐渐扩展成二维的关系网，并且随着关系传播的不同发展态势，每一个交友双方所发展的友谊也具有差异，既有仅存在于网络之中的泛泛之交，也有在线上产生好感，在线下进一步维系与扩展的混合型友谊，同时还有原本在线下产生继而在网络中也有发展的线下友谊。例如，在日常生活中同学们可能因为某一个契机相加为好友，在网络中相聊甚欢，但是在实际生活中因为双方素未谋面，可能即使相遇也不知是对方，从而擦肩而过。但是无论是哪一种友谊的形成，社交网络软件都是我们对话的关系载体，它将我们的关系网络进一步延伸，将虚拟社会与现实社会交织在一起，使我们与社会中形形色色的人进行紧密互动。

3.Wiki（维基）：知识连接你我

第一个 Wiki 网站是在 1995 年创建的，用来作为波特兰知识仓库的模式定义和讨论的交互性场所。Wiki 是一种开放性的超文本网络协作式写作系统，在其中所有的内容都是节点，节点自身也可以包含节点（例如一些超链接），节点之间则需要通过连接将彼此进行串联，以便可以快速精确地查找内容。除此之外，任何人都可以依据自身的看法对 Wiki 站点的内容进行编辑，对共同的话题展开讨论。因此它是一个面向社群的协作创作系统，创作者基于内容写作而建构成社群，在知识的交流共享中拉近彼此之间的关系，社群内人员可以便捷地对内容进行浏览、创建、更改。

在每个 Wiki 词条之下的用户名都可以看作链接关系网络的点，每个对词条进行修改的用户便是构成关系网络的成员。在这样的关系网络中由较多链接节点的中心用户、围绕在中心用户的一般用户以及只停留在阅读的边缘用户组成。因为用户间有明确的成员关系，并且基于彼此之间相似的特征能够保持持续的相互交往，最终通过彼此的努力完成一致的目标，所以我们将其称之为 Wiki 社群。在社群之中成员已然对 Wiki 的规范有了一定的了解，有了明确的关系界定。因此，他们之间的交往并不是成员之间就私人内容进行交流，而是有组织地讨论共同感兴趣的内容，以知识为纽带，将彼此相连。

4.即时通讯：关系无处不在

根据互联网发展报告，截至 2022 年 6 月，我国即时通讯用户规模已达 10.27 亿人，相较 2021 年 12 月增长了 2042 万人，占网民整体规模的 97.7%。[①] 作为即时通讯软件代表的微信、QQ 在 2019 年的安装率就达到了 85.8% 和 69%，月活跃用户量分别为 10 亿和 6 亿，在国内的即时通讯生态圈呈现微信和 QQ 两大巨头并存的局面。[②] 随着 QQ 和微信约 20 年的发展演进，技术迭代更新，功能不断调试完善，人际交流逐渐与技术交融。QQ 和微信实现了最初单纯的即时通讯工具到如今的整合人际交往、咨询获取、生活服务兼容的综合性传播平台。用户与用户之间的联系不再仅仅基于文字，可以是视频、图片、音频、虚拟表情等多种方式，甚至一通 QQ 语音电话便可实现基于真实场景的交流互动。

在口头传播时代，人们通过面对面交流即可实现关系传播，既能接收到内容层面的信息，又能接收到在场的其他暗示性非语言符号，从而实现关系层面的信息传播。而微信和 QQ 的多媒体符号接受则弥补了双方可能在交流中不在场的遗憾，即使身体缺席，不断更新且贴近人们真实表情的 emoji 便可弥补在传播之中情感线索的缺失，满足了双方之间关系的表达。除了可以在一定程度上还原传统社会的人际交流，微信

---

① 中国互联网络信息中心（CNNIC）. 第 50 次中国互联网络发展现状统计报告 [R] .2022 年 8 月 31 日 .
② 极光大数据 .2019 年社交网络行业研究报告 [R] .深圳：极光 Aurora Mobile，2019.

和 QQ 也可搭建交友广场，使得社交关系网络得到进一步扩展。交友广场呈现以熟悉的强关系为中心，在不断交往的过程中，通过账号、名片、摇一摇、漂流瓶等渠道向外扩展弱关系链。与微信不同的是，QQ 可以看到不仅是好友的点赞以及评论。因此，QQ 交友的范围更广、身份更为繁杂，是强弱关系相容的传播，而微信呈现的则是简洁高效的熟人社交，是一种强关系传播。

三、群体关系的演变与社会圈层的形成

（一）群体在社会结构中的变迁

1.传统意义上的社群及社群认同

亚里士多德曾将社群定义为"为达到某种共同的目的而组成的关系或者团体"，[①]且社群中的成员都拥有共同的价值、行为规范、目标，每一个成员都要认同自身所处社群的规则，忠于自己的社群。随着学者对社群研究的不断深入，基于不同的细分标准对社群进行划分：依据亲属关系、邻里关系、朋友关系将社群分为血缘社群、地域社群、精神社群；按照工具意义、感情意义、构成意义将社群分成不同类型。

在传播学中，受众会因为遵守群体规范、顾及群体利益而影响自身的传播行为。这里的群体划分主要是基于人口统计学意义以及社会学意义，如按照人口统计学意义进行划分则将群体依据性别、年龄、职业、受教育程度进行细分，在社会学意义上则需要将群体按照家庭、单位、阶层、宗教团体进行划分。无论是按什么标准进行划分，基于相同点的成员进入社群之后，在与其他成员的交往过程中获得价值认同以及群体情感，从而产生社群认同。云南的"狼族"骑行队是骑行爱好者基于趣缘组建而成的，随着活动的举行以及队伍的不断壮大，成员逐渐形成了团结互助、热心公益、坚持不懈的群体价值观，并且因为核心成员的积极倡导与践行以及成员之间的认同与

---

① 苗力田主编.亚里士多德全集（第九卷）[M].北京：中国人民大学出版社，1994：3.

遵守，团结、环保、坚持的价值理念逐渐凝结成了"狼族精神"，这也成为区别于其他骑行队伍的群体认同。

2. 网络社会下社群的形成

随着社会的变迁以及技术的迭代升级，网民可以通过微博、微信等平台积极发表自己的意见看法，拥有相同观点的成员不约而同地聚集在一起，形成话题讨论的持续舆论影响力，在社群事件以及集体行动不断演化之下，社群自身也将处于不断的发展变迁之中。美国克莱·舍基曾在《从时代：无组织的组织力量》中将网络社会下社群的特点概括为：①成员之间有共同的目标或纲领，使得成员能够聚集在一起。②高效率的协作工具，在网络社会微博、微信这些即时通讯工具使得共同完成任务变得轻松容易。③一致的行动。网络社群的建立与成员的聚集往往是因为一项具体的事件或者任务将原本松散的群体汇集起来，例如，逻辑思维会定时地分配会员任务，只有成员积极参与到任务之中，才有可能获得相应的奖励。总而言之，网络社会的社群应摆脱我们自身固有的社会角色，不受血缘、地域等约束传统群体的因素，基于自我意愿、一致的兴趣与价值观去联合。在社群之中，成员通过意见交流、知识共享进行人际活动，建立群体情感。

（二）圈层的形成与构建

1. 圈层化的解读

"圈层"这一概念来自地质学，原指地球地壳、地幔、地核等内部结构和水圈、生物圈等外部结构，后由经济学家、社会学家、人类学家等引入人类社会领域，成为阐释工业生产布局、城乡结构、社会文化等问题的基础概念。我们可以把人类社会中的圈层看成一个动态的场域，它包含圈层内关系建构、圈层内部关系向外突破以及社会的化、外部力量向内渗透及被社会化三个维度。①

---

① 刘明洋，王鸿坤. 从"圈层传播"到"共同体意识"建构——基于2011—2018年"十大流行语"的话语议程分析 [J] . 出版发行研究，2019（09）：58.

在国内，有关圈层化的研究最早出现在费孝通先生的《乡土中国》一书中，"圈子"是中国传统社会一种常见的社会结构，其主要是以个体为中心形成扩散化圈层，圈层离个体越远就意味着两者之间的关系越疏远。[①] 随着社会结构的变革，圈子拥有了多元的形式，不再局限于乡村的血缘、地缘圈子，城市也出现了基于不同职业分工的业缘圈子，在网络社会出现了基于不同兴趣爱好的趣缘圈子，由此建构起人际交往的新模式。

网络社会的圈层源起于传统社会的血缘、地缘、业缘关系，在个体的交往过程之中，基于不同的兴趣爱好以及价值观表达，圈子进一步分化，传统的社会关系不再是建构人际交往关系的唯一方式。在网络社会中，个体拥有了自由表达、双向沟通的平台，逐渐摆脱了传统社会的诸多限制，圈层化的形成更多的是基于自我意愿，具有更多的主体意识。

在网络中个体可以基于自己的想法管理自己的关系圈子，不同的平台、分组、互动方式、互动频率都可以揭示出关系的远近，在现实生活中基于亲缘的强关系可能会弱化，而很多萍水相逢的弱关系在网络互动中可能转化为强关系。除了管理自身的关系圈子，个体还可基于不同的审美趣味加入亚文化圈子之中，通过不断的文化产品的理解与再创造的扩散之中，进行相互的交流学习，巩固在圈子中的地位。例如在饭圈中粉丝会进行应援打榜反黑控评等集体性的活动，以自身的努力付出证明对圈子的存在价值。基于每个个体对圈子付出程度，呈现不同层级的地位。

2.圈层化的内源性动因

在传统社会，人们因进入工作单位或者某一行业而获得自己的组织身份，个体对于自身的身份认知尚处于薄弱的状态。进入网络社会之后，圈层成员因自身对于事物的关注度、对于他人的信任而自发地进入组织之中，随着与圈层其他的成员的交往互动逐渐产生对圈层的情感以及强烈的归属感，个体的身份认同因自身的情感波动而呈现着灵活多变的趋势。例如在微信朋友圈中，与朋友之间的日常沟通、分享、评论、点赞成为个体融入圈层、维系情感的动力因素。因此，对于寻求网络社会中圈层的身份建构和认同成为圈层化一大动因。

---

① 费孝通.乡土中国 [M] .北京：生活·读书·新知三联书店，1985：11.

除了满足自身的身份建构之外，个体会基于不同的兴趣爱好选择不同的媒介产品从而造成了物以类聚的现象，创造出了受众的细分空间。例如在微博超话、豆瓣小组这些平台，会以不同的内容产品将大众进行区分，身处不同圈层的受众当被打上某一个身份标签之后，形成独特的自我的同时也会创造出属于自身所处圈层的圈层文化，圈层内部团结统一，但是与其他的圈层进行区隔。

网络中圈层的形成不仅源于社群时代的业缘、趣缘关系，现实生活中的血缘、地缘也成为其形成的重要推手。且其区别于社群的强聚合力，在圈子中会因为意见领袖的突出作用、话语权的掌控以及对于圈子文化的不同理解与表达，出现圈子内部阶级与阶层的分化，呈现"聚合—分化——聚合"或者"分化—聚合—分化"等各种模式。

3. 圈层化的外源性推手

促成互联网圈层形成与细分的原因众多，主要概括为媒介技术的外部因素驱动、社交关系以及社会舆情驱动三大因素。[①]

互联网技术以及媒介平台的发展变革，为圈层的分化与聚合提供了技术支持。媒介平台不仅扩展了个体的社交以及活动范围，其通过对用户进行精准定位、画像描述、需求分析，推出多元化的内容产品来满足不同圈层群体的产品需求与价值输出，不断增强圈层内部的凝聚力，为圈层的形成注入源源不断的动力。例如，在注册豆瓣之前，平台往往会让用户选择自己感兴趣的话题与爱好，大数据通过对用户的数据进行归纳与整理，以用户喜好为尺度，生成用户的行为画像，自动推荐内容直击目标群体，同时也会推荐目标群体进入相应的小组之中。以算法为媒，将个体与群体相连，产生以"趣"为驱动力的群体趋同。

与以往的熟人社会不同，在遍布陌生人的网络社会，人们需要积极地打破人际交往屏障，建构自我熟悉的交往场域。且由于网络交流沟通的便捷，以及脱离现实社会的真实身份，人们更容易敞开心扉，主动倾诉。因此圈层化的形成也是人们在网络世界进行人际交往的结果，借助自身的人际交往，人们能够在网络中找到志同道合的圈内人，圈子成为了他们抒发情感、彰显价值的新场域，从而他们可以获得心理归属以及身份认同。在网络社会中圈子的建成更加印证了社会心理学家所提出的"六度分隔

---

① 袁媛."圈层化"对人际传播模式的解构与重建［D］.石家庄：河北经贸大学，2022：21.

理论"，往往五个中间人就可以将两个互不相识的陌生人相连，社交关系对于推动与形成圈子的重要性得以体现。

除此之外，个体对于事件的积极参与和意见表达也是助推网络圈子快速聚合的关键因素。

在互联网时代，传统媒体的信息垄断地位被打破，微信朋友圈、微博超话、QQ群为网民即时获取信息、进行公开的意见表达提供了便利条件。当舆论热点发生之时，人们趋向于被自身兴趣所引导去选择接触信息的渠道，有相同兴趣以及观点的人们相互交流形成一个圈层，每个圈层代表着不同的看法，多个圈层交织在一起构成了网络社会的舆论。但是在拥有相同看法的圈层建构之时也较易造成群体极化的现象，在基于成员具有相同看法的基础之上，经过群体讨论之后，个体的态度会更趋近于极端化。因此，在表达自身观点的同时，也要减少不同圈层之间的冲突与矛盾，为了构建和谐的网络社会，需以宏大的社会话语去推动各种文化之间的交流，提倡平等的对话交流，减少圈层之间产生分歧的现象。

（三）社会圈层中的人际交往

交往作为人与人之间互动的过程与行为，是构成个人生活世界的一部分，是推动人的发展与社会变迁的重要因素。随着互联网的蓬勃发展，现实生活的人际交往也逐渐向网络转移，并且相比现实的面对面交流，网民更倾向于通过网络与人交流，尤其是基于相同价值观、兴趣组成的圈子正深深吸引着不同交往动机的网民。

1. 圈层状态下的交往动机

（1）信息维度的需求

在传播学中，使用与满足理论指出受众成员是有特定需求的人，他们的媒介接触活动都是基于自身的特定需求动机来使用媒介，从而使得这些动机得到满足的过程。而在麦奎尔提出的使用与满足的四种类型中其中一项就是环境监测效用，通过观看电视节目获取与自身所处环境直接或间接的信息，从而达到监测环境的效果。无论是在何种社会形态下，获取信息的动机都是人类最基本的需求。在如今信息浩瀚如海的时代，一些重要的信息很有可能在不知情的情况下稍纵即逝，一些公众普遍认同的新闻报道信息，在圈层中进行转发与传播，不仅可以起到监测环境的作用，在信息的讨论中也可在一定程度上强化圈层中的共同观点，维系圈层成员之间的情感。除了新闻报道的信息，在圈层交往中生成的信息可能并不能引起广泛关注，但是对身处圈层中的成员却有独特的价值，这类信息的获取使得成员之间可以拥有共同话语进行交流。例如人们在朋友圈中发布的日常，这是身处在圈层成员之中交流的日常讯息，在获取信息之后，相互之间的点赞、评论、转发成为了维系成员情感的重要纽带。

（2）情感维度的需求

在麦奎尔提出的使用与满足理论的四种类型之中，除了环境监测效用之外还有心绪转化、人际关系、自我确认的效用。心绪转化是指通过媒介所提供的个体可以缓解生活上的压力获得情绪上的解放。在网络中，圈子大多以相同的兴趣爱好得以形成，由于圈子中的个体兴趣爱好相近，且与现实纷繁复杂的社会相隔，使得个体构筑了以自我意志为主体的全新世界，在此世界之中他们可以通过兴趣爱好建构全新的个体，以兴趣爱好为纽带，在一个无人侵扰之地倾诉日常生活的烦恼与心事，最大限度地展现自身的心灵世界，满足内心对情感倾诉的价值诉求。

人际关系效用主要是指人们通过讨论接触的媒介的内容，得以融洽人际关系，也可以通过讨论媒介内容建立新的关系圈子。在圈子中的交流与讨论打破了传统社会距离的限制，平台的文字、语音、视频的实时传输使现实距离淡化甚至消失不见，使得在圈子内部可以实现零距离交流，身体的限制逐渐被打破，较之现实社会更易进行情感交流。即使是远在天边，双方也能实现近在咫尺的面对面交往，双方在圈子之中见面迅速，能像老友进行交谈，还能进行实时的共享与互动，通过临场的陪伴感知，增进彼此之间的虚拟情感。

（3）功能维度的需求

功能维度的交往主要体现在利益价值的交换层面。个体出于生存的需要和实用性要求，通过共享、交换、合作等方式与其他个体、组织乃至整个社会产生联系，建立起功能性至上的交往选择。功能性维度的交往往往也会形成稳定的关系链，但是也极易诱发集体性的一致行动。

2. 以信息为核心的人际交往

（1）从信息共享到内容共创

在原来的大众传播时代，只有精英群体与传统的传播媒介才有进行信息传播的机会，而随着互联网技术的不断发展以及传播媒介不断地普及与使用，原来这两者的信息传播的垄断地位被打破。普通大众也拥有了进行信息传播的机会，在微信平台个体可以将自身感兴趣的内容传播到朋友圈中进行信息共享从而满足表达自己以及与朋友家人进行交流的需求。并且由于当下社会生产工具的易得性，个体逐渐实现了从发布者到创作者的转变，由被动转为主动。在 Web 2.0 时代，用户从原来的以下载为主变成了下载与上传并重，每个人都可以将自己 DIY 的内容产品上传到互联网平台进行传播与交流。正是基于用户主体性上升以及互联网的技术支持，在圈层之下，每个成员都可以参与到圈层内部的分工与协作之中。且由于网络社会的圈层去中心化的特征，以及当下新媒介形态下的全景互动模式，每个成员都可以根据圈层创作的内容畅所欲言，内容共创在成员之间的即时意见反馈之中得以完成。例如现下流行的网络直播，信息发布者首先进行流程化预演，在正式直播之时用户可随时进入直播间，以弹幕、评论的方式进行直播互动之中，完成信息共创以及内容共享，极大满足了人们在现实生活中无法获得的存在感与成就感。在圈层之下的内容共创则体现了群体聚集的智慧与价值，在群体思维的交流融汇之下不断推动着社会的发展。

（2）意见领袖的复现与赋权

意见领袖一词最早是由传播学者拉扎斯菲尔德提出，意见领袖的概念最初是建立在"两级传播"的假说之上，该假说认为意见领袖是大众传播媒介与受众之间的中介，信息往往先从广播和印刷媒介流向意见领袖，再从意见领袖流向人群之中。意见领袖在内容生产与舆论把控等方面有着绝对的主导权和权威，他们往往是拥有较高社会地位的人群，例如血缘关系中德高望重的长辈，地缘关系中的首领以及业缘关系中的领导。正是因为意见领袖的传播中枢角色，受众得到的信息往往是带有意见领袖的观点和态度，自身意见态度也会受到其影响。虽然互联网的普及使得每个人都获得了平等发布与传播信息的权利，但是意见领袖的角色并未因此消失。在每个圈层之中都还是存在积极的领导者，管理与规定圈内规范，当圈内出现分歧与冲突之时，会及时发声引导圈内的秩序。例如 QQ 群的群主、微信群群主，他们往往在圈层中有权威的话语权且拥有一般成员没有的技术特权。当成员话语不当之时，可以对该成员禁言；当需要将消息告知圈内成员之时，也可以提醒全体成员，可见意见领袖在网络社会被赋予了新型的技术特权。除此之外，在圈层中还存在一些活跃度较高，在某一话题或者某一领域具有较高专业度的成员，这些成员在自身获取到可靠知识之时会及时与圈内其他人分享，扮演着积极劝服他人的角色。虽然在网络社会意见领袖出现泛在化的趋势，但是当需要在公共事务中表达圈层的意见之时，圈层往往会在进行意见交流之后采取以意见领袖为代表的观念输出，介入舆情的讨论之中。

3. 以情感为核心的人际交往

（1）情感共振模式形成

情感共振又称情绪共振，是指在社交互动的过程之中，行为主体和对象的情感处在一种可以相互被感知的状态，双方的情感能够产生共鸣。[①] 在互联网的圈层之中，由于个体之间处于平等的地位就使得信息的传播由原先的垂直线形传播转变为水平式的扩散传播，且因为发布时间不受限、情绪化生产，在圈层之中的信息传播极易呈现共振式的裂变式传播。情绪共振模式的形成原因之一是在圈层中的个体因为日常的互动交流形成了较为亲密的关系，信任关系较为稳固，共振的效果也就越强。因此，由于个体之间相互信任，情感就会产生共鸣，在圈层中的信息传播就会不自觉地夹杂着情绪的感染，使得人们进入后真相时代。在情绪共振模式之下我们应让积极的情绪感染为社会助力，同时也要避免一些别有用心的个体利用该模式造成谣言四起，社会恐慌，对社会舆情的发展造成负面的影响。

2020年微信推出了"拍一拍"的新功能，用户只需要在微信对话界面双击对方的头像，就会出现"某某拍了某某"的字样，同时用户还可基于自身需求修改后缀，为私聊与群聊增添一份趣味性。"拍一拍"功能实现了在虚拟圈层社交之下的具身回归，当人们在进行面对面交流之时，很容易产生情感共鸣，"拍一拍"功能代表的身体在场就能在第一时间获得对话双方的情感状态与趋向，满足圈层之下个体的情感需求，形成双方的情感共振。

---

① 姚沛东. 新媒体用户社交互动的情感共振——以微信"拍一拍"为例［J］. 新媒体研究，2021，7（10）：28.

（2）真实人际关系的复制

早期的网络社交侧重于现实的个体建立与其他个体的虚拟身份关系，个体得以沉浸在自身建构的完美世界以及自我心理的满足之中，但是随着新型社交平台的不断普及，现实的人际关系也不断向网络世界转移。特别是微信、QQ 这些社交媒介兴起之后，在当下的圈层交往之中，既有基于相同的兴趣爱好以及文化上的认同建立的陌生关系，同时也有熟人关系的转移与再现。例如在微信平台，我们既可以通过通讯录同步的方式，同时也可以通过好友推送以及搜索账号的方式添加好友。并且表情包、语音视频通话等功能的不断完善，弥补了早期互联网交往中非语言符号的缺失，让互联网中网络社会的交往越来越接近真实的面对面交流；微信朋友圈以及 QQ 群组中的好友分组更是传统社会差序格局的体现，个体可以根据圈层关系的远近亲疏对不同的圈层进行关系规划与管理；在圈层中除了会基于兴趣爱好展开讨论，互动话题也有可能来自现实社会，由原本单一的信息共享到基于现实生活的关系维护。

（3）弱关系社交的激活

虽然在网络圈层之中有现实生活中人际交往的延伸，并进一步演变成强关系的网络社会关系，但是也不可忽略萍水相逢、泛泛之交带来的信息流动以及社交范围的扩展。在网络社会，由于个体得以脱离现实社会形成新的自我以及去中心化、发言匿名性的特征，个体可以在一定程度上脱离现实社会的身份，与网络中其他陌生的个体展开交流。在弱关系的社交网络中，由于个体的异质性明显，不同的圈子之间更易产生信息流动与共享，产生新的人际关系，不断更新自身对事物的观点。在弱关系社交之中，个体可以通过媒介平台"扫一扫""摇一摇""漂流瓶""附近的人"等功能去不断扩展自身的社交范围，有时虽然是基于弱关系认识的双方，在圈层的交往之下双方会不断发现共通点，从而成为无话不谈的强关系。

4.以功能为核心的人际交往

（1）消费行为介入

近年来因为深受疫情的影响，线下经济并不景气，许多商户转战线上进行直播带货。2021 年我国电商市场规模达到 13165 亿元，[①] 可见电商直播成为经济发展的新引

---

① 《2022—2028 年中国宵播电商行业全景调研及市场运营趋势报告》[R]．北京：智研咨询，2022.

擎，网络直播也成为了当下圈层时代较为流行的人际交往方式。圈层传播最为核心的是圈层文化，而在网络直播中主播通过构建一套专属的话语准则与行为规范，与用户进行文化的交流，从而强化用户对所处圈层的文化认同。除此之外，网络直播间中全新的可供消费的场景系统使得主播与用户之间的文化交流增添了动态互动之感，增强了用户对于圈层的强烈归属感。在电商直播的圈层传播之中，主播通过互动弥补了在商品消费过程之中的陌生感，由此也形成了由主播为意见领袖的虚拟社群，虚拟社群之中的互动逐渐渗透被动的用户，用户之间的交流互动也使得圈层进一步向外扩张，形成了以圈层用户为中心向外辐射产生影响的传播过程。

但是在当下竞争激烈的电商行业，基于文化认同的圈层建立以及基于互动产生的稳固圈层都十分容易实现，但是如何实现圈层破壁，在用户的交流互动之中扩散圈层，拓宽共通的意义空间成为了难题。为了获得消费者的注意力，不少传播者会运用标新立异的标签来吸引消费者的注意，以致形成网络关系社会的非常态竞争，这也是在消费行为介入人际交往之后需要注意的问题。

（2）圈层带领下的政治表达与政治参与

网络技术的发展为公民就政治和社会问题展开讨论提供了"沃土"，各大媒介对公众提供自由而开放的信息发布以及转发评论功能，一方面这使得公众获得信息的成本大大降低，借助网络以及手机便可参加且第一时间获得社会政治信息，公民对于公共事务和社会问题的知情权大大提高，另一方面转发评论功能带来的思想与意见交流使得公民更多地介入公共事务的讨论之中，对社会政治问题进行评价，推动社会舆情的发展。当社会事务介入程度愈发提高之时，在圈层中的群体力量也不断被挖掘，由最初的信息意见的交流转变为各种理念、观点的碰撞。且由于在圈层之下成员之间的情绪极易相互感染，当对于公共事务进行参与与表达之时往往呈现以核心圈层的带领之下的社会情绪的集体宣泄。当下较为流行的手机上网信访、网络问政平台以及微博问政都是公众和记者、代表委员们对话的平台，就网民的问题进行互动答疑。在2012年全国两会召开的期间，全国人大代表张琼在自己的微博发表"将民办打工子弟学校纳入政府帮扶体制"的提议并征求公众意见，该提议一经发布就获得了众多转发、评论，众多网友在此条微博之下评论互动，最终该提议获得了决策层的重视。但是与此同时也应谨防圈层下的群氓行为，导致社会舆情爆发以及群体极化现象。

第四章

家庭传播与代际传承

案例导入

自古以来中国就是礼仪之邦，上下五千年文明绵延不绝、经久不衰，家风、家教更是中国优秀传统文化的重要组成部分。2022年7月29日，河北新闻网发布了一篇题为《喜迎二十大，共传好家风》的报道，讲述了一家世代人坚守家风家训的故事，"我家有世代相传的文房四宝，这四宝不是金银首饰，而是四个字：'忠，孝，善，勤'"，家里有八位成员为国捐躯，家中三代也均有现役军人，父慈子孝，勤劳致富。其中最值得一提的是报道中父母坚持的信条："不能拿不属于自己的东西，哪怕它再有价值，再需要"，这也给在单位做财务基建工作的晚辈起到了很大的警示作用。一家人将"忠诚、孝顺、善良、勤劳"的家风家训代代相传，共同创造出美好的小康生活。

党的二十大报告将加强家庭家教家风建设作为"推进文化自信自强，铸就社会主义文化新辉煌"的重要内容，从坚守中华文化、弘扬中国精神的层面强调其重要性，进一步凸显了家庭在国家发展、民族进步、社会和谐中的基石作用。家庭教育是一切社会教育的基础，良好的家庭教育有助于从小培养孩子的道德品行，促进其一生的发展，这不仅有益于个人，还能助推社会和国家的高质量发展。家庭教育与代际传承是千秋大业，在家庭教育过程中会出现什么样的问题，代际关系又是如何解决的，对于这些问题，我们需要从代际关系和代差开始说起。

一、代际传承中家庭"代沟"问题

家庭是社会的细胞，是建立在婚姻关系与血缘关系基础上的最基本的生活单位。在中国传统社会自给自足的小农经济和等级森严的宗法制度的封建集权社会背景下，父系是正统的家庭结构标准，人们对于"名门望族""王侯将相"的家族观念和阶级门第的看法根深蒂固，但受到社会制度改革、经济条件发展、社会结构变化等因素的影响，家庭结构也逐步在向民主化、平等化、核心化的方向转变，这也必然使得代际关系和代际传承发生改变。代际更迭和划分是基于人口学的客观自然现象，但因为时代背景的不同，在代际传承过程中必然会出现一些可调和或不可调和的问题，这些问题与矛盾也是推动社会的发展与变迁的重要力量。家庭传播作为代际传承的主战场，在传承过程中会存在代际差异、代际隔阂，甚至是代际冲突问题，这些统称为家庭代沟问题。在目前的中国社会，家庭代沟呈现一种适度的、良好的发展态势。

（一）代际传承

代际是基于人口学的自然事实，随着时间迁移、时代更替，按照社会历史背景、社会拥有、意识形态、文化价值等社会因素的不同划分的代际关系是人类社会与文化变迁的产物，所以在既往对代际关系与代际传承的研究中，社会学和人类文化学一直是研究的重点学科。代沟现象是客观存在的，研究发现社会变迁越剧烈，代沟现象越严重。

美国人类学家杰弗里·戈若在 1948 年出版的《美国人：一项国民性研究》中提出，由于环境和生活的变化，美国父辈的权威性受到挑战，这往往会受到子辈的拒斥，这本书也是较早研究代沟现象的著作。而另一本为国际社会研究代际关系和代沟问题奠定理论基础的是美国文化人类学学家玛格丽特·米德在 1970 年出版的《文化与承诺：一项有关代沟问题的研究》，她提出代沟是现代社会的必然伴随物，并且肯定了年轻一代在新时代中的历史作用。20 世纪 80 年代，代际理论传入我国，各领域学者分别从人口学、社会学、文化人类学等多角度开始对代际关系与代沟现象进行研究。1988 年张永杰和程远忠根据玛格丽特·米德"关于'重大事件'产生一代人"的观点，在《第四代人》一书中，以政治人格为主轴，将中国社会人群划分为四代人：从政治时代经历过来的一代人；新中国成立后 17 年中成长起来的第二代人；"文革"中的红卫兵为第三代人；20 世纪 60 年代后出生的第四代人。这是我国较早对代际研究和代沟现象进行的系统研究。到了 20 世纪 90 年代，代际关系研究进入相对稳定状态。2000 年至今，代际关系研究进入新阶段，中国社会快速发展，网络媒体的出现和高频率的电子设备更新换代给传统社会代际关系带来了重大的冲击，两种迥然不同的代际文化相互碰撞，代沟现象愈发明显，"数字鸿沟""数字代沟""新人类"等以数字媒介作为研究新场域的课题成为社会学家研究代际文化的新方向。

家庭代际关系是具有血缘关系（或收养关系）成员的纵向关系体现。家庭代际关系的核心是亲子关系。① 在中国传统封建社会，"大家庭"式、"聚族而居"的家庭结构十分普遍，"三纲五常"、遵守礼仪道德、讲求宗法伦理是社会基本意识形态，看重以血缘关系为纽带的大家庭的生产生活方式，不提倡分离与独立。辛亥革命后西方先进思潮不断涌入中国社会，受影响的部分青年意识到要对封建传统压迫进行反抗和斗争。以长篇小说《家》为例，小说讲述了 20 世纪 20 年代初四川成都的一个高姓封建大家庭的罪恶与腐朽，以长房三兄弟觉新、觉民、觉慧的思想性格变化、恋爱婚姻、事业发展为主线，集中展现了封建大家族生活的典型形态。表面上高家是知书达理的书香门第，实则腐朽龌龊、荒淫无度、集权专制，尤其在对待婚姻问题上，觉新与梅、瑞珏的婚姻悲剧，觉慧与鸣凤的恋爱悲剧，这些悲剧产生的根源就在于年轻一辈对婚姻自由、恋爱自由的向往和追崇与家族老一辈思想落后、固执己见和对封建礼教的守成以及社会专制制度发生了不可调和的矛盾，这在某种意义上也可以成为代际矛盾，而在那个封建社会这些矛盾最终以梅抑郁致死、瑞珏难产而亡、鸣凤投湖自尽等女性的悲惨结局而结束。这让我们意识到，社会制度、价值标准、社会拥有等都是造

---

① 王跃生．中国家庭代际关系的理论分析［J］．人口研究，2008（04）：13-21．

成代沟的重要因素，而在传统集权社会代际冲突问题很难得到解决。新中国成立后，随着人们对旧思想的摒弃和新思想的广泛传播，男女平等、独立自主、民主自由成为社会主流价值，家庭内部建立起良好的代际关系，增进彼此的了解和沟通，不断冲破代际阻碍。

代际关系主要分为两种模式，一是"抚养—赡养"的双向代际关系，二是交换关系。"抚养—赡养"关系即父辈抚养子辈，甚至帮助子辈抚养孙辈，而子辈、孙辈成年后承担起赡养父辈的责任，这在现阶段的中国社会是具备法律强制执行的义务。在西方社会，子女对父母并没有赡养的义务，这也是中西方不同文化背景下代际关系的差异所在。交换关系与抚养、赡养关系有相似之处，但也有所差异，交换关系在某种程度上具有一定的功利色彩，比如父辈在对子辈的教育中过多地灌输"孝道"观点，以此来要求子辈对父辈的赡养，或者将抚养和赡养当成一场利益交换活动，"养儿"是为了"防老"。现阶段中国社会的这两种代际关系并存且互补。代际传承不仅是父辈与子辈在物质、经济上的帮扶与继承，更是血缘与情感的延续与流传。随着我国实行计划生育政策后的第一批独生子女逐渐迈入结婚、生育的阶段，"421 式（四个老人，夫妻二人，一个孩子）家庭"激增，独生子女赡养老人成本增高，社会老龄化现象严重，2016 年我国全面开放了"二孩政策"，这样的社会现象和人口政策也同样会影响代际关系的发展走向。近些年多部影视剧作品聚焦代际关系引发社会热议，《人世间》展现了周家三兄妹在 50 年间经历的跌宕起伏的人生故事，《八零九零》通过讲述养老院中搞笑而感人的故事促使人们关注养老和代际沟通问题，《带着爸爸去留学》关注留学问题，《小欢喜》聚焦高考生升学压力和心理疾病等等，这些电视剧通过生动且富有趣味性的情节探讨"代际冲突矛盾如何解决""代际互动沟通怎样实现"等话题，同时，也向社会传达正确的价值理念，增加代际沟通，增进彼此理解和尊重才是解决代际冲突的最佳选择。

（二）家庭代沟

代沟，字面解释为代与代之间的横沟、沟壑，在英文注解中，代沟翻译为

"Generation Gap"。在我国学者的研究中，普遍认为周怡对代沟的解释最为全面，"所谓代沟是指时代和环境条件的急剧变化，基本社会的进程发生中断或模式发生转型，而导致不同代人之间在社会拥有方面以及价值观念、行为取向的选择方面所出现的差异、隔阂以致冲突的社会现象"。所以，代沟根据代际矛盾的严重程度可以解释为"代际差异""代际隔阂""代际冲突"。

代沟现象是一种社会学现象，其影响从家庭领域渗透到社会生活的方方面面。由于每个家庭的人口状况、相处模式、教育理念与模式等都有所不同，所以每个家庭的代际关系和所存在的代沟现象存在差异。作为微观层面的家庭代沟问题，也是社会代沟现象中最基本和普遍的，不同代人围绕育儿、养老、升学、婚恋、金钱观等主题存在价值观的本质差别。

代沟现象的产生有两种因素。首先是社会急剧变化与转型，这就包括生产力与生产方式的变革、经济社会发展水平、新旧文化交替等等。冲突加剧，隔阂加深，变迁越迅速越彻底，更替越明显，冲突越激烈。正如人类的新闻传播活动，随着历史的变迁和社会环境的变化经历了五个阶段：口语传播、手抄传播、印刷传播、电子传播和网络传播，每个阶段的新闻传播模式都不相同，这表明代际互动受制于一定的时代、环境条件。尤其是当前社会网络化、数字化对传统社会的冲击，更是形成两种迥然不同的代际文化。其次，急剧的社会变迁使得个人社会化进程受到影响，当个体社会化模式不得不发生转型的时候，代沟随即出现。周怡在《代沟现象的社会学研究》中表明，在个人社会化进程中，代沟现象具体表现在"生活方式""价值观念""拥有的知识或能力""目标追求""拥有的地位或经验"这五个方面。按照这五个方面的性质不同，代沟可以分为两类：拥有性代沟和选择性代沟。

（1）拥有性代沟，指不同代人在社会拥有、经济地位、知识经验等方面的差异。比如，在中国"百善孝为先"，中国人家庭观念浓厚，重亲情，重孝道，几千年来赡养老人的义务都落在子女身上，中国由于人口基数大，目前养老模式依然是以家庭养老为主。而在西方社会，子女并没有赡养老人的义务，赡养的义务主要靠国家社会保障制度来完成，子女成年后也不需要依靠父母，而是独立自主地自食其力。

（2）选择性代沟，指不同代人在价值观念和行为取向方面的差异。老年一代无论是打江山缔造新中国的一代还是跟随新中国成长的一代，都极具"奉献"精神和"牺牲小我，成就大我"的大无畏精神，认为集体利益大过个人利益，吃苦耐劳，勤俭节约，这是老年人所固有的思维。而对于生长在和平年代、物质条件较好的新一代年轻人，思维灵活，创造力强，容易接受新事物，更加懂得享受生活的乐趣，对于精神世界的丰富有一定要求，而过度地贪图享乐容易滋生社会不良风气。

在表征代沟问题的冲突性和严重性上，由浅至深地可以将代沟解释为代际差异、代际隔阂、代际冲突。

1. 代际差异

代差主要是指不同代间的异质性，指一代人区别于另一代人的不同点。代差是客观存在的，存在差异并不表示就不可以并存，这种差异带来的代际矛盾和冲突并不强烈，是可以通过代际沟通、尊重和包容来化解的。以"隔代差"为例，在常见的家庭教育中有两种基本的教育形式，一种是父母对子女的教育，另一种是祖辈对孙辈的隔代教育，两种教育模式共同构成家庭教育的主体。网络上常有这样的一组照片对比，"妈妈带大的孩子"和"奶奶带大的孩子"，人们多是借用图片对比来调侃奶奶带大的孩子在穿着打扮和行为举止这两方面不如妈妈带大的孩子，而造成这种现象的本质其实就是父母辈与祖辈在知识积累、经验、生活条件等方面存在差异，也就是代际差异。这样的代际差异也会导致父母辈和祖辈对孩子家庭教育的内容和方式上存在差异。教育水平的高低也影响着家庭教育的质量，由于所处的时代要求和社会背景不同，大部分的老一辈并不能及时跟上时代潮流，尤其是当前数字媒体发达的时代，对于数字产品的使用甚至不如几岁的孙辈，这在一定程度上不利于孩子的创新意识和动手能力的培养。而且往往隔代感情更"亲"，祖辈过度溺爱孙辈，对其百依百顺的现象十分普遍，这对于孩子独立、吃苦、谦虚、团结的品质的养成容易造成负面作用。但是这样的"隔代差"也并不是毫无优点，与父母家长相比，祖辈家长往往拥有更充分的时间和精力去照看孩子，所以更能耐心、细致地倾听孩子的意见和想法，祖孙也更加容易建立起融洽、和谐的关系。老一辈常说"我走过的桥比你走过的路还多"这一句俗语，其实他们想表达的意思是常年的工作与生活丰富了社会阅历，增长了社会经验，同时在经历抚养和教育孩子的实操后，在家庭教育方面拥有更多的心得体会和奇招妙招，这是促进孩子社会性发展和有效处理家庭矛盾的重要财富，在一定程度上可以弥补新生家长存在的焦虑、急躁等问题。

2. 代际隔阂

代际隔阂是指代际互动的隔阂和障碍，除了表示代与代之间的差异或不同之外，还反映了彼此情意不通的抵触状态。与代际差异相比，代际隔阂的冲突性更强一些，但仍然可以通过双方的沟通、协商，甚至是"文化反哺"来尽量使得隔阂变浅。人口老龄化的社会背景下，"数字鸿沟"逐渐发展为"数字代沟"，数字平台成为当今社会隔阂最大的场域。自智能手机普及以来，年轻人没有智能设备寸步难行。对于很多老年人来说，他们并不会完整使用智能手机的各个功能，大部分都是用功能单一的老年手机联系家人朋友，他们获取信息的渠道仍然靠广播电视或口头相传，更不用说像年轻人一样每天活跃在各种微信群、手机软件里，老一辈的孤独失落感更加严重，跟不上时代的步伐使得这种无力感更加强烈，"敬畏"的同时"敬而远之"。不过，疫情期间居家隔离的日子，让一家几代人朝夕相处的时间也比从前翻了个倍，年轻人尝试教家中长辈使用手机等电子产品，让他们也可以在网上及时查收最新消息，利用通讯设备与远方的家人视频通话。

3. 代际冲突

代际冲突是代沟最强烈的冲突形式，会产生激烈的代际矛盾，甚至会引起代际对立，是代沟现象的最高阶段。代际间相互否定、情感破裂并伴有根本对立的破坏行为。在家庭领域，代际冲突严重会出现"断亲"现象。

案例

"如果有一天我的理想被风雨淋湿，你是否愿意回头扶我一把？如果有一天我无力前行，你是否愿意陪我一个温暖的午后？"这是湖南卫视生活类角色互换节目《变形计》的导语，这档在当年引发热议的"神级综艺"就是聚焦不同的代际关系和代沟现象，让城市"问题少年"与农村儿童互换生活，在不同的家庭生活体验中让孩子感悟爱与被爱的力量，寻找改善代际矛盾的正确处理方式，缓解和父母之间的亲子关系。在节目中城市少年多成长在经济条件较好的家庭，但优渥的生活条件往往让他们养成了沉迷于电子游戏、早恋、暴力等不正确的恶习，衣来伸手、饭来张口的拥有少爷公主脾气的孩子甚至一有不满就对父母大打出手。而且城市少年的父母多是生意人，教育、陪伴孩子的时间少，与子女缺乏沟通，所以容易产生强烈的家庭代沟甚至是家庭冲突。例如在第十一季第 1 辑《两个世界》中，父亲和儿子在没有变形（在城市的家里）的时候，父子对垒，以桌椅作为武器打架，父亲头破血流；他们去农村变形时，在宁静的夜里对吼，儿子满脸的委屈与仇恨，父亲则是满脸的泪水与自责。儿子直接对着拍摄记录人员的摄像机说："（父名），我瞧不起你！你就不是一个称职的父亲！"相信，所有的观众都在那一刻为父子感情崩裂、极致冲突而感到悲愤、惋惜。"问题少年"的形成与父母的家庭教育方式息息相关，同时父母的一言一行也会给孩子造成影响，家庭中巨大的代沟和代差都是造成问题少年的主要原因。

随着时间的推移和解决代沟的方式方法推进，上述三种表征代际关系亲疏程度的代沟现象会相互转化，比如经过对老一辈的"数字反哺"后，数字代沟没有之前那么深，代际隔阂也就慢慢变成了代际差异，再比如沟通协商的方法不恰当，矛盾日益激化，那代际差异很有可能就会升级为代际冲突，这样的代际问题就更加严重了。

改革开放至今，面对西方文化的冲击、时代风云的剧变，有研究表明，中国现存社会的代沟在主体上还是一种适度的良性代沟。整体而言，在多数中国家庭，虽有代差存在但总体还是美好和谐相处的模式，并没有太过激烈的冲突。这样的良性发展，与不同代人之间的相互尊重和相互包容息息相关，随着中国现代化进程的不断推进，新时代社会主义思潮的广泛传播，人们对于代沟意识和代沟现象的认可和理解程度越来越深。另外，在我国优秀传统文化的带领下，"家和万事兴"向来是中华民族的美德，整个民族的代际关系自古以来就是"以和为贵"，重礼节，重亲情。在当下社会转型的重要时期，对于某些价值观的认同差异并不能完全决定代际互动的情况，即使存在差异，也要保持一个和谐的相处模式，相互认同才能使彼此求同存异成为现实。

二、家庭传播机制与过程模式

家庭传播是指我们在社会交往中共同创造和协商意义、身份和关系的方式，也就是我们如何构建自己和我们家庭关系的方式。[①] 家庭是社会的，家庭传播与社会传播相比，更加关注微观层面的话题，包括亲子传播、夫妻传播、隔代传播等等，更是落实到生活的每一处小细节。近年来，随着媒介技术的不断更迭及其使用范围的不断扩大，我国家庭传播研究十分关注后喻时代下的亲子沟通，尤其是子女对父母的技术反哺。

（一）家庭传播机制

家庭是社会最基本的组成单位，作为物理实体空间，"家"为成员提供安全稳定的生活场所；作为情感和家风的精神载体，"家"见证着几代人血脉的延续和亲情的联结。对于个体而言，家庭是最重要的生活空间和传播空间，是个体进入社会发展，建构社会关系的基础。当前中国家庭结构变迁的总体趋势是家庭小型化和核心家庭化，家庭传播与家庭教育显得尤为重要，家庭内部成员相互作用、相互影响，推动"小家"内部发展的同时潜移默化地对社会发展进程产生影响。

传播的本质是信息的分享和交换，是家庭成员生活、工作、教育、学习的媒介工具。美国学者史都华德认为，传播是人类构建现实的方法，通过传播的方式协商出共同认同的价值和意义。结合导言中对传播的基本概念和史都华德的观念，家庭传播可以这样理解，即家庭内部通过话语构建、协商制定一个相对稳定的家庭传播机制，这样的机制需要家庭成员的共同遵守和维护。家庭传播机制中所蕴含的家庭价值理念在

---

① 朱秀凌. 家庭传播研究的逻辑起点、历史演进和发展路径 [J] . 国际新闻界，2018，40（09）：29-46.

一定程度上塑造了个体的特质，也区分了散落在社会角落的各个家庭。家庭成员之间通过传播活动，形塑了具体的家庭传播模式，也最终建构了相对稳定的家庭关系。① 家庭成员通过传播维持家庭的运行，家庭传播活动必须符合家庭场域运行的逻辑，这个逻辑就是家庭传播价值理念，这一套理念也规定了家庭内部成员的职责和地位。譬如，中国自古以来便有"书香门第"的说法，指出身自读书人家庭，泛指好的家庭背景，这就是家族共同的价值约束和价值认同，家族的人要么是靠读书考取功名，要么是书香世家，读书是家庭共识，是家族存在和延续的基础。随着时间的推移，家庭成员的年龄和阅历也跟着改变，家庭中的角色和权力归属会发生变化，原本的子辈会变为父辈，父辈则变为祖辈，在正常的家庭关系中父辈往往是家庭的核心，随着新一代的家庭核心的变化，家庭传播模式也会随之调整。因此，家庭传播机制要在传播的过程中不断地自我调试，以适应内部结构调整和外部环境变化带来的影响。

案例

中国中央广播电视总台连续几年推出和"家风"相关的电视节目，指引全社会传播正能量，受到了社会的极大关注。2014 年《新春走基层：家风是什么》节目采访了各基层人民对于家风的理解和他们自己的家风故事，2018 年国内第一部较系统阐述家风的纪录片《家风》在科教频道上映。家风家训，是中华民族传统美德，体现了一个家庭的风气、风格与风尚，是家中后人的行为准则和价值引领。"修身，齐家，才能治国平天下"，在中国传统文化中，家风敦厚尤显重要，将其总结为五常八德，五常：仁义礼智信，八德：忠孝仁爱信义和平。老一辈革命家、国家领导人们的后辈是这样说自己的家风的，毛泽东之孙毛新宇说："低调做人、清廉是毛家的家风"，刘少奇女儿刘亭亭说："父亲没有给我们留下什么物质财富，但留下了最珍贵的精神财富，那就是要做自立、诚实和正直的人"，周恩来侄女周秉德说："伯父要求我们要和全国老百姓一样过简朴日子"……

---

① 杨席珍.家庭传播刍议［J］.新闻传播，2015（12）：16-18.

通过此案例充分体现了家庭教育在"个人、家庭、社会、国家"四位一体的价值观和人生观的树立、培养过程中的重要地位和意义。党的二十大报告中明确提出："实施公民道德建设工程，弘扬中华传统美德，加强家庭家教家风建设，加强和改进未成年人思想道德建设，推动明大德、守公德、严私德，提高人民道德水准和文明素养。"我们应认真学习和贯彻党的二十大精神，将中华民族优秀美德传承下去。

家庭与传播的关联可以从家庭的建构和个人的社会化两个维度考虑。代际关系可以建立在亲子、同事、朋友等关系上，亲子关系是代际关系的纽带，也是代际关系的基础，所以家庭传播是社会传播的基础环节也是重要环节。家庭教育是家庭传播中关乎个体发展最直接的传播方式。代际关系是不同代际成员之间的双向关系，所以家庭教育同样也是双向进行的。

1. 家庭的建构

从家庭建构的角度看，家庭成员通过传播建立、维持和消解关系。不同的家庭结构会建立不同的传播关系，在家庭教育的过程当中，因为代沟的存在必然会出现一些家庭冲突，此时沟通是最佳途径。

案例

《家有儿女》电视剧通过诙谐、幽默的家庭故事，为我们展示了重组家庭如何用爱、公平、尊重和理解重建亲子关系，处理子女的教育问题。重组家庭的第一次见面往往会存在敌对、尴尬的局面，尤其对孩子来说，对新父母会存在抵触心理。剧中刘梅有一个儿子刘星，夏东海有一双儿女，夏雪和夏雨，夏雨年龄小很快就接受了新家庭的氛围，而姐姐夏雪则是各种刁难刘梅，甚至找来"狂野男孩"扮男友和父母叫板。刘梅并没有因此对小雪怀恨在心，为了能让小雪接受自己，主动去了解小雪的喜好并将房间布置成孩子喜欢的风格，这让夏雪的心门一下子就打开了，母女俩终于和好。继父夏东海为了给继子刘星留下一个好印象，不仅仅早早下班去参加孩子的家长会，还采用严慈并济的方式教育了犯错的刘星，这也让刘星从心底里真正开始接受这个新爸爸。夏东海和刘梅这对重组父母用无私的爱打开了孩子们紧闭的心扉，孩子们也在父母的良苦用心和耐心沟通下接受了对方，这样的双向关系为和谐家庭的建构和良好的家庭教育环境打下了坚实的基础。

2. 个人的社会化发展

个人的成长离不开社会的培育，家庭教育是个人社会化成长的第一步，个体正是通过对家庭成员的观察和与之互动学会了交流。个体在家庭中的传播活动必须遵守既定的家庭规制，家庭规制是社会伦理规范的一部分，同样适用于人际传播和组织传播。家庭传播对个体的传播素养和传播能力会产生影响。

案例

　　　　中国近代思想家梁启超作为家长典范，其九个儿女品格出众，才华横溢，各有建树，甚至还产生了"一门三院士"的佳话。阅读《梁启超家书》可以发现，梁启超对他的子女的教育是趣味教育，"人生在幼年青年期，趣味是最浓的，成天价乱碰乱撞；若不引他到高等趣味的路上，他们便非流入下等趣味不可"。每个孩子都有自己的兴趣，鼓励孩子在自己的兴趣上钻研，不强求、不改变孩子的想法，这样反而会有利于孩子的个人的发展。在梁启超的教导下，九个子女各有成就。大女儿梁思顺从小受父亲影响，喜爱音乐诗词，后著有《易蘅馆词选》；大儿子梁思成是中国著名建筑学家，英国学者李约瑟曾称梁思成是中国建筑史的宗师；二儿子梁思永是近代田野考古学的开拓者；三儿子梁思忠政治觉悟最高，留学归来后参军入伍，还参加了著名的淞沪会战；次女梁思庄把一生都奉献给了图书馆事业，成为我国图书馆领域名声响亮的专家；四儿子梁思达曾任职于中国银行，是杰出的经济学家；三女儿梁思懿四女儿梁思宁两姐妹坚定地支持无产阶级革命，为妇女工作奋斗数十年；小儿子梁思礼留学归来，和我国第一批航天工作者并肩作战，投入第一颗导弹——东风一号研制中。九位子女在各自不同的领域为我国近现代科学事业和革命事业的强大发展作出了卓越的贡献。

（二）家庭传播的过程模式

将借助传播学的"5W传播模式"，分析家庭传播的过程模式。

1. 家庭传播的传者、受者

传受双方研究是家庭传播研究的核心议题，也是理解家庭传播问题的基本起点。从宏观上看，中西方国家的制度、文化不同，家庭传播传受者所遵循的家庭伦理不同，因此产生的传播模式和效果不同。

首先，在中国封建社会时期家庭关系是宗法人伦关系，以强大的父权家长制为基础，家庭成员之间是宗法等级关系，主张"父慈子孝，父为子纲；兄友弟恭，长尊幼卑；夫义妇顺，夫为妻纲"。现代社会，虽然这样的家庭关系仍存在，但已不是主流。随着新思想的融合，家庭理念的革新，传统的人伦关系也在向更加平等、开放的关系转变，优秀的中华传统美德得以继承的同时，封建思想正慢慢受到摒弃；西方家庭是契约人伦关系，强调个体独立，家庭关系相对平等。[①] 这就决定了中国传统社会的亲子之间、夫妻之间、兄弟之间的家庭传播，与强调"民主平等"权力分配的西方家庭有着显著的差异；甚至可能因为囿于当时社会情境下阶层化家庭结构和孝道伦理的规范，不能站在对等的位置进行沟通，而无法解决家庭问题。因此，中国传受双方在家庭中的角色和地位，在很大程度上决定了家庭传播模式、内容及方向，影响着传播效果。

---

① 李桂梅.中西传统家庭伦理的基本特点 [J] .深圳大学学报（人文社会科学版），2008（02）：70-74.

其次，中国是家庭本位，强调"家和万事兴"，家庭利益往往高于其他利益；西方家庭主张个人本位，重视个人的利益，主张个人的独立和自由。因此，与西方相对独立的家庭传播过程相比，中国家庭传播的传受双方受到错综复杂的家庭关系网络（父母、兄弟姐妹，甚至还有关系密切的亲戚，如公公婆婆、岳父岳母、姑嫂妯娌等）的影响，有时甚至是决定性的影响。虽然中国家庭关系正逐步改善，但是传统的家长的绝对权威观念仍然存在，仍对部分家长的育儿理念产生影响。

现如今，"文化反哺"的现象十分常见，传统的传受双方的角色和地位发生了转换。尤其在对新媒体等电子产品的使用上，因为亲子两代所掌握的新媒体知识差距显著，所以不但存在显著的新媒体采纳代沟，也存在显著的新媒体使用代沟。子代在新媒体采纳和使用上领先于亲代，因此他们会更多地教授父母新媒体知识（反哺），而不是反过来向父母学习（哺育）。年龄、教育和收入等人口特征对数字代沟与文化反哺有不同程度的影响。第七次全国人口普查公报显示，具有大学文化程度的人口为21836 万人，文盲率由 4.08% 下降为 2.67%。[①] 受教育状况的持续改善反映了 10 年来

---

① 第七次全国人口普查公报（第六号）——人口受教育情况［J］. 中国统计，2021（05）：11-13.

中国大力发展高等教育以及扫除青壮年文盲等措施取得了积极成效，人口素质不断提高。这也充分说明受教育程度对于家庭教育传授双方角色发生改变发挥了重要的作用，家庭代际本就是双向关系，父母对子女的教育，子女对父母的文化反哺，这样循环往复的教育模式对于社会教育具有积极意义。

当然除此以外，随着离婚率上升、家庭构成方式多元化，单亲家庭、领养家庭、同居家庭、同性恋家庭等多种家庭类型出现，家庭传播研究者也将研究对象扩展至这些新型家庭。[①] 在这些新型家庭的家庭教育中，传受双方的关系不一定能完整、和谐，但也是不可忽略的部分。

2. 家庭传播内容和形式

传播学的核心概念在于"意义的共享"，重点在于人类讯息的交换。家庭传播的内容和形式会随着时代的变迁发生改变，中西方国家由于社会制度、文化背景不同，在家庭传播的内容和形式上也存在着差异。西方相对更注重孩子的素质发展，多是培养孩子的创造能力和动手能力，注重孩子的兴趣培养。西方国家家庭代际传播内容并不避讳对性教育、早恋问题等敏感话题的传播，而东方国家受家庭传统伦理的影响，大部分父母更注重孩子的学业，反而忽视了其他方面比如社交能力、身体素质等的培养，因而家庭代际传播的内容主要是学习和生活，一般不会涉及敏感问题。

在传播形式上，西方鼓励家庭成员之间平等对话、积极沟通，即使是存在不满、愤怒情绪也可以正常发泄。而部分中国传统家庭的传播形式核心在于服从，家长的意见和做法占主导地位，并且"以和为贵"，交谈避免发生争执，甚至在封建家庭子辈忤逆家长被认为是大逆不道之事。以上这些传统的处理问题的方式方法在当今社会的某些场合仍然存在，有时"大事化小、小事化了""退一步海阔天空"的处事态度值得表扬，学会隐忍是家庭教育中重要一课，但是学会正确表达，争取个人合理诉求也同样重要，如今有更多的中国家长会选择让孩子自由地表达观点，合理地释放情绪。

---

① 赵敏. 海外家庭传播研究前沿议题、理论与方法——基于期刊 Journal of Family Communication 的分析 [J]. 青年记者，2021（24）：116-117.

案例

在电视剧《小欢喜》中方圆、童文洁夫妇对儿子方一凡的性教育不是扼杀，不是防范，而是顺其自然，尊重孩子的隐私，因此方一凡能够始终乐观阳光。一次，方一凡替乔英子藏爸爸送的乐高，逼不得已只好藏到了自己的床底下，没想到被细心的妈妈翻个正着，还顺带翻出了一本印有泳装美女的杂志，杂志被方一凡藏在了枕头下的床板上。父母一番商量以后，决定只拿走乐高，把那本杂志原封不动地放回原处。这种做法，不仅尊重了孩子的隐私权，也保护了孩子的自尊心，并且潜移默化中对孩子进行了一番性教育。

后来，方圆又对儿子进行实例教育，"假设你上大学有女朋友，那么你做一切事之间都必须征得对方的同意，包括发生性行为，并且一定要做好保护措施。不然如果女方怀孕，会给双方尤其是女孩造成很大的创伤"。儿子点头称是，并说："父母是孩子的老师，我每天看你对我妈怎样，以后我就会对我女朋友怎样。"这场在很多人的想象中有些尴尬的对话，却显得如此自然和温情。因为坦诚、直接，倒觉得性并不是必须藏着掖着的"丑事"，反而也透着一些美好。

3. 家庭传播媒介与效果

人类传播媒介的发展历程分为口语传播时期、印刷传播时期、电子传播时期以及网络传播时期，分别对应产生了不同时期的媒介：口语媒介、书信印刷媒介、电子媒介、网络媒介，这些人际传播媒介和大众传媒媒介在家庭传播中都有各自的角色和功能。

在口语传播时代，人与人的交流依靠口耳相传，在感官统合的时代以口语作为媒介，人与人之间关系紧密，推动了人类社会化的进程。印刷传播时期，突破了时间和空间的限制，此时，在中国家庭传播中出现了起到举足轻重作用的媒介——家书，古有《诫伯禽书》《诫子书》《朱子家训》，今有《曾国藩家书》《傅雷家书》，作为中国传统社会一种极富特色的家庭教育形式，在如今崇尚国学儒教的社会中仍然发挥着重要的教育引导作用，是家庭教育和社会教育优秀的教材书籍。随着网络传播时代的到来，电脑、手机等网络媒介迅速普及，社交媒体给传统的家庭传播带来巨大的挑战和冲击，新的家庭互动模式下将建构新型的家庭人际交往网络。

与此同时，家庭传播也影响了媒介的形式和实践。同样的传播媒介在不同家庭会产生迥异的传播效果，有的家庭接受新事物较快，用网络媒介进行家庭传播效果好，有的家庭则比较排斥新型媒介，而使用口语媒介较多。不同的媒介在相同的家庭传播情境中传播效果也不尽相同，有的家庭采用书信能达到良好的沟通效果，用口语面对面谈心却效果甚微。在文化反哺效果研究中发现，文化反哺有可能成为缓和亲子冲突、改革家庭结构的难得机遇。

近年来由于独生子女的普遍，家庭结构的稳定性正在动摇，再婚率不断增长，伴随而来的是家庭的解体和重构。自改革开放以来，社会生活方式、家庭观念、婚恋观变离婚化，我国的结婚率大幅下降，离婚率呈上升趋势，国家民政部统计数据显示，2021 年全年共 213.9 万对夫妻完成离婚登记，纵观这二十年，离婚率从 2000 年的 0.96‰上升至 2020 年的 3.1‰，最高点为 2019 年的 3.40‰，相比最低点 2002 年的 0.9‰，飙升近 3 倍。[①] 单亲家庭往往采用放任自流、不过问的教养态度，在这种家庭中儿童会为得不到父母的关爱而产生孤独感，逐渐形成富有攻击、冷漠、自我甚至放荡的不良品行，并且严重影响学习，父母离异对孩子来说，确实是一场遭难。这样的家庭教育成果非常不佳。

家书，本是漂泊在外的游子与亲人相互传递信息、维系情感的信件，多是用于问候与报平安，如今"家书"的功能被微信、QQ、邮箱等电子社交媒体形式所替代，而真正的"家书"则更多地承载了传递教育理念、传承家风家训的作用。为了提升家庭教育质量，在如今的教育体系中多引入国学经典，鼓励全社会学习《曾国藩家书》《傅雷家书》等优秀家书，借助前人的智慧引导孩子各方面争相发展。

---

① 中华人民共和国民政部.2021 年民政事业发展统计公报 [R] .北京，2022（08）.

中国中央广播电视总台文化情感类节目《朗读者》，邀请各个领域具有影响力的嘉宾分享自己的人生故事，用最平实的情感阅读经典美文，旨在实现文化感染人、鼓舞人、教育人的传导作用，带动全社会朗读热情。第三季首期节目邀请了"七一勋章"获得者张桂梅校长朗读她的家书。坐在演播室的张校长，瘦弱的身体，缠满胶布的双手，但眼神依旧清亮、坚毅，朗读自己写给已逝父母的家书。"这些年来，我几乎把他们忘记了，眼前出现他们模糊的身影，眼光中我似乎听见爸爸在讲：'你是爸爸的好女儿，爸爸妈妈不生你的气，你忙你的吧。'我会不怕一切艰难险阻，以百倍的热情去完成我的人生诺言，为山里的孩子和百姓们服务，为山里的教育事业贡献自己的一切！一切！"，这封家书不仅饱含了她对教育事业的坚守也有对家庭的遗憾，对父母的愧疚，我们为她与贫困、疾病斗争的事迹动容，更对这位以一己之力创办华坪女子免费高中，将一千八百多位山区的贫困女生送出大山，送入大学的校门，抱持用教育改变贫困的教育初心的人民教师心生敬佩。

三、家庭文化濡化与仪式传播

（一）文化濡化

文化是人类社会特有的相对于经济、政治而言的全部精神活动及其产品，传承是其重要的特性。所谓濡化，是指一个人自幼年开始，有意识或无意识地学习、接受某种生活模式，进而稳定地成为其所处的生存环境（社会）中的一分子的形成过程。而文化濡化，就是个人在学习过程也就是受教育过程中慢慢接受文化知识，逐渐适应文化社会的过程。在今天人类学研究中，文化濡化被定义为"人类个体适应其文化并学会完成适合其身份与角色的行为的过程"。

"文化濡化"最早由美国人类学家 M·J·赫斯科维茨提出，他认为这一过程是复杂的。在婴儿时期，人处在一种无意识的阶段，以后逐渐学会讲话，养成各种生活习惯，形成各种行为模式并保持下去。到成年期后，文化濡化过程表现为对新的行为方式的有意识接受或抵制。对于每一个个体而言，在成长的每一个阶段，文化濡化都有着不同的表现。在儿童尚未出生时，胎教是主要的濡化方式，中国古代即有胎教之法，《礼记》载有"古者胎教"的思想，现代科学也逐渐证实了这一点。家庭和学校是文化濡化的重要机构，也是伴随个体长大时间最长、影响力最大的教育主体。当个体走入社会，职场教育、朋友间教导等多维度的濡化影响同样存在。

家庭濡化教育不仅受到家庭成员的文化水平、教育水平的影响，濡化作为一种有意识、无意识的传播，有些教育是世代潜移默化地流传下来的，中国是个多民族国家，每个民族都有自己独特的文化，例如壮族人民能歌善舞，尤其是民歌拥有较强的感染力，壮族孩子往往"天生"就有较强的乐理感，壮族家庭也会在孩子不同年龄段教授不同的歌。再比如蒙古族家庭，蒙古人是逐水草而居的游牧民族，他们生产生活方式是人和自然和谐统一的，因此蒙古人在对其子女进行家庭教育时，同样遵循自然法则，有意无意地强化了孩子的环保意识。除此以外，当下大众媒介对于家庭濡化的影响是极为深远的，电影、电视、书刊、广播无时无刻不在向人们的头脑中渗透。日本传播学者林雄二郎提出的"电视人"，指的就是伴随着电视的普及而诞生和成长的一代，他们在电视画面和音响的感官刺激环境中长大，是注重感觉的"感觉人"，表现在行为方式上是"跟着感觉走"，强调电视对现代人社会化过程的巨大影响。

（二）家庭文化传承中的"仪式传播"

1998 年，美国学者罗森布尔在其著作中提出了"仪式传播"的概念。仪式传播被认为包括"作为传播现象的仪式"和"作为仪式现象的传播"两种类型。其中的"前者指具有传播特性的仪式活动，包括社会生活中的正式仪式（如宗教仪式、婚礼等）和日常生活中的非正式仪式（如见面握手，分别说'再见'等）……；后者指大众传播活动的仪式化"。

在家庭文化传承过程中，有一种传播是需要经过一系列仪式化的手段才能完成，这就是家庭仪式传播。家庭仪式传播是家庭成员在家庭空间内按照一定伦理道德规范进行的具有情感意义的、较为固定的互动行为程序和表达方式。[1] 家庭仪式传播分为正式仪式和非正式仪式，正式仪式传播包括祭祀、婚嫁、寿诞等伦理仪式也包括传统节日的团聚，在中国社会浓厚的家庭观念下，正式仪式传播活动十分丰富，并且中国人非常在意这种仪式感的建立，这与中国独特的风土人情是分不开的。非正式仪式主要包括家庭聚餐、家庭谈话等轻松、小型的聚会。

案例

清明节祭祖是中国常见的正式家庭仪式，祭扫祖先是对先人的缅怀方式，其习俗由来久远。据考古研究得知，1 万多年前古人已具有明确的、有意识的墓葬行为和礼俗观念。扫墓祭祖，是清明节习俗的中心。清明之祭主要祭祀祖先，表达祭祀者的孝道和对先人的思念之情，是礼敬祖先、慎终追远的一种文化传统。2020 年，因为疫情使许多人出行不便利，不能及时出门祭拜祖先，于是出现了"网上祭祖"的仪式传播形式。通过网络平台，用户可以免费为故人创建网上纪念馆，书写逝者生平事迹、上传影像资料、发表纪念文章、在线祭拜留言等，同时可以邀请微信好友，加入亲友团，一同书写，共同祭拜，让纪念馆充满温暖和爱。

---

[1]　许迪 . 家庭仪式的情感社会学解读 [D] . 重庆：西南大学，2013.

（三）家庭仪式传播对代际濡化作用

家庭仪式传播的意识形态作用可以概括为三方面：一是通过家庭仪式，使得意识形态在代际之间纵向传承；二是在家庭成员的头脑中不断地强调、强化社会意识形态；三是对于可能偏离某种意识形态的家庭成员起到重申意识形态、不断规范其意识形态观念的作用。归结起来，即使得社会意识形态被社会成员所接受，使得作为家庭成员的人同时成为认同社会意识形态的人，成为作为意识形态主体的人。当代中国家庭仪式传播具体包括了民间节日传播、人生礼仪传播和其他种种日常生活中的仪式传播。这些饱含浓浓亲情的仪式化的传播事项在意识形态传播尤其是伦理传播以及相应的哲学观念、宗教观念等的传播方面发挥了十分重要的作用。[1]

社会主义核心价值观是社会主义核心价值体系的内核，体现社会主义核心价值体系的根本性质和基本特征，反映社会主义核心价值体系的丰富内涵和实践要求，是社会主义核心价值体系的高度凝练和集中表达。党的二十大报告指出："广泛践行社会主义核心价值观，弘扬以伟大建党精神为源头的中国共产党人精神谱系，深入开展社会主义核心价值观宣传教育，深化爱国主义、集体主义、社会主义教育，着力培养担当民族复兴大任的时代新人。""富强、民主、文明、和谐，自由、平等、公正、法治，爱国、敬业、诚信、友善"这 24 个字是社会主义核心价值观的基本内容，社会主义核心价值观是具体的，需要一定的时空环境进行仪式化传播，只有在能够承载其内涵与意义的空间中，才能完成价值观的有效传播。价值观的培育不仅需要个人、社会、国家三个层面的共同努力，更重要的是要通过代际濡化潜移默化地转换为内在修养。

---

[1] 杨立川.论家庭仪式传播的意识形态作用及其特征［J］.中国地质大学学报（社会科学版），2015，15（04）：118-123.

第五章

教育传播与人力资本

案例导入

　　王老师是某小学的语文老师，很善于借助课堂上的一切要素来辅助自己的教学活动。在今天的课堂上，王老师先播放音乐《听妈妈的话》，然后在音乐播放的同时给学生们展示、讲解了关于亲情的课件，渲染了气氛，并与同学们进行了交流，分享自己生活中与家人的小故事。随后带着同学们学习朱自清的《背影》，在良好的教学环境下，课堂上的学习氛围很浓厚，同学们纷纷表示，要回家感谢自己的父母。

一、教育传播

教育，在狭义上特指有组织的学校教育活动，广义上指影响人的身心发展的社会实践。教育通过向后人传递前人的知识、经验、理论等，为未来培养人才，是一种有组织、有目的的传播活动。教育的过程就是传播的过程，是人类传播活动的一种具体的表现形式。

（一）教育传播的定义

教育传播一词，产生于20世纪20年代各种媒介技术发展运用的时期。关于教育传播的含义，我国许多学者都从不同的角度做出了探讨。南国农和李运林认为："教育传播是由教育者按照一定的目的要求，选定合适的信息内容，通过有效的媒体通道，把知识、技能、思想、观念等传送给特定的教育对象的一种活动。是教育者和受教育者之间的信息交流活动。"[1] 魏奇和钟志贤在他们的著作中指出："教育传播旨在遵循传播、教育、生理、心理等客观规律，运用教育媒体，传播教育信息，以实现教育和教学的优化。"[2] 黄鹂和吴廷俊在《教育传播学新探》中提出："教育传播是一种以培养和训练人为目的而进行的信息传播活动。也就是说，是一种有目的、有意识地对人进行教育的传播活动。它以教育过程为研究对象，以传播学为理论支撑，采用传播学的视角和基本理论去研究教育过程，其研究范围包含对教育者、受教育者、教育信息、教育媒介、教育效果等因素的探讨。"[3] 高蕴奇等提出："教育传播是一种以培养

---

① 南国农，李运林.教育传播学（第二版）[M].北京：高等教育出版社，2005：6-7.

② 魏奇，钟志贤.教育传播学 [M].南昌：江西教育出版社，1992：44.

③ 黄鹂，吴廷俊.教育传播学新探 [J].现代传播（北京广播学院学报），2003（1）：46-49.

和训练人为目的而进行的传播活动。"[1]

从上述几位学者对教育传播的定义可以看出，虽然论述的角度不同，但都对教育传播过程作出了解析，我们应该把教育看作一个传播的过程并从传播学的角度来分析教育传播的规律。因此，教育传播就是教育者将教育信息通过媒介传递给受教育者的一种以完成教育目标为目的的活动。教育传播研究应该是从教育过程和其传播结构的整体性出发，进行系统考察。另外，由于教育系统是多层次的，因此对于教育传播的研究也需要在不同的层次上运用整体的思维方法来考察教育的全过程。

（二）教育传播特征

根据上述教育传播的内涵，相比于其他传播活动，教育传播除了传播活动所具有的共性外，还具有自己独有的特征，且相较其他传播活动，教育与传播的关系也更为密切，具体可从以下几个方面来展开。

1. 传者的主导性

在教育传播中，教育的传播者具有很强的主导性。一般情况下，为保证教育目标的顺利完成，教育的进度、安排、内容等都是由传播者来一一掌控。对传播过程的引导和控制性与传播者的年龄、经验等相关，同时接受者的年龄、性格等因素也会对传播者的主导性产生一定的影响。如张老师是某小学的语文老师，新学期他被安排教3班和5班两个班级的语文课程。开学一段时间后，张老师很快发现3班的学生在课堂上思维比较活跃，很多同学会在课堂上主动和老师沟通，而5班的学生相对安静很多，需要老师进行带动。于是张老师调整了教学方法，在5班上课时经常开展小组讨论等环节，让学生们多开口交流。一段时间后，5班越来越多的同学愿意在课堂上和老师进行互动，学习效果也变得更好了。

从事多年教育工作的传播者往往会根据接受者的条件确定最优化的教育目标与内

---

① 高蕴琦，林克诚，金振坤等. 教育传播学 [M]. 上海：上海教育出版社，1992：22.

容，设计最优的教育传播过程，以达到最好的传播效果。

2. 传播内容的系统性

在教育传播过程中，教育者所传递的知识、内容具有一定的系统性，因为所传播的内容大多是人类已有的知识、技能等，是在人类长期社会实践过程中不断积累、归纳与总结出来的知识体系、理论体系和话语体系等，这些内容有着十分严谨的内在联系。同时，为完成既定的教学目标，传播的内容一定是围绕教学目标和大纲来进行选定的。所以，传播内容的系统性贯穿在整个教育系统中。

3. 传播媒介的多样性

在以往教育传播的过程中，传播者可以根据自己的需要选择不同的媒介进行教育传播，通常有口语、文字、电子设备等，只要是有助于教育者完成教育目标的媒介都可以用于教育信息的传播。在如今信息技术迅速发展的时代，许多教育者都尝试借助新兴媒体技术来辅助自己的教学活动，例如投影仪、iPad 等设备，教育者可根据实际的教学现场、教学对象选择多样性的媒介设备。

有的教师为达到良好的传播效果，采用教育传播媒介甚至别出心裁。如疫情期间，许多学校因为种种原因无法在学校开展实地教学，于是网上直播上课成了一种常见的方式，各地中小学和大学纷纷展开网上授课。

案例

张老师是一名普通的中学老师，面对突如其来的疫情，开始在网上为学生上课。在授课视频里，张老师一边手抱着猫，一边给学生讲课。讲到动情处还把小猫咪当成教鞭，给同学们指出黑板上的重点。一边指一边还说："大家别一直光盯着猫，看看黑板！"张老师说，上网课时学生容易困，那天上课时碰巧猫进来了，他便把猫拎起来，目的是吸引学生眼球。在这一事件中，猫成为吸引教育受众的媒介。

4.受者的特定性

在教育传播中，传播者往往会根据受传播者的身心特征、受教育水平等因素选择合适的教育内容。如前文所讲，在教育传播过程中，教育者所传递的知识、内容具有一定的系统性，教育者根据受传播者的不同选择所传递的信息内容，知识所要传递的受者是具有特定性的。例如，物理、化学的课程只会教授给初中生、高中生等，其学科内容对于小学的学生来说过于深奥。

（三）教育传播过程

每一种传播活动都一定会呈现过程性。美国学者 H·拉斯维尔于 1948 年在《传播在社会中的结构与功能》一文中首次提出了构成传播过程的五种基本要素，并按照一定结构顺序将它们排列，形成了后来人们所称的"5W 模式"。"5W 模式"将传播过程分为五个明确的要素，分别为传播者、传播内容、传播媒介、受众、传播效果，任何传播活动都包含了这五个基本要素。

教育传播作为一种传播活动，其传播过程基于"5W 模式"，我国学者南国农、李运林将它分解为六个阶段。①

1.传播信息确认

教育传播过程的第一步是要确认具体的教学内容。知识所传递的受者是具有特定性的，教育者会根据受教育者的个体情况选择合适的传播内容。教育者按照既定的教学目标、教学大纲确认当前所需要传播的信息。因此，在上课前，老师们都会积极备课，钻研今天所要传递的知识内容，将它们细化分解，以达到好的教学效果。

---

① 南国农，李运林.教育传播学（第二版）[M].北京：高等教育出版社，2005：22-23.

2. 传播媒介选择

教育传播媒介的选择在教育传播的过程中有很重要的作用，合适的传播媒介往往会带来好的教学效果。教育者会根据当前的教学环境、受教育者的身心特征、受教育者的文化水平等因素选择最合适的媒介去进行信息传递，通过这一媒介，知识得以被准确传递，受者得以轻易接收知识，教学活动得以正常进行。

3. 信息传播

传播媒介选择好后，就是信息的传播过程。1949年，美国的两位信息学者C·香农和W·韦弗在《传播的数学理论》一书首次提出的传播模式中，引入了"噪声"的概念。他们认为信息在传播的过程中会受到"噪声"的干扰，信息的准确性多多少少会受到一些影响。所以，教育者在传递信息的过程中要考虑"噪声"的干扰，以确保将干扰降到最低，保证传播的质量。

4. 信息接收

信息的接收过程其实就是解码的过程，受者在接收到教育者传播的信息后，根据自己以往的经验学识，解释信息的意义，并把它们转化为自己的知识储存到大脑中。

5. 效果反馈

在受者接收到信息完成解码过程之后，他们是否全部理解消化了，是否能够达到教学者的教学目标，这需要一个反馈的过程来体现。例如，老师在课后给学生布置相对应的作业，作业的完成情况就是一个很好的反馈，可以检验学生的学习效果。

6. 调整再传播

传播者在接收到反馈之后，根据反馈的情况，判断自己的教学过程是否有缺漏，是否达到了自己设定的教学目标，以此来调整自己的教学活动，弥补不足。例如，老师根据阶段性检测的试卷，可以发现班上学生对哪一部分知识掌握得不够好，及时进行查漏补缺，调整教学内容，如有学习落后的学生，可以平时多些关心，帮助学生解决难题。在进行调整后，再进行教育传播活动。李老师是某重点中学的骨干教师，他从师范大学毕业后就到当地中学当老师，在几十年的教育生涯中，他不断地在课堂上观察、记录、思考、研究，并通过同学们的反馈对自己的教学活动进行调整，形成了自己的一系列教学方法和体系。后来，李老师将自己的教学经验出版成《李氏教学法》一书，形成了自己的教学理论体系。

（四）教育传播过程的构成要素

教育传播活动作为一个传播过程可以分为六个阶段，它和所有的传播过程一样，都是由多个要素构成。这些要素在传播的过程中都有不同的地位和作用，它们之间相互联系、相互作用，共同构成传播过程的整体。教育传播过程，无非就是教育者在特定的教育环境中选择合适的传播媒介，将要传递的信息编码传播给受教育者，受教育者接收到经过"噪声"干扰的信息，并进行译码，存储到自己的大脑中，产生一定的教育效果和反馈。所以，教育传播过程的具体构成要素可以分为以下几点：

1.教育者

教育者即为传播过程的传播者，他决定了在什么样的教育环境下，运用何种媒介来传递信息，他是整个教育传播活动的主导者。在传播过程中，教育者将要传递的知识进行编码通过传播媒介来进行传播。

2.教育信息

教育信息即为教育者所传递的知识内容，教育者会根据不同的受教育群体调整自己的教育内容。从狭义的角度看，教育信息包括教育者所传递的知识、技能、方法等；从广义的角度看，教育信息包含了在教育传播过程中与教育内容有关的所有信息，例如上课下课的广播铃声、线上上课的视频画面等等。

3.传播媒介

教育信息经过教育者的编码，需要借助传播媒介才能传递给受教育者。上文提到，教育者会根据当前的教学环境、受教育者的身心特征、受教育者的文化水平等因素选择最合适的媒介去进行信息传递，才能达到好的传播效果。

4. 受教育者

受教育者是教育者的传播对象，是教育信息的接收者。受教育者将传播媒介传递过来的信号进行译码，根据自己的经验知识转化为可以进行吸收的意义，例如学生阅读课本，听取老师授课的过程，进而丰富自己的思想和学识，并在这一过程后将反馈传递给教育者，此时受教育者也完成了从受者到传播者的转换。

5. 编码解码

编码解码最早由当代文化研究之父、英国社会学教授斯图亚特·霍尔提出。《编码与解码》最初发表的特定语境是 1973 年 9 月在莱斯特大学召开的欧洲委员会以"电视语言批判解读养成"为主题对话会上，原文标题为《电视话语中的编码与解码》。

编码将意义转化为可以传递的信号，通俗来讲就是信息的采集、选择、加工、制作环节。受者在接收到信号后，必须对它们进行理解和阐释才能理解其中的意义，这就是解码的过程，由于每个人的社会经历、经验知识、文化背景等的不同，相同的信号，不同个体的译码活动会有差别，得到的意义也不尽相同。

6. 噪声

在香农和韦弗提出的传播模式中，"噪声"只会存在于发射器传递信号的过程中。但其实，在实际的传播过程中，"噪声"无处不在。"噪音"可能存在于教育传播的各个环节和要素中，例如教育者的嗓音高低、教室外学生的打闹声、投影仪的清晰度等等，都会对教育信息的传播造成干扰。教育者应尽可能减少"噪声"带来的影响，保证教学活动的顺利展开。

7. 反馈

上文提到了反馈环节的作用。反馈的结果有好有坏，是传播过程中很重要的环节。教育者通过学生的反馈，对自己的教学活动进行反思，并做到及时调整。

8. 教育效果

受教育者在接收到教育信息后，进行解码释义，将之转化为自己的思想、学识等，这就会产生教育效果。教育效果的产生，体现在受教育者的行为变化、知识增长、社会的进步发展等等。

9. 教育传播环境

教育传播环境是教育传播活动周围一切要素的总和。合适的教育传播环境，会给教育者和受教育者带来好的活动状态，激发学生的学习热情，达到更好的传播效果。吴老师是某学校的化学老师，多年来吴老师一直坚持实践出真知的教学理念，每学期都安排几节课带学生们去实验室上课。吴老师发现，在实验室上课时，学生们的注意力更为集中，积极性也更高，自己讲课也更有激情了。上了几次实验室实践课后，学生们更喜欢上化学课了，对知识的理解也更加透彻。由此看来，经验丰富的教育者，会利用教育环境中的一切资源，来辅助自己的教学活动。

（五）信息化环境下的教育传播

随着信息技术的不断发展，信息的传播格局发生了巨大的变化。根据中国互联网络信息中心（CNNIC）发布的第 48 期《中国互联网发展统计报告》，截至 2021 年 6 月，互联网上网人数已达 10.11 亿人，其中手机上网人数 10.07 亿人，占网民总数的 99.6%。人们的日常生活已经与智能媒体息息相关，物联网、大数据、云计算、人工智能等技术的迅速发展与应用颠覆了传统的新闻生产、分发模式，也改变了人们的消费习惯。在这样的信息环境下，教育传播也有了新的发展。

1. 个性化、多元化发展趋势

在信息量爆炸的网络环境中，信息同质化问题日益凸显，为了获取自己所需要的信息，用户往往会选择自己搜索的方式，因此整合与专题的形式成为了教育传播发展的一个方向。如今，在互联网中出现了个性化、多元化的教育平台，每个教育平台都有一个主题，并围绕这一主题进行教育信息的传播。常见的，比如某日语教育网站，就包含了日语的直播课、入门课、日语一对一辅导等教育课程，主打日语的教育传播。比如某学科教育网，主打中小学教育资源的整合共享，整理了包含语文、数学、英语、政治、历史等多门课程的学习辅导资料及课程，并动态更新各地区学校的阶段测试供学生们学习参考。再比如，某考研辅导机构开设的微信公众号，会在每天的推文中更新热点新闻知识，会带着同学们每天打卡复习知识点，深受广大考研学子的欢迎。

不仅是各教育平台，微信群、QQ群、微博超话等都可以成为教育传播的场所，由此，教育传播的主题、环境等向着个性化、多元化趋势发展。但无论如何发展下去，教师和学生始终是最重要的两个主体，他们和各类教育资源构成了信息环境下的教育传播网络中不可缺少的一环。

2. 随时随地的教育传播模式

在传统的教育传播中，受限于地理位置、天气因素、教育者与受教育者身心状况等因素，教育传播的传播效果会受到很大的影响，但在信息技术迅速发展的当下，新媒体的繁荣，使得这些因素的影响不断降低，信息环境下的教育传播为学生提供了许多条件和可能。

（1）全天候学习资源

在传统的教育传播中，老师的教学时间都是固定的，错过了也就失去了这次学习的机会，所以学生们需要克服各种可能出现的困难因素，比如路程的遥远、恶劣天气的来袭、交通工具的不便等等。但在互联网中，信息传播是24小时进行的，网络中的教育资源可供学生在任意时间进行学习，即使错过了直播课，也会有录播课供部分学生学习。所以信息环境下的教育传播在时间上具有很大的弹性。

（2）碎片化学习时间

在手机、平板等电子设备大面积普及的时代，各类教育APP、教育网站等可以直接在手机端打开，学生可以在各种闲暇时间进行线上学习，比如在地铁上，在吃饭的时间，在排队的时候……学生可以利用碎片化的时间在任何地点进行学习，这与传统的教育传播模式有很大的不同。

3. 去中心化的教育传播特点

在传统的教育传播过程中，教育者占据着中心位置，是一点对多点的传播模式。但在网络传播环境中，这种传播格局被打破，传者和受者之间的界限变得模糊。教育传播的模式可以是一点对一点，一点对多点，也可以是多点对一点，或者多点对多点。比如，一个学生在学习同一个知识点时，可以选择听多位老师对于这个知识点的讲解课程，可以选择和老师一对一进行学习，也可以选择和多名同学一起上课学习……这种去中心化模式，给学生带来了多样的学习方式选择，也为学生的自主性学习、探究性学习等提供了条件。

二、教育传播与人力资本

现代经济的高速发展离不开各方面因素的支持，而人是其中基本的因素之一。一个国家或地区的人力资本储备，对该国家或地区的物质资源的开发与利用、经济发展等都有很大的作用。人力资本可以最终决定一个国家或地区的经济发展成效，而这其中教育对人力资本的形成、发展与积累起到决定性作用。

（一）人力资本的定义

所谓人力资本，是与物力资本相对而言的，是指凝聚在劳动者身上的知识、技能及其表现出来的能力。这种能力是经济增长的主要因素，它是具有经济价值的一种资本。人力资本的形成是通过对人力的投资而形成的。[①] 人力资本理论是经济学中的一个重要分支，其被正式提出的时间较晚，直到 20 世纪 60 年代才形成了较为完整的人

---

① 安娜. 教育对我国人力资本形成的作用 [J]. 中国成人教育，2007（19）：5-6.

力资本概念。

最早正式使用"人力资本"一词的学者，是美国哈佛大学教授 S.R. 沃尔什，之后多位学者对人力资本理论进行了研究，丰富了人力资本理论的发展，比较具有代表性的人物包括舒尔茨、阿罗、丹尼森等人，其中美国经济学家舒尔茨的研究为现代人力资本投资理论奠定了基础。他在 20 世纪 50 年代就发现人力资本理论的重要性，并一直在这个领域进行研究。1959 年，舒尔茨在其发表在美国《社会服务评论》杂志上的一篇论文《人力投资：一位经济学家的观点》中，首次正式提出了"人力资本"这一概念。1960 年，舒尔茨在美国第 73 届经济协会年会上做了题为《人力资本投资》的演讲，系统地阐释了人力资本理论，该演讲内容被称为人力资本理论创立的"宪章"。舒尔茨把人的知识和技能统称为"人力资本"，即通过对人力资源的投资而体现在劳动者身上的，由知识、技能和体力所构成的资本。[①]

在国内，也有不少学者对人力资本的概念进行了定义。如李玉江在《区域人力资本研究》[②] 中对"人力资本"所下的定义：人力资本是通过教育、培训、保健、劳动力迁移、就业信息获取等方式获得的凝结在劳动者身上的技能、学识、健康能力和水平的总和。其内涵包括三个方面：一是资本的载体是人，表现在人身上。二是资本是后天获取的，必然要花费一定的投资才能得到。三是资本投资能增加未来的收益。

总之，人力资本是指通过人力资本投资所开发形成的人的各种能力的总和，这些能力蕴含在人的身体之中，可以划分为多种形态，一个人的人力资本含量越大，能力就越强，从事经济活动的能力也就越强。我们可以通过学习、研究、锻炼等方式，提高自己的身体素质，提高文化水平，提高道德素质，从而提高自己的人力资本含量。

（二）人力资本在经济发展中的作用

人力资本投资的知识收入效应是指受过教育、培训，具有更多知识与能力的人往

---

① 　SCHULTZ, TW. Investmentinhumancapital[J] . American Economic Review, 1961, 51(3): 313-325.
② 　李玉江 . 区域人力资本研究 ［M］. 北京：科学出版社，2005：18-25，78-110.

往会具有更高的生产力，因为他们具有更高的分辨力，能随时随地抓住投资获利的机会。人力资本的知识替代效应首先表现在能够通过知识的进步来增加资源，人力资本与各种要素相比较，其补充和替代作用已经变得越来越重要了。[①]

现代经济的发展越来越依仗"人力资本"的开发和积累。教育、科技、人才是全面建设社会主义现代化国家的基础性、战略性支撑，在这其中人才是第一资源。在新时代，我们要深入实施人才强国战略。人力资本的开发和积累对国家、社会的发展有重要作用，在保证人力资本质量的同时，获得物力资本的支持，经济便会迅速发展。

（三）教育传播是人力资本形成的重要途径

由上述论述可知，人力资本投资不仅重要，而且是实现恒久发展的根本动力。人力资本就是凝聚在劳动者身上的知识、技能及其所表现出来的各种生产能力，而这些能力都可以在教育传播的过程中获得，所以教育传播是人力资本形成的主要渠道。这一点并不难理解，教育传播的主要功能之一就是传承知识，通过教育传播的过程，教育者可以把自己的学识、思想、技巧等传递给受教育者，以此实现传承，提高人力资本的水平。

1. 教育传播是提高人的思想道德素质的重要手段

人的思想道德素质是人的整体素质的重要组成部分，也是衡量一国人力资本发展水平高低的一个重要方面。我国一直很重视思想道德修养的建设。习近平总书记在党的二十大报告中指出，我们要持续推进文化自信自强，铸就社会主义文化新辉煌。其中，很重要的一点就是要提高全社会的文明程度，要实施公民道德建设工程，弘扬中华传统美德，加强家庭家教家风建设，加强和改进未成年人思想道德建设，推动明大

---

① 冉茂盛，毛战宾.人力资本对经济增长的作用机理分析 [J] .重庆大学学报（社会科学版），2008（01）：56-59.

德、守公德、严私德，提高人民道德水准和文明素养。① 一个国家国民的道德水准、思想素质越高，就表明这个国家的人力资本水平越高。

因此，思想道德素质的培养不能停止在一般的道德认识上，其核心是引导人由内而外自觉遵守社会道德规范，自觉履行道德义务，如在公共场合不大声喧哗，不随意乱丢垃圾，使用文明用语等等。老师是教育者，通过课堂上或课余时间培养青少年的思想道德素质。家长也可以作为教育者，在陪伴孩子的时候，以身作则，做好孩子的榜样。教育者在教育传播的过程，通过言传身教，潜移默化中引导青少年形成良好的道德素养。一个国家的道德价值观念的形成是和教育、知识等密不可分的，所以一个国家的人民的道德素养往往是其教育水平的反映。

2. 教育传播是提高人的智力素质的重要途径

人的智力素质是指人的科学文化素养，它包括六种，即注意能力、观察能力、想象能力、记忆能力、思维能力和语言表达能力。这是人类在认识、改造自然和社会过程中长期积累的知识结晶，是一代一代人逐步形成的认识和改造世界的能力。因此，人的智力素质，特别是人的科学文化素养、创造能力的提高，已经成为现代人力资本形成和发展的重要标志。

张华先天带有一点智力缺陷，这给他的生活带来了很大的影响，父母也常常担心他能不能融入社会中。但张华认识到了自己的缺陷，在学习的过程中比旁人付出更多的努力，尽管学习效率比其他同学的要低，但他也通过自己的努力缩小了和别人的差距。毕业后，他找到了一个合适的工作，在岗位上发光发热。

一个人就算带有先天性的缺陷，但是通过接受教育，学习科学文化知识，提高自己的科学文化素养，提高创造力，也同样可以为社会、国家的发展做出贡献。一个国家的教育水平，会直接影响人的科学文化素养，影响个人的创造力水平，影响个人的智力素质，影响人力资本水平的发展和提高。

---

① 杨光宇，胡永秋.高举中国特色社会主义伟大旗帜为全面建设社会主义现代化国家而团结奋斗——习近平在中国共产党第二十次全国代表大会上的报告［E/OL］.人民网，2022-10-26. http://politics. people.com.cn/n1/2022/1026/c1024-32551597.html.

3.教育传播对人的身心健康有着极大的影响

教育传播的过程不但可以培养人的科学文化素养，提高人的道德素质和智力素质，同时也是影响人的身心健康发展的重要因素。古往今来，一些对国家、对社会作出过巨大贡献，名垂青史的人无不接受过良好的教育，如徐志摩、胡适、梁启超等人，他们在接受到高等教育的同时，也有着健康的身心发展，这促使他们在中国历史上留下了浓墨重彩的一笔，成为了历史进程中中国文化的引路人。

由于在教育传播的过程中，教育环境有着很重要的作用，人在不同的环境之下，身心会有不同的感受，而良好的教育传播环境也会给人的身心发展带来正向的影响。

另外，任何"揠苗助长"的行为对人的身心发展都是不利的，教育传播的过程应按照受教育者当前的身心发展阶段来制定不同的教育对策。根据幼儿期、童年期、少年期、青年期每个发展阶段所具有的不同特征，传播不同的教育内容，选择合适的教育环境，更好地促使学生身心健康发展。

例如，在幼儿期，教育传播的内容应主要偏向于习惯的养成、道德的培养，这个阶段的孩子尚不能接受过多的知识，比较适合以轻松愉快的方式给予教育。在少年期，会经历叛逆期，这个阶段更需要关注学生心理方面的变化。而在大学期间，更多会培养学生独立解决问题的能力，给学生更多空间，更多只需要提供一定的引导和建议。

不同人生阶段所接受的不同的教育都是具有重要意义的，在教育传播的过程中，人们原有的身体素质以及心理水平会发生改变，因而获得成长，适应不断变化的环境。

4.教育传播是提高劳动者创造力的重要途径

创造力是衡量人力资本水平高低的重要指标。在教育传播的过程中，教育环境会成为影响教育效果的一个重要因素，一个轻松愉悦的教学环境，可以让人感到自在，而一个人的灵感往往会在这样轻松愉快的氛围中产生。好的教学环境可以让同学们放松心情，会给教育者和受教育者带来好的活动状态，激发学生的学习热情，不再被动接受教育信息，同时积极发挥自己的主观能动性，发散思维，这将有助于同学们创造力的培养，可以达到良好的教学效果。

因此，往往经验丰富的老师都会善于利用好的教学环境，来辅助自己的教学活动，以达到好的教学效果。比如在物化课程中，有些知识点过于抽象，同学们难以理解。往往老师们就会带同学们到实验室，亲身接触并使用实验室的各项仪器道具，在实践的过程中进行领悟，既可以让同学们自己动手去体验，又可以发挥同学们的主观能动性，激发创造力。

某小学的语文老师王老师，在进行《狼牙山五壮士》课文的教学时，为了让同学们能够积极参与课堂，体会当时的情境，王老师特地找了五位同学来扮演五位壮士，让他们站在讲台边上，然后按照自己的想法，充分发挥创造力，模拟当时的情境，比如展现五位壮士当时的坚定决心，比如在跳崖之前五位壮士最后说了什么话，通过发挥自己的想象力，去感受五位壮士宁愿一死，也不愿意成为亡国奴的爱国热情。这些思考都会对同学们创造力的提高有很大帮助。

（四）我国人力资本和教育中存在的问题

一个国家的人力资本水平会直接影响到经济的发展。当前，我国的人力资本和教育中还存在着一定的问题，具体包括以下几个方面。

1. 人力资本水平的城乡、地区间差距明显

我国人力资本水平的城乡、地区间差距主要体现在东部发达地区的人口受教育程度明显高于其他地区的，农村地区人口的受教育程度低于城镇地区的。根据《中国统计年鉴》中的文盲率数据，2020 年甘肃、青海和西藏文盲人口占 15 岁及以上人口的比重分别为 8.33%、10.02% 和 28.09%，远高于全国 3.26% 的平均水平。而北京和上海相应的文盲人口比重只有 0.89% 和 1.79%。由这一数据可以明显看出我国城乡、地区间的人力资本水平的差距。东部地区的人口受教育程度高，其人力资本的水平也就高，经济就会越发达，如果不能够及时作出调整，城乡、地区间的差距会越来越大。另外，在过去的十几年中，农村里越来越多的年轻人选择离开农村前往发达城市发展自己，导致农村人口流失严重，人力资本水平不断降低，欠发达地区的人口不断涌向

发达地区，使得人力资本的积累越来越困难，国家人力资源分布越来越不均匀。

2.“知识鸿沟”“数字鸿沟”的存在

“知识鸿沟”理论是由新闻与大众传播学系教授蒂奇诺等三位学者在 1970 年提出的，可以理解为“当流入大众传播系统中的信息量增加之时，社会经济地位高的群体吸收信息的速度要比社会经济地位低的人的速度要快，而且这两类人的知识差距显示出扩大化的趋势”。蒂奇诺三人还归纳了“知沟”形成的原因，包括传播技能上的差异，知识储量上的差异，社会交往背景的差异以及信息的选择性接触、接受和记忆。“知识鸿沟”的提出引发了学术界众多学者的讨论，并随着信息技术的快速发展，“知识鸿沟”很快发展成了“数字鸿沟”，由于经济、文化水平等方面的欠缺，部分人群无法适应飞速发展的信息媒体技术，逐渐被信息时代遗弃，和他人之间形成了巨大的“数字鸿沟”。

产生“鸿沟”最大的原因是“知识隔离”，所谓“知识隔离”是指人群或区域缺乏创造、获取、吸收和交流知识的能力，不能够参与创造和分享以知识为基础的社会文明成果。这是我国教育体系尚不完备、教育资源分布不均匀的体现，这也是世界上大多数发展中国家都存在着的问题。

“知识鸿沟”的存在是可以通过努力缩小的，小周同学是我国某边远地区的高中生，通过国家扶贫计划到了某名牌大学学习。但是，来到大学后，小周很快发现自己所积累的知识与其他来自教育强省的同学相比有一定的差距，在学习方法上也有不同。知识贫困的困扰使他在学习上感到力不从心，但小周同学没有安于现状，他在课堂上积极与老师、同学交流，在课后多花时间在图书馆学习各种知识。很快，小周同学适应了新的学习环境，自己的思想世界也得到了开发。

3. 农村人力资本投资相对落后

首先，落后地区教育的普及程度和办学质量相对不高。农村地区与城镇地区的经济差距的存在，导致落后地区教育资源的分配不均，教育投资比经济发达地区要少。在过去的中国，有不少落后地区的家庭因为子女的教育占了家庭的绝大部分支出，经济上的不利，许多孩子的学业无法完成，早早外出打工或者回家帮助父母务农。再加上落后地区的师资教学资源严重不足，有些偏远地区可能一个村里只有一所学校，校长、老师往往是一个人，需要承担教很多课程的任务。但教师的薪资低，大量优秀教师离开农村走向发达城市，教育质量无法提高，导致农村孩子的竞争力比其他地区的孩子低。某高中一年级的学生小陈是一名来自农村的孩子，由于自己的家乡没有高中，凭借自己的努力，小陈考上了隔壁城市的一所高中，但因为离家太远，只能选择住宿，给家里带来了更多的经济负担，因为生活的拮据，小陈在班上总感觉自己低人一等，逐渐变得沉默寡言。这都是农村人力资本投资落后所带来的负面影响。

其次，农村地区的职业教育资源比较缺乏，导致劳动力的整体水平较低。社会上普遍存在的"重文凭、轻技能"的现象，导致职业教育的认可度低。农村地区大多在地理位置偏远而且交通不便的位置，思想落后、人力资本投资匮乏，这导致形成了知识贫困的局面。

最后，高等教育资源分配的不合理，中西部地区高校数量少，农村地区的学生接受教育的机会远远小于其他地区的。在 39 所"985"和 112 所"211"大学中，东部分别为 26 所和 71 所，占比 66.7% 和 63.4%，中部为 6 所和 17 所，占比 15.4% 和 15.2%，西部分别为 7 所和 24 所，占比 17.9% 和 21.4%。呈现东部密集，中西部稀疏的局面。[①]

农村地区由于整体的受教育程度低，农村人口更会去关注短期内的投资效益，而忽略人力资本的投资和积累。

4. 农村转移人口的人力资本水平提升不足

据国家统计局发布的 2021 年农民工监测调查报告，截至 2021 年，我国的农民工总量已经达到 29251 万人，比 2020 年增加了 691 万人，增长 2.4%。农民工已经成为现代社会生产活动和经济发展的主要力量之一。但是大部分农民工被需求的岗位都是低技能要求的岗位，农民工的整体人力资本水平并没有得到提高。统计局数据显示，在全部的农民工中，小学文化程度以及初中文化程度的农民工占了 70%，只有 12% 的人拿到了大专及以上学历，这一数据较前几年只有很小的提高。

出生在某偏远地区的小刚，由于家庭观念和家庭经济条件的影响，上完初中后他

---

① 李春仙. 精准扶贫、人力资本投资与制度供给 [J]. 黑龙江粮食，2020（10）：42-43.

就跟着父母学艺，并外出打工赚钱。虽然随着工作机会的增加，家里的经济条件越来越好，但小刚一家的文化水平并未有所提高，父母人力资本水平的欠缺使得下一代的人力资本积累也受到了影响。

5.儿童和老年人口的人力资本开发不足

儿童因为年龄较小，其心智尚不成熟，但在这一阶段，儿童有较强的学习能力，可以较好地完成人力资本的积累。目前，世界上许多发达国家和地区都加强了对学龄前儿童的素质教育，出台了相关政策，形成了一系列成熟的培养体系，这对于儿童人力资本的开发和积累都是大有裨益的。但目前我国在这方面的相关政策和项目还较为欠缺，对于儿童的人力资本开发不足。

同时，第七次全国人口普查数据显示，过去10年，我国人口老龄化程度进一步加深，60岁及以上人口为2.64亿，比重达到18.70%。根据相关预测，"十四五"期间，全国老年人口将突破3亿。我国老年人口逐年增加，但我国老年人口的退休年龄较小，失业率较高，就业范围窄，没有充分开发和利用老年人口的人力资本。在某偏远地区的小村庄中，生活了几十个老人，他们的子女全部去了大城市工作，只留下他们独自生活。由于年龄、技术、文化水平等，他们早早就离开了工作岗位，在村子里度过每天，落后的生活条件，使他们渐渐地与社会脱节，成为被时代遗弃的人。这样的例子并不罕见。

6.教育、培训体系滞后

我国目前的教育和培训体系相对没有适应新时代的人力资本发展理念，人力资本理论在新经济发展时代有了新的内涵，人们越来越关注认知能力和非认知能力。认知能力通俗一点讲即是智力，指学习、研究、理解、概括、分析的能力。而一般认为非认知能力包括性格、态度、积极性三个方面。目前我国的教育、培训体系更偏向于对于学生的认知能力的培养，缺少对于学生非认知能力的重视。而非认知能力的培养对于创新能力提升有很重要的作用。创新是第一动力，我们要深入实施科教兴国战略、人才强国战略、创新驱动发展战略，要着力造就拔尖的创新人才。

（五）适应新时代发展的人力资本和教育传播

创新驱动发展战略的实施需要人才的支撑，人力资本和教育问题不仅是政府的责任，也是社会、企业的责任。为推动创新驱动发展战略的顺利实施，满足新时代的发展需求，适应技术、社会的迅猛发展，我国的人力资本投资需要进行以下几点调整。

1. 适应新兴技术发展，调整人力资本结构

步入新媒体时代后，在大数据、人工智能、云计算等技术的迅速发展下，我国的传播格局和信息环境已经发生了很大的变化，这些变化对人力资本结构的调整提出了新要求。最明显的是人工智能技术的发展，由于机械化工作的成本较小，许多岗位的机械化率越来越高，对于简单技术的工作人工智能的效率更高，导致许多工人跟不上时代发展，无法适应人工智能技术的使用而失业。

机器人和人工智能等技术的迅速发展，给我国的人力资本结构提出了新要求。首先，需要培养擅于使用人工智能技术，可以和人工智能等技术相辅相成的人才。虽然许多对技术要求不高的流程被机器替代，但一些复杂的工作机器是代替不了的，依然需要技术过硬的劳动人力，同时如果可以借助机器的力量，辅助自己的工作，这样可以大大提高工作的精确度和效率。例如，在医疗机构里，机器可以快速判定病人的病因，医生在做部分手术时可以借助一些机械化手段辅助自己的手术过程，使手术过程更加精确、完美，两者是互补的。其次，要培养人工智能方向的创新型人才，智能技术的发展现在已经成为国力提升的重要因素，我国急需擅于研发和制造人工智能的人才。最后，尽管很多人对人工智能自动化技术未来会导致的大规模失业和裁员感到担忧，但同样的技术创新也会给全世界各地带来大量的新型工作岗位和服务机会，根据Gartner 的报告，到 2021 年，人工智能已经创造出超 200 万个新的工作岗位，例如机器训练师、人工智能测试员等等，这些岗位都需要新型人才。因此，国家需要对劳动者在相关技能和人力资本上加强培训。

2.针对知识贫困地区，调整教育投资结构

虽然我国现在已经打赢了全面脱贫攻坚战，但我们要保持住这一势头，确保不返贫，才是真脱贫。而教育扶贫是扶贫中的重要组成部分，我们需要有效推进教育领域的扶贫开发，调整教育的投资结构，主要通过发展教育来带动知识贫困地区人口的经济发展。有许多知识贫困地区存在着教育资源落后、师资队伍质量偏低、教学内容与当地发展需求脱节等问题。虽然自党的十八大以来，教育部在教育领域全面落实精准扶贫、精准脱贫的基本方略，发布落实了多项政策，针对知识贫困地区的每一所学校、每一名教师、每一个孩子，先后组织实施了超过 20 项教育惠民政策。但这条道路任重而道远，目前我国部分农村及偏远地区的教育资源相对来说还较为欠缺，应针对教育贫困地区从基层政策抓起，一步一步实现全覆盖教育扶贫。

首先，要提高知识贫困地区教育的普及程度，并提高办学质量。加大农村基础教育，增加对农村教育的经费投入。要制定人才引进政策，鼓励更多的大学生回到农村，为提高农村的经济发展工作而努力，对此制定适当的红利政策，才可以将人才留在农村，而不是都前往发达城市发展。同时要填补知识贫困地区欠缺的师资力量，提高师资队伍的整体素质。鼓励城市农村互换、师范生支教等，改善知识贫困地区的教育环境，加大对部分地区教师的工资补贴额度。

其次，改革和完善教育体系与在职培训体系，提高知识贫困地区的劳动力水平，提高劳动力的整体素质。要以适应国情、提升地区经济发展的核心技能为培养目标，提升落后人群的人力资本综合水平，根据时代发展的需求，因地制宜设计培养方案和培训体系，提高劳动力整体的学习效率，提升他们的技术水平，最大化开发人力资本水平。

最后，调整高等教育资源分配不合理不均匀的现状。由于教育资源分配不合理不均匀带来的问题，需要通过增加财政资金投入来改善，提高学校的整体办学水平，改善教师待遇，优化教师发展条件，积极引导高校准确定位，为区域高校发展创造有利条件，吸引民间资源向高校投入。增强中西部院校的综合能力，转变它们的教育理念和办学思想，对中西部院校要拓宽支援范围。如在遴选"211 计划"高校时，可增加中西部院校的入选量。赋予地方院校某些专业特殊发展的机遇。国家在制定政策时可以针对中部省份和西部省份人口的多少进行科学的论证，使中央财政支持的高校在布

局上更加合理。^①

3.充分发挥市场作用，最优化人力资本资源

人力资本的管理应该做到人尽其才，才尽其用，将合适的人才放到合适的位置，只有这样才能最大限度发挥人力资本的作用。为此需要建立一个城乡统一、竞争公平的劳动力市场。在进行人力资本配置的过程中，要打破工人、干部的身份界限，以能力强者优先。在新时代，需要有与产业结构调整相适应的人力资本的提升。通过制度改革，缩小地区间的福利差异，鼓励并确保劳动力可以自由流动。充分发挥市场的调配作用，最大化利用积累的人力资本。

张大爷今年70岁了，虽然年事已高，退休好多年了，但是他不愿意闲下来，自己经营了一家小卖铺，赚点生活费用的同时跟城市里来来往往的人接触交流，心态也变得年轻了，张大爷经常笑着说，他开小卖铺受到了社会的很多帮助才得以顺利开下去，很感谢国家社会没有遗弃他，他会继续开到80岁。

"人口老龄化是我国相当长一个时期的基本国情，有挑战的同时也有机遇，老年人的平均预期寿命不断增加，为促进老年人的再就业提供了基础前提。"中国人民大学人口与发展研究中心、老年学研究所教授孙鹃娟在接受人民网"强观察"栏目采访时表示，对于很多老年人来说，他们也愿意在退休后发挥余热，"老有所为"。

三、教育投资与青少年个体发展

当前，我国正面临着所谓"三化"的老龄化、少子化、智能化的冲击，老龄化、少子化使我国成为较早步入老龄化社会的发展中国家，智能化带来信息技术的冲击，导致部分劳动力被机械化取代，因此需要提升人力资本的综合素质，建立新的培训体系。在这样的社会环境下，青少年的个体发展变得尤为重要，青少年是祖国的未来，习近平总书记对新时代的中国青年寄予厚望，针对青少年的教育投资成为提升我国整

---

① 李春仙．精准扶贫、人力资本投资与制度供给［J］．黑龙江粮食，2020（10）：42-43.

体人力资本的重中之重。

（一）青少年教育投资中存在的问题

我国的大部分家庭一直以来都十分重视对子女的教育，教育投资的开销占据了一个家庭中大部分的支出，做家长的往往都会对自己的子女寄予厚望，希望他们将来可以成为对社会有益的人。但在对青少年教育投资的过程中，也会存在一些问题，包括教育投资的目的偏移、教育投资的结构偏差以及教育投资对象集中在子女身上等等。

1.教育投资目标偏移，青少年发展思维固化

在许多传统家庭中，父母对孩子的期望很单一，他们对孩子的教育投资希望得到的回报往往仅是孩子能够考上名牌大学，"只有考上好的大学才会有出路"成为许多父母挂在嘴边的话。这使得他们一味关注孩子的学习成绩，如果有哪门课程成绩不好，就会在课余时间给孩子"报班"，以求取得好的学习成绩。小王是一名小学五年级的学生，虽然刚刚上小学，但是因为他的考试成绩在班上排名靠后，每天晚上父母都会监督他完成更多的习题，周末也安排了满满的兴趣班和补习班，小王的父母觉得这是对小王的负责任，"孩子一定不能输在起跑线上，从小我们要培养他好的学习素养"。面对过多的学习压力，没有自己的休闲时间，小王苦不堪言，只能默默接受，但学习成绩不仅没有提高，小王也变得不怎么爱笑了。小王的父母给孩子带来了巨大的精神压力，一味地追求好的学习成绩，却没有得到好的学习效果，教育投资的目标方向产生了偏移，不仅使得青少年对父母产生了心理落差，也没有达到好的教学效果。

2.教育投资结构偏差，注重智力忽视道德

在许多对青少年的教育过程中，往往教育投资的方向都是对青少年的智力的开发，侧重于学习上的进步，但却忽视了对青少年道德素质上的教育培养。往往许多家庭，教育投资的所有开支都只是为了孩子的文化知识的学习，"再穷不能穷教育"，这

句在老百姓们中耳熟能详的话，关注的仅仅是青少年的学习成绩和智力开发。这样的思想导致在现实生活中，时常会有这样的事情发生：魏同学在班上成绩名列前茅，但是他总爱欺负班上弱小的同学，以此为乐，更是仗着同学们对于他成绩优异的崇拜之情，在班上建立起了"小帮派"，不顺从他心意的同学都受到了他的排挤。这样的情况被他的老师看在眼里，于是在家长会后和魏同学的家长进行了沟通，但是魏同学的爸爸却说这些都是正常同学之间的小摩擦，不需要过多关注，只要自己家的孩子成绩优异就没问题了。显然，这样的观念是不符合我国对青少年提出的教育要求的。

良好的思想道德修养是青少年的修身之本，是健康成长的重要基石。注重青少年的思想道德修养，可以避免青少年走上违法犯罪的道路，有利于整个社会的文明进步和团结稳定。只有通过严肃认真、诚心诚意的自我修养，使自己的品质情操，道德境界不断地得以升华，青少年才能成为一名全面发展的有用之才。

3.教育投资对象集中，家长自我投资欠缺

教育投资的另一个问题是投资的对象过于集中在孩子身上。我国许多家庭的教育投资支出几乎全部用在子女的教育上，给子女选择最好的学校，买最贵的文具，选择最好的教师资源等等。一个家庭的教育投资仅仅集中在子女身上，父母本身却没有进行自我投资提升。小明的父母都是农民，为了他的教育，父母省吃俭用，给小明提供了最好的教育资源，供他考上了一所名牌大学。但到了大学后，小明很快发现自己的条件比自己的同学都差，心理上带来了很大的落差，碍于自己的父母没有太多文化知识，也不好意思让父母来学校看望自己，这让小明的父母感到深深的自责。

对青少年的教育投资过于集中，导致许多家庭的父母忽略了自身素养的提高，逐渐和孩子之间有了距离感。自己的知识不足，文化水平不高，难以给子女带来好的家庭教育，过多的教育投资也并没有带来呈正比的收益。

（二）青少年教育投资问题的解决对策

历史和现实都告诉我们，只要青年一代有理想、有担当，国家就有前途。青少年

是国家的未来和民族的希望，对青少年的教育投资需要尽快走上正确的轨道，青少年才能有好的个体发展。针对上述提到的青少年教育投资的问题，我们应该从以下三个方面来进行解决。

1. 确立科学投资目标，放宽青少年发展空间

对于青少年的教育投资我们应该树立科学的投资目标。每一个青少年自身都会有属于他自己的独特闪光点，好的学习成绩、好的大学并非青少年唯一需要努力追求的目标。在新时代，我们国家需要各种类型的人才，对人力资本的综合水平需求很高，面对全球化趋势，经济的快速发展要求我们国家的青少年要有过硬的综合实力。因此，对于青少年的教育投资不能局限于对于成绩的追求，应该放宽青少年的发展空间，找到孩子身上的闪光点，根据每个青少年的个体特征制定适合的教育投资目标，这样才能助力青少年成长为对国家有用的人才。

2. 优化教育投资结构，促进青少年全面发展

青少年的道德素质培养对促进青少年的健康成长具有十分重要的作用。对青少年的教育投资不应只局限于文化知识和智力等，道德方面的教育投资也是不可缺少的。要优化教育投资结构，让青少年实现德智体美劳的全面发展。例如，多带孩子参加德育活动，阅读传统美德的书籍，在外以身作则遵守道德行为准则等等。道德素质的培养是潜移默化的，生活中的任何小细节都可以给青少年传递好的道德品质。

3. 提高家长综合素质，营造良好教育环境

家长作为青少年成长过程中不可缺少的引路者，其自身的行为准则会在潜移默化中给青少年带来影响，家长承担着教育、锻炼孩子的重要任务。青少年由于自身的世界观还未成熟，很容易去模仿学习自己最信任的人，家长的一言一行都对青少年的成长有重要的作用。所以教育投资不应只把所有的教育资源投资到青少年身上，家长也需要投资自身，不断学习文化知识，提高道德素养，做好青少年的榜样。

首先，要做到知行合一，遵守社会各项规章制度。例如在孩子面前诚实守信，过马路严格遵守交通规则，尊重长辈，在公共场合注意个人素质表现等等，成为孩子优秀的榜样。其次，增加自身的教育投资额度，家长应和孩子共同学习，共同进步，不

断提高个人的文化知识修养，在如今这个迭代更新飞快的时代，如果不主动跟上时代发展的步伐，会逐渐跟不上社会的节奏，跟孩子之间也会有很大的代沟。家长通过投资自身，提高文化水平和道德素养，不仅可以满足自身的工作生活需要，也可以拉近和孩子的距离。最后，要努力营造良好的教育环境。良好的教育环境对青少年的个体发展也有非常重要的作用，好的教育环境会培养青少年好的性格、生活习惯等。例如，做到每天早睡，吃饭时不看手机等等，这样孩子也会模仿学习好的生活习惯，促进自身身心的健康发展。

第六章

科学传播与科学素养

案例导入

　　有没有人和你说过 O 型血和 B 型血的人血液比较香甜，更容易吸引蚊子？其实这个说法并不能说是毫无依据，在 20 世纪 70 年代就有一名科学家做了这么一个实验——让 100 名不同血型的志愿者把手臂伸进装有 20 只蚊子的密封箱内，最后检测蚊子肚子里的血液来判断何种血型更容易吸引蚊子。经过检测统计，得出 O 型血最招蚊子的结论。但后来这个结论被指不太可靠，因为实验过程并没有排除其他因素的影响，比如志愿者的汗液和呼出的二氧化碳等。后来，一名叫桑顿的美国科学家精心设计了一场更严谨的实验，这场实验分别考察了血型、汗液、肤色和体毛对蚊子叮咬选择的影响。实验过程消除了二氧化碳的影响，并且在考察单独变量时严格控制其他变量，最后得出结论：出汗多的人会更容易招蚊子，但血型、肤色和体毛与蚊子叮咬并无必然关系。这一结论直接推翻了"血型说"。所以，其实关于蚊子爱咬某类人和血型无关，和血香不香甜更没有关系。简单来说，和味道、体温有关系。如二氧化碳制造者、体热多汗者、香气逼人者等都容易招蚊子，除了这些体质以外，衣服的颜色也是蚊子识别目标的方法。蚊子的复眼对于紫外线和蓝绿光比较敏感，所以在浅色的背景中，穿着深色衣服的你或许就被蚊子盯上了。而这也是它们更喜欢昼伏夜出，或待在较暗的地方的原因。

从"什么样的血型爱招蚊子"这一日常生活中的科学知识，到屠呦呦荣获诺贝尔医学奖、引力波被探测、"洞察"号无人探测器成功登陆火星、首张黑洞照片发布、流浪地球的科学原理等前沿科学理论，近年来一系列同科学相关的大小新闻事件频频刷爆朋友圈，强势霸榜微博热搜。新媒体环境下，传播让高冷的科学也开始"接地气"，新媒体的飞速发展为科学传播带来了一系列的新渠道、新手段，其对科学传播领域产生冲击的同时，也为科学传播在新媒体时代的全方位变革创造了契机。

一、科学传播与公众特征变迁

科学传播作为一个新兴的学术领域，它是传统科学普及与传播学紧密关联下的产物。作为一个多学科交叉的研究领域，科学传播研究所涉及的概念、内涵、范畴都极为丰富与广泛。科学传播研究在承袭多种学科传统和范式的过程中，不断推进其理念的更新、研究视野的整合。

（一）科学传播的基本概念

1. 科学传播的定义

1939 年英国科学家贝尔纳在其著作《科学的社会功能》一书中指出"必须严肃考虑科学传播这一整体问题，这不仅是科学家之间交流的问题，也包括面向公众交流的问题……这个问题可以分为提供专业信息和一般资料两个部分，第一个部分涉及科学出版物的功能以及科学家之间个人联系的其他方法；第二个部分涉及科学教育与科学普及"。[①] 贝尔纳认为科学传播是在科学出版物、科学教育和科学普及等途径的作用下，实现科学家之间、科学家与公众之间的一种科学信息交流活动。半个多世纪以后，科学家伯恩斯等将科学传播定义为"使用恰当的方法、媒介、活动和对话来引发个人对科学的下述一种或多种反应：意识、愉悦、兴趣、观点和理解"。[②]

就科学传播的概念而言，目前学术界已有众多研究。翟杰全、杨志坚将科学传

---

① Bernal, J.D. The Social Function of Science[M]. London: Faber&Faber, 2010:292.
② Burns, T.W., D.J.O'Connor, and S.M. Stocklmayer. Science Communication: A Contemporary Definition[M]. Public Understanding of Science, vol.12, no.2, 2003:183.

播定义为科技知识信息通过跨越时空的扩散而在不同个体间实现知识共享的过程。[①]学者田松认为科学传播是兴起于科学哲学和科学史的一个学术领域，与传统科普和传播学相关联，科学传播即科学的传播。[②] 学者王炎龙等人认为，科学传播实则是为了实现特定目的，借由一定途径，在不同群体间进行的与科学相关的信息交流与传递活动。其中，"特定目的"既包括伯恩斯等人所提的引起个人兴趣、爱好，也包括促进公众理解、获得公众对科学事业的支持等；"途径"则涵盖贝尔纳所说的科学期刊的出版、科学教育、科学普及，以及专业会议、演讲、大众传媒及新媒体的运用等；不同群体间进行的"与科学相关的交流与传递"不仅包括科学新闻、科学知识，还涉及科学方法、科学精神的交流，这种"交流与传递"既可能是单向的信息流，也可能是双向或者民主式的协商交流。[③] 目前学术界关于科学传播的概念尚未形成基本共识。

科学传播，从名称来看，其传播的主体是科学家和具有良好科学素养的科学记者、科学爱好者和公众，其所传播的内容是科学，传播的对象是公众。由此可知，科学传播是存在于两个不同体系的群体之间的一个知识扩散过程，它是一个连续且长期的过程。通过对相关文献资料的梳理、对比后发现，学者王国华等人关于科学传播的定义较为全面，认为科学传播是指科学信息生产者（包括科学共同体、科学爱好者、科普作家）、媒体、政府和公众等通过一定的方法和平台，对科学信息（包括科学内容、科学方法、思想、科学对社会的影响）进行的双向或多向交流的过程。[④] 科学传播承担着将同科学相关的知识从其拥有者传递给接收者的功能，在信息的传播过程中使接收者能够了解、学习并再次传播分享科学文化、知识等，科学传播将科学信息生产者、媒体、政府和公众等信息拥有者的"个人知识"转化为"共享知识"，实现了科学信息知识的进步传播和扩散。

---

① 翟杰全，杨志坚.对"科学传播"概念的若干分析 [J].北京理工大学学报（社会科学版），2002（03）：86-90.

② 田松.科学传播——一个新兴的学术领域 [J].新闻与传播研究，2007（02）：81-90+97.

③ 王炎龙，吴艺琳.海外科学传播的概念、议题与模式研究——基于期刊 Public Understanding of Science 的分析 [J].现代传播（中国传媒大学学报），2020，42（08）：33-38.

④ 王国华，刘炼，王雅蕾，徐晓林.自媒体视域下的科学传播模式研究 [J].情报杂志，2014，33（03）：88-92+117.

2. 科学传播的主要模式

当前科学传播中学者讨论、研究最多且影响较为深远的三种科学传播的主要模式是缺失模式、民主模式和语境模式。

一是缺失模式（Deficit Model）。这一模式认为公众缺乏一定的科学知识，因而需要通过科学普及的形式来不断提升公众自身对科学的理解 19 世纪末 20 世纪初，各国工业革命在科学技术的助力下蓬勃发展，但与此同时科技进步也带来了一系列社会风险问题，逐渐引起公众担忧并开始对科技失去信心。在这一背景下，公众理解科学运动和公民科学素质调查逐渐兴起，科学传播的缺失模式也由此产生。在缺失模式中，公众被看作科学知识的匮乏者，正是公众科学知识的缺乏导致科学事业发展受阻，因此缺失模式认为"只要公众对科学的理解越多，他们就越支持科学"。[1] 在缺失模式中，科学家和公众是两个界限分明的主体，科学传播在这一模式下是科学家对公众的一种"自上而下"的单向科学知识与信息的传播过程。缺失模式存在的合理性在于，它为公众由于科学知识的缺乏及产生的极端态度提出了科学普及与教育的解决办法。但缺失模式高度肯定科学知识的正确性，科学家是科学传播的权威，公众只是科学知识的被动接受者，导致以科学和科学家为中心的假设忽略了公众的多样性、差异性以及主观能动性，因此并不能保证科学传播的有效性。[2]

二是民主模式（Democratic Model）。早期科学传播研究学者认为公众不支持科学的主要原因来自其对科学的不信任，因此重获公众信任是科学传播的首要任务。英国公众理解科学专家杜兰特在此基础上提出了科学传播的"民主模式"，这一模式逐渐认识到公众在科学传播中的重要作用。民主模式下，公众是否信任科学成为研究者们的关注焦点，在这一时期公众由无知的被动接受者转向主动的科学传播参与者，逐渐展开了同政府、科学家等的平等对话。民主模式下的科学传播的公众与科学共同体之间的双向信息交流，科学家和公众之间的界限逐渐模糊。但民主模式对科学传播民主

① Sturgis, Patrick and Nick Allum. Science in Society: Re-evaluating the Deficit Model of Public Attitudes. Public Understanding of Science, vol.13, 2004:65.

② Seethaler, S., John H.Evans, Cathy Gere and Ramya M.Rajagopalan.Science, Values, and Science Communicaiton: Competencies for Pushing Beyond the Deficit Model. Public Understanding of Science, vol.41, no.3, 2019:379.

化的真正实现仍无定论，目前科学传播研究者们较多关注"如何保证公众参与科学传播的热情与积极性"这一问题。

三是语境模式。科学传播的语境模式重在强调"公众是在一定社会环境中习得科学知识"。① 语境模式认为在科学传播的过程中，公众个人的认知语境和整个社会文化语境都需考虑在内，使得这一模式下的公众不再等待科学知识的直接灌输，而是能够依据自身经验即其认知语境，以及当时社会所处的语境来对信息进行加工处理。语境模式下的科学传播是从具体的社会语境中形成对科学知识的传播，其将公众个体认知的差异性和社会因素对科学传播的影响均考虑在内，这一模式下的科学家和公众地位平等。

（二）从科普到科学传播：公众特征的变迁

依托上文对科学传播的主要传播模式的讲述，我们可以看出科学传播的发展逐渐从最初的科学共同体对公众的自上而下的单向科普阶段，到注重提高传播效果的公众理解科学阶段，再到当前重视公众作为新传播主体、力求实现不同主体间平等对话的公众参与科学阶段。

1. 科学普及阶段：弥补公众在科学知识方面的"缺失"

科学普及阶段强调公众应具备一定的科学知识储备，并且这种知识储备是可以通过测试进行检验的。科学普及阶段重在强调通过科学的教育性以及科学教育的发展问题，以此来弥补公众在科学知识方面的"缺失"，而这一弥补也是科学家进行科学普及的责任和义务之一。在科学知识的传统科普阶段，公众被看作需要用科学知识来不断填补的"空盒子"，其往往在信息传播过程中处于被动地位。传统科普阶段的缺失型科学传播模式是一种单向线性传播，在这一过程中公众居于传播的下游位置，他们只能被动地接受来自科学传播者的信息。在科学普及阶段，科学传播者提供什么信息

---

① Wynne, Brian. Public Understanding of Science Research: New Horizons or Hall of Mirrors? [M]．Public Understanding of Science, 1992:42.

公众就接受什么信息，公众自身是否需要以及他们对科学知识的诉求往往无法得到回应。传统科普阶段认为公众了解的科学知识越多就越对科学感兴趣，因此只需广而泛之的传播科学知识，就能够提高公众的科学知识水平，公众就能对科学抱有兴趣。基于此，可以认为处于科学普及阶段的科学家、科学共同体只需不断用科学知识填补公众的知识盲区，就能使公众在科学知识的潜移默化中对科学产生兴趣。

2. 公众理解科学阶段：填补公众"缺失"的科学态度

科学传播在公众理解科学阶段侧重于加强公众理解，即在传播的过程中展示科学的风险性和不确定性，使公众全面认识、了解科学。虽然这一阶段改变了公众认识、理解科学的内容，但公众在传播过程中仍然处于被动接受地位。同科学普及阶段相比，公众理解科学阶段在传播科学知识的同时也注重对类似科学风险性等问题的传播，但其出发点依然是为了填补公众"缺失"的科学态度。换言之，填补公众"缺失"的科学态度就是为了进一步提升公众科学素质，在公众理解科学这一阶段中常采取针对不同公众使用不同传播策略的方法来进行科学传播，其更多的是强调公众如何理解科学，忽视了科学对公众的理解，导致科学传播在这一阶段仍旧处于一种泛播状态。

公众理解科学阶段重在从多渠道、多维度提升公众对待科学的态度，强调公众对科学的理解，使得科学共同体有意地构建起公众讨论、关注的科学话题，并促使公众在传播过程中形成议题设置者所设想的某一科学议题的态度，并采取相应行动。同时，公众关于科学的想法、对科学信息的处理以及注意力都将被引到某些预先设置好的方面。

3. 公众参与科学阶段：科学家与公众的双向互动交流

案例

"听有虫"公民科学项目基于上海自然博物馆的拓展教育活动"我的自然百宝箱"，是一项以基于实物的体验式学习、基于实践的探究式学习为教学理念，以户外活动、线上联结、专家介入、全民参展为特色的公民科学活动。第一阶段是鸣虫主题工作坊，通过组织一场以项目首席科学家聘任、主题讲座、自然联络员工作坊为主要内容的线下活动，以科普趣味科学知识为主。第二阶段是"听有虫"户外鸣声采集活动，通过组织受众或自行开展户外探索活动，增加协作感、趣味性以及更多的亲自然行为。第三阶段是"夜听虫吟"展览主题活动，使受众通过视觉、声音、新媒体、观念等方式的呈现，关注鸣虫所代表的自然界的声音，提升个体在视觉、听觉等感官上的通感能力。"听有虫"公民科学项目使得博物馆成为沟通科学家、公众的桥梁，开创科研、科普相结合的新模式。

新媒体的兴起带来了科学信息传播渠道和公众获取科学信息的丰富多样，同时社交媒体的开放性和公众信息需求量的增加也促使公众开始主动检索、获取信息，这就将科学传播的内容推向更深层次，即"知其然"与"知其所以然"并举。科学传播逐渐成为科学家和公众双向互动交流的过程，即公众参与科学。基于此，包括科学咖啡馆、愿景工作坊等在内的一系列公众参与科学的新模式开始涌现。在公众参与科学阶段中，公众的地位开始发生转变，由被动转向主动。学者刘华杰将这一阶段的模型看作对话模型，即强调公众和科学共同体处于同等地位，双方平等地开展对话协商。[①]公众以往被动接受科学信息的地位开始转变，公众开始主动参与或是生产科学传播的内容。当前，如何完善双向互动交流的公众参与科学模型仍需深入探索研究。

二、科学传播与新媒体

移动互联网时代，新媒体蓬勃发展，其为社会发展带来的深刻变革渗透到政治、经济思想、文化等各个领域。科学传播一方面亟须融入新媒体，利用新媒体个性化、互动化、细分化等特点，打造一个多元融合、富有时代特征的科学知识传播平台；另一方面，快速兴起的新媒体也为其带来了诸多冲击和挑战。科学传播与新媒体是双向

---

① 刘华杰.整合两大传统：兼谈我们所理解的科学传播 [J].南京社会科学，2002（10）：15-20.

作用的关系，两者相互借力、合作，发挥各自优势，共同推动科学传播效果的提升。

（一）新媒体环境下科学传播的特点

移动互联网时代，新媒体逐渐成为科学传播重要的载体，与传统媒体相比，新媒体以其即时性、交互性、个性化、碎片化等特点，给传统媒体下的科学传播带来巨大冲击和压力，同时新媒体的迅猛发展也促使科学传播特征的转变。

1.科学知识传播立体化

案例

2022年10月12日15：45，"天宫课堂"第三课在中国空间站开讲，神舟十四号飞行乘组航天员陈冬、刘洋、蔡旭哲在中国空间站进行太空授课。通过现场直播的方式，向广大青少年展示了空间站问天实验舱工作生活场景，演示了微重力环境下的神奇现象，生动讲解了实验背后的科学原理，此外还重点介绍了在中国空间站开展的实验进展，使得广大青少年能够借助新兴媒介形式，在科学知识的立体化传播中感受着科技的无限魅力与力量。

在传统的科学普及过程中，科学知识的传播主要通过报纸、杂志、广播、电视等传统媒体进行知识性传播，其对科学知识的呈现多是以文字或文字与图像相结合的方式。而新媒体的出现，使得科学知识传播的渠道、手段逐渐多样化，新媒体交互性、虚拟性的特点也带来了科学知识传播的立体化。新媒体中的科学知识传播借助新兴技术对晦涩、枯燥的科学知识进行形象的视觉再造。在这一虚拟空间中，科学知识得以立体化地呈现，受众借助新媒体所营造的这一虚拟空间，其所有感官在接收科学信息的过程中被充分调动。

2.科学知识理解沉浸化

　　Hightopo 可视化技术将长征火箭系列原型通过三维动画真实呈现出来，手动点击"长征火箭"按钮，长征火箭的基本信息（包括级数、长度、起飞推力、GTO 载力等）、型号、发射记录将被详细展示在 2D 面板上。除此之外，HT for Web 自主研发的 2D、3D 引擎，经过搭建场景、搭配数据面板以及动画驱动制作了卫星发射 demo，1∶1 模拟了火箭升空及卫星绕轨。沉浸式可视化技术提升了用户的参观体验，也为政府普及科学知识，宣传科学思想，传播科学方法，弘扬科学精神提供了诸多便利。

　　新媒体带来科学知识立体化传播的同时，也使得受众多样化的信息接收渠道中形成对科学的沉浸式理解。在这个利用互联网技术建立起来的科学虚拟空间中，受众能够沉浸其中，其看到、听到、感知到的一切似乎都是真实存在的，同时科学与 3D 技术的结合更是给予受众一种"在场感"。正是基于此，晦涩难懂、专业性极强的科学知识在新媒体的助力下，不断推进科学知识传播的立体化、沉浸式，使得受众更容易接收与理解科学知识。

3.科学知识传播成本低

　　依靠报刊、书籍、广播、电视等传统媒介进行的科学传播，成本高，耗费的人力、物力、财力大，受众的消费支出高，销量无法得到保障，其传播效果也难以达到预期。而新媒体时代，社交媒体平台使得无论是科学知识的传播者还是接收者，其所需付出的成本近乎为零。在社交媒体平台上，受众既可以了解科学知识，也可以借助点赞、评论、转发等行为，促进科学知识的再传播，从而起到提升传播效果的作用。

4. 即时性与互动性带来科学传播的平民化

新媒体使得科学信息的传播变得快捷高效、互动即时，同时立体化传播也使得科学传播的时间、空间限制被打破。在新媒体即时性、互动性特点的影响下，交互式的科学知识传播极大地提高了科学传播效果。在新媒体环境中，科学传播中的受众不再是科学知识、信息被动的接收者，而逐渐发挥其传播者的作用，实现了公众与公众、公众与科学的双向互动。科学传播中，受众兼具传者和受者的双重角色，积极参与科学传播，同时社交平台的交互性、即时反馈性也使得受众同科学家之间形成双向交互动交流。

（二）新媒体环境下科学传播的主要实践

新媒体环境下，科学传播的总体景象得以深刻改变。一是科学传播参与者的结构性发生变化，新媒体使得更多的公众可以参与到科学传播中来；二是科学传播的方式、方法发生变化，内容呈现、传播渠道等变得更为多元；三是科学家参与科学传播的态度发生改变，新媒体为科学家参与科学传播提供了平台，使其更加积极地参与其中。本部分主要通过对科学传播在自媒体以及科学可视化两方面具体实践的梳理，基于这两种实践来讲解科学传播是如何借助新媒体提升其传播效果。

1. 自媒体中的科学传播：在讲故事的过程中完成思维之旅

在新媒体高速发展的当下，同科学相关的各类短视频应运而生，逐渐成为科学传播的新载体、新途径。科学短视频通常以自媒体博主的个人视角进行切入，将枯燥的科学理论和我们的日常生活结合起来，以优质且通俗易懂的科学内容为受众带来"身临其境"的科学思维之旅。

（1）科学理论与现实生活相结合，讲述有趣的科学故事

科学传播类自媒体常以现实生活中人们司空见惯的事件作为切入点进行深入探究，将其同科学理论相结合，借助短视频这一媒介载体，将科学意涵视觉化、有趣

化。"把在科学中学到的理论应用到对日常生活的解释，为受众讲述有趣的科学故事"成为当前同科学传播相关的短视频的主要创作方向。同科学相关的理论知识并非都是枯燥、晦涩的，其中有众多生动有趣的内容，只是在科学传播中缺少挖掘有趣知识并将其表达出来的人。新媒体环境下，科学传播变得更加"接地气"，以大众日常生活中习以为常的场景作为故事背景，将科学理论与生活场景进行关联，通过短视频等新兴媒体对日常生活所涉及的科学知识进行解读，从视听维度带领受众了解并学会运用相关科学知识。

（2）幽默化语言讲述科学故事，消解公众对科学知识的畏难心理

短视频平台上的科学传播往往具有显著的个人叙事风格，活跃在其中的科学知识讲述者是科学传播的主要载体，他们通过自身幽默化的语言风格，将晦涩的科学知识简单化、通俗化，以消解公众对科学知识的畏难心理，从而吸引受众的注意力和关注点。同科学知识相关的短视频大致包含三个层次：一是详细讲解普通科学常识类，它针对的是具有不同科学知识素养的大多数受众；二是通过普通科学常识串联其科学类短视频的整个主题线索，并运用幽默化语言将科学理论知识与通俗话语表达形成一定的区分，同时短视频的弹幕、评论等互动形式，也进一步拉近了科学与大众之间的距离；三是利用口头禅等戏谑语气消解受众在观看科学类短视频过程中的畏难心理。

（3）"好奇＋探索"的内容模式，赋予科学传播新可能

案例

不知道大家在吃薯片时，会不会想到一个问题：为什么薯片是弯的，不是直的？ 2018 年的时候，国外有专业机构，对乐事和品客的桶装薯片进行了一个对比。最终的结果是，品客打败乐事，更不易碎。那品客赢在哪里呢？就赢在了这弯弯的结构上。品客桶装薯片的形状在数学微积分里叫"双曲抛物面"。因为形状很像马鞍，所以也叫马鞍形。拥有马鞍形的薯片，能变得相对比较坚固。不仅能承受拉扯，还能承受推挤。在受到拉力时，双曲抛物面的凹面会承受张力；而在被挤压时，凸面部分可以承受张

力。这就解释了为什么"薯片再薄，也异常稳固"。马鞍形除了让薯片变得更坚固，那弯弯的弧度还能让薯片易于存放，当你打开一盒新薯片时你会发现，一堆薯片叠在一起之后，薯片就前后左右不能运动了。这个知识甚至被拿来设计北京冬奥会的速滑场馆。

科学传播的主要目的就是将实验室里和高精尖的科学理论借助新媒体传播手段，变成普罗大众能够认识、理解的知识。新媒体环境赋予了科学传播一种新可能，科学传播与短视频的融合，使得每个人都能参与到科学传播的过程之中，科学传播的门槛得以降低、其严肃印象被打破，进而有利于推动公众参与到科学传播中来。而"好奇＋探索"的短视频内容模式就是通过让受众在视频观看的过程中感受到科学研究的快乐，从而引起其好奇心，进而参与到科学传播中来。自媒体正是利用其幽默的语言策略、通俗易懂的科学模型、理论与实践相结合的内容表达等核心视听要素，将科学传播内化于现实场景和幽默故事之中，赋予科学传播新可能。

2. 科学的可视化："科学"与"美学"的结合加深公众理解与认知

科学可视化（Scientific Visualization）是科学之中重点关注三维现象可视化的一个跨学科应用领域。作为新媒体环境下科学传播的一种全新实践，它通过利用视觉图像来帮助大众理解那些错综复杂的科学概念或科学结论，利用图片或动画来模拟科学事件，"科学"与"美学"的结合为大众认知与理解科学知识提供新方式。

（1）集视觉效果、感官体验与教育意义于一体的科学传播新路径

案例

　　我国艺术家王度和科学家薛其坤的"走出人类世"未来科学艺术展通过装置、媒体影像等多种艺术化手段来向观众传播科学。作品《X. phy V → x.o ℏw=e E v=0 UN W. 实验室》将物理中的物质、宏观、中观、微观、直观、任意初始状态、能量、无限小、零速度、零时间这些物理概念融入

设计当中传播给观众。而陈文令的作品《能量场》向大众科普了物理科学中作为物质世界的最小单位的量子具有一种令人捉摸不定的不确定性，陈文令试图以"能量场"这种极简的、似乎有些蛮横张力的几何形体来将其传达给观众。从科学与艺术协同创新的角度，用艺术传播科学。

新媒体的迅猛发展使得我们进入视觉消费时代，大众开始追求碎片化的快速阅读，而科学的可视化能够使其携带更大的信息量，具有更高效的传播力。感觉器官是一切信息向人传播的通道，其中 85% 以上的信息来源于视觉，大脑中与视觉相关的神经元多达 50%。① 新媒体利用图像化表达，生动直观地向受众传递科学知识、理论，图像化表达同单纯的文字相比更具视觉冲击力。科学可视化作为科学传播的一种全新方式，不仅需要利用计算机技术，还需要艺术家和科学家的交流互动，使得集视觉效果、感官体验和教育意义的科学传播作品更加便于大众认知和理解，依托视觉媒介的优势不断扩大科学成果的影响力。

（2）科学与艺术相结合，放大科学成果

科学可视化利用三维技术展示从科学性和艺术性两方面创新表达科学知识、科学理论。以可视化作品进行传播的科学知识、理论，通过放大科学成果来提升科学传播效果。由清华大学牵头的国家重大科技专项重大项目"转基因生物技术发展科普宣传与风险交流"由六个课题组组成，中国科学技术大学科技传播与科技政策系周荣庭教授团队是其中之一。周荣庭教授团队近年来持续关注可视化技术对中国顶级科学成果的传播，努力打造中国的科学可视化专业平台。2013 年，中科大科研成果"亚纳米拉曼成像"在 Nature 上发表。同时，由中科大科技传播与科技政策系科学可视化团队提交的科学可视化平面作品，吸引了包括 Nature、NBC、《人民日报》、新华社、中央广播电视总台、果壳网等国内外具有高度影响力的传媒机构的关注。周荣庭教授和王国燕、谢栋几位老师与科研小组一起，致力于探讨如何通过恰当的可视化方法，将最美的艺术效果与科学原理融合，以视觉形式表现这项科研成果。在最终的研究成果中，除了提交多幅平面可视化设计外，作为科学可视化新形式的首次尝试，研究团队还针对单分子光学拉曼成像实验全过程，制作了科学可视化 3D

---

① 王国燕，汤书昆.图说前沿科学成果的视觉传播［J］.科学与社会，2013，3（03）：44-56.

演示动画。

(3) 传递科学的美丽与神奇，改变公众对科学的刻板印象

随着技术的不断发展，可视化是未来科学传播的重要手段。可视化技术在传递科学知识、改变公众对科学理论的刻板印象方面具有重要作用。国内目前在科学可视化方面做得比较好的是《美丽化学》，它是由清华大学出版社、中国科学技术大学先进技术研究院与新媒体研究院等联合制作的原创数字科普项目，使用高清摄像机捕捉化学反应中的缤纷色彩和微妙细节，将化学的美丽和神奇通过网站传递给大众，从而让更多人对化学产生兴趣，改变人们对化学的刻板印象。科学可视化利用数字动画等视觉图像引导公众形成一种独特的化学审美观，创新式展现化学之美，从而激发更多人的兴趣，改变人们对化学的某些负面印象。

（三）新媒体环境下科学传播存在的问题

新媒体时代下，数字媒介技术的不断变革增强了科学自身的不确定性，导致科学传播存在主体泛化、把关人缺失、争议议题频出等诸多问题。

1.自媒体带来科学传播主体的泛化，挑战科学信息的权威性

新媒体时代下"人人都有麦克风"，导致科学传播的主体持续泛化。自媒体从业者、普通公众都能够参与到科学传播中，他们或是提供科学信息，或是对科学信息进行加工再传播，传统新闻传播职业的边界逐渐被消除。科学传播内容生产主体的泛化也加速其责任主体的泛化，导致科学传播需要规制的传播主体范围也逐渐扩大。自媒体的迅猛发展在带来科学传播主体泛化的同时，也使得其传播主体的责任被逐步淡化。在新媒体环境中，传播主体的匿名性、传播手段的便捷性、传播失范的低成本以及传播监管的高难度，使得科学传播参与者的表达几乎不受限制，进而导致其自身对于科学传播的责任意识淡化、弱化，科学信息的权威性受到挑战。

此外，科学传播主体的泛化也导致其内容质量较低、传播成效较弱，主要集中在

以下两个方面：一是科学传播内容较为单一，缺乏广度和深度。已有的科学传播多表现为简单罗列科学信息、知识或理论，缺少一定的通俗性讲解；对科学知识、理论的挖掘不够，导致科学知识、理论与科学精神割裂，不利于科学传播中科学性与人文性的统一。二是科学传播内容的客观性和真实性难以保障，科学信息的权威性受到挑战。新媒体时代下，科学信息的扩散和蔓延速度飞速提升，数字媒介技术带来了科学信息发布的自主性和随机性，导致传播过程中科学信息的把关人作用被弱化，受众在接受的同时也较少考究科学信息的真伪。因此，新媒体环境下科学传播主体的泛化，使得科学传播内容的前沿性、引领性、权威性难以得到保障。

2.科学传播中把关人的缺失，易导致虚假信息、科学谣言泛滥

案例

2019年5月23日《南阳日报》头版刊发的一则报道《水氢发动机在南阳下线，市委书记点赞!》，引发舆论的广泛关注，"车加水就能跑"一时间成了网络笑柄。根据能量守恒定律，能量是不会凭空出现的。水能电解成氢气和氧气，但是电解本身也是需要能量的，况且目前制氢技术尚不成熟。青年汽车创始人庞青年也曾在媒体报道中表示，水氢燃料车的最大的科技成果就是一种特殊催化剂，在这种特殊催化剂的作用下才能将水转换成氢气，最终实现青年水氢燃料车不加油，不充电，只加水，续航里程就能超过500公里，轿车可达1000公里的惊人表现。但相关专家却称，从化学反应的角度看，在电解水的过程中催化剂只起到改变化学反应速率的作用，其本身并不发生损耗，青年汽车的水氢燃料车在不加油、不充电的情况下如何实现电解水让人费解。因此，在众多专业人士以及权威科学面前，庞青年水氢发动机的高科技似乎成了无稽之谈，而把复杂的氢气制造以及液态装置直接安放在汽车内就更像是"天方夜谭"。

新媒体时代的到来，使得科学传播在内容生产方面出现了用户生产内容（UGC）、专业生产内容（PGC）、专业用户生产内容（PUGC）等多样化内容生产模式，科学传播内容生产逐渐多样化，但也由于正确引导和专业把关人的缺失，当前科学传播存在虚假信息、科学谣言泛滥等问题。

在科学传播内容生产方面，正确引导和专业把关人的缺失易导致以下三方面问题：一是科学内容生产难以形成专业性与趣味性的有机结合。科学传播过程中常因内容枯燥而传播效果不佳，或是因模棱两可的科学知识解释而科学传播专业性不强，难以说服受众。二是科学内容生产逐渐"泛娱乐化"。新媒体时代下"流量为王"，受众的"注意力"成为各大社交媒体追逐的对象，导致科学知识、理论的严谨理性受损。部分自媒体为追逐流量效益，或打着科学的名号从事经济活动，或刻意制造"科学奇观"传播伪科学。三是科学内容生产缺乏创新，内容质量差，同时不经允许对科学内容进行二次加工传播的行为易引发法律问题。此外，自媒体带来科学传播主体的泛化，同时传播主体科学素养的参差不齐、专业把关人的缺失，导致虚假信息、科学谣言泛滥。自媒体利用视觉化呈现，以夸张的语言表达和虚构的科学事件展演制造热点，引发社会消极反响。

3. 有争议的科学议题频出，引发公众对科学的不信任

案例

2004年16位院士和专家联名向国务院提交建议书，请求批准转基因水稻商品化生产；2009年华中农业大学研制的两个转基因水稻品种获农业部签发的安全证书；2010年"转基因主粮争论事件"；2012年"湖南黄金大米事件"；2013年61名两院院士联名上书国家领导人，请求尽快推进转基因水稻产业化；2013年农业部官员"辟谣"和对转基因食品安全性担保事件；2013年"中国退回54.5万吨美国转基因玉米事件"以及"方舟子与崔永元的转基因媒体论争"等一系列有关转基因的争议性科学议题，使公众、科学家与媒体等多方参与其中，导致公众对转基因高度警惕。

近年来，从事科学传播的大 V 层出不穷，在传播环境和新媒体技术加持的影响下，科学传播进入了一个"黄金年代"。新媒介形式的不断涌现使得科学与媒体间的关系日益密切，但同时由于科学信息、知识、理论等的准确性难以保障，传播媒介的匿名性、及时性导致科学传播存在诸多风险。近年来，有争议的科学议题频出，一方面突显了科学的不确定性，另一方面也在消耗公众对科学的信任感。新媒体时代，科学自身与传播媒介均处在不断变化的过程中，原有的约束与规范原则难以适应新形式的科学传播。新媒体环境下传播何种科学内容，以何种方式进行科学传播，在何时进行科学传播等问题，都需要根据新传播格局重新对传播规则加以调整和规范。因此，在面对当前有争议的科学议题频发、引发公众对科学的不信任问题中，需要在以往科学传播原则的基础上，结合当前新媒体环境重新建立并规范合适的传播原则，从而为科学传播的实践者提供指导。

4.科学传播者缺乏专业技能和科学素养

科学传播的前期准备、传播过程以及后期反馈等一系列流程都涉及科学专业知识，因此亟须专业水平、科学素养较高的科学传播从业人员，即相关人员需要有过硬的新闻传播相关知识、熟练掌握一定的媒介技术，又要储备一定的自然科学、社会科学知识，并具备良好的人文素养。但当前我国尚未有同科学传播专业人员相关的培训，具有较高水准的科学传播人员较为匮乏，同时已有的科学传播从业人员多因兴趣而参与进来，其自身的科学知识和科学素养普遍缺乏。

新媒体的快速兴起与普及极大地拓宽了公众获取科学信息的渠道，同时社交媒体平台也为科学传播机构、个人提供了科学信息发布平台，科学传播主体的多元、渠道的多元使得当前的科学传播成本降低。新媒体时代，以公众个人形式参与发布或传播科学信息的在当前社交媒体平台中占多数。但并非所有传播主体都具备专业的科学信息采编技能、较高的科学素养和把关科学知识、理论的能力，其发布或传播的科学信息难以保障其准确性、合理性与权威性，而新媒体的裂变式传播又不断促进这些难以得到证实的科学信息快速扩散，导致虚假信息、科学谣言泛滥。

三、科学传播与公众科学素养提升

公众科学素养是科学传播得以蓬勃发展的一个重要前提，也是科学传播联结公众的重要组成部分。提升公众科学素养的目的在于促进公众积极参与科学传播，以适应新媒体时代下现代科学技术的飞速发展对个人、社会所产生的深刻影响。公众的科学素养至少应包括以下三方面内容：一是具有认识和理解一定的科学术语和概念的能力；二是了解科学研究的一般过程和方法，具备科学的思维习惯，在日常生活中能够判断某种说法在什么条件下才能成立；三是全面正确地理解科学技术对社会的广泛影响，能够对个人生活及社会生活中出现的科技问题作出合理反应。[①] 新媒体环境下的科学传播对公众科学素养提出了更高的要求，因此多维度重视对公众科学素养的教育尤为重要。

（一）加强科学传播中新媒体矩阵建设，促进科学知识的有效传播

新媒体环境下加强对科学传播矩阵建设，既是科学信息、知识得以有效传播的重要前提，也是从传播渠道维度提升公众科学素养的途径之一。因此，需充分利用新媒体矩阵传播的优势，从打造科学传播媒体品牌、创新科学传播手段、建立媒介与科学传播的互动机制三方面着手，利用先进的宣传手段来促进公众科学素养的提升。

---

① 蔡铁权 . 公众科学素养与 STS 教育 [J] . 全球教育展望，2002（04）：25-28.

1.打造科学传播媒体品牌，构建科学传播全媒体矩阵

新媒体时代开创了科学传播的全新局面，科技工作、科学知识与理论等和科学传播在新媒体的助力下共同发展，在新媒体所搭建的全新平台中完成科学知识的有效传播以及公众对科学权威和国家自信的建构。当前，打造科学传播媒体品牌，始终秉持"知识为内核"的理念，在全媒体矩阵中促进科学技术、知识、理论等的有效传播。以中国航天旗下"我们的太空"账号为例，其作为中国航天宣传的主流阵地，由"我们的太空"新媒体中心运营，立足于微信、微博、今日头条、抖音、快手、哔哩哔哩、荔枝 FM、知乎、央视频、学习强国等"九微一体"新媒体矩阵，[①] 通过构建中国航天的科学传播媒体品牌，利用新媒体传播矩阵的优势向公众普及与传播中国航天事业与航天知识。

案例

例如在"我们的太空"微信公众号中，报道中国航天相关新闻时，通常以"文字＋现场图片"的形式进行相关内容信息整合，让公众能够在文字描述和图片再现现场的共同作用下对中国航天的重大事件、重要信息有较为完整的了解。同时，"我们的太空"微信公众号也是科普中国航天历史的重要平台之一，通过发布历史知识、科学知识、航天人物传记、航天器和太空空间站的构造等的科普推文，在公众了解、学习航天相关知识的同时促进中国航天精神与理念的有效传播。而在"我们的太空"抖音账号中，以"抖出真善美，抖出精气神"为主题，通过打造"王亚平从太空带回了些啥？""中国长征火箭的升级之路""航天""航天趣事"四个视频板块，将相关短视频进行整合，使得受众能够快速、完整地了解相关航天知识、信息。

---

① 中华人民共和国国防部 ."我们的太空"新媒体中心正式启用 [EB/OL] . 2019-08-02. http://www.mod. gov.cn/education/2019-08/02/content_4847431.htm.

2. 创新"互联网 + 科学"的传播手段

大数据、云计算、人工智能等一系列信息技术正在不断创新"互联网 + 科学"的传播手段。移动互联网时代,"互联网 + 科学"可从多元角度出发,将前沿科学理论、成果通过短期展览、教育活动、在线课程、纪录片等形式进行传播,不断加强同社交媒体的交流合作,形成"互联网 + 科学"的开放平台,共同构筑起科学传播的创体系。当前,科学传播应充分利用互联网优势,整合科学信息资源,在传播手段创新的基础上完善新媒体传播矩阵,形成多渠道、多元素、多手段的科学传播平台。

互联网已全面融入公众的日常生活,科学信息、知识、理论等的传播已经转向了智慧互联时代,科学信息、知识、理论等的传播力、影响力不断扩大。从图文到音频、视频、动画,科学知识、理论一改以往枯燥之态,变得生动活泼、接地气,科学传播渠道更加多元。促进科学知识、理论的有效传播,需要依托"互联网 +"不断创新科学传播手段,努力搭建科学资源的汇聚共享平台,利用互联网新态势,形成科学知识、理论的视频化、游戏化传播,以提高受众黏度,吸引受众"注意力"。"互联网 + 科学"就是要将科学知识、理论以及科学精神借助多元社交平台进行传播、扩散,拓展公众参与体验科学的渠道,实现科学传播效果的最大化。

以北京汽车博物馆为例,其通过创新传播方式,搭建科学传播主题空间,提供科学知识、信息交流平台等形式,构建了汽车博物馆中科学知识、信息多元传播的大平台。一是将博物馆中的科普教育与时代潮流相结合,通过制作微视频,开展科学知识宣讲、志愿服务等线上线下活动,从多维度满足公众的精神文化需求。二是依托人工智能技术搭建多样式科学传播主题空间,通过打造汽车科学实验室、汽车动力竞技场、汽车发明学堂、汽车文化生活体验馆等科学知识传播的多元空间,使公众在了解相关科学知识、理论的同时能够沉浸体验与互动。三是依托"互联网 +"平台推动同汽车相关的科学知识、理论的对外传播与交流,通过线上线下开展国际科技文化交流活动,促进科学知识、理论、理念等的国际传播交流。

（二）发挥科学家群体的意见领袖作用，加深公众对科学知识的认知

案例

在突发公共卫生事件中，以医学专家为代表的医学意见领袖发挥着重要作用，能够起到加深公众对科学知识的认知，给予公众权威信息解读等作用。在新冠疫情这一突发公共卫生事件中，医学专家的发声具有否定谣言、稳定民心的权威力量，他们用通俗的语言向公众传递医学成果，以贴近公众日常生活，提升公众对科学健康知识的了解。以张文宏医生为例，从"张文宏称治疗新冠肺炎没有神药"到"张文宏医生科普传染病知识""张文宏科普疫苗接种"，再到"张文宏回应两周把病毒闷死"等一系列关于新冠疫情的防控指导、疫情预测以及健康科普的信息传播，使其逐渐成为疫情信息发布中的重要意见领袖。

新媒体环境带来了社交媒体平台的兴起，使得个体和组织拥有发声的权利、欲望和渠道，导致信息传播环境纷繁复杂，真假信息难辨，谣言盛行，极易造成公众心理焦虑、恐慌等心理情绪。同时，当前同科学理论、信息相关的公共议题经由社交媒体平台传播扩散后，由于专业把关人的缺失和多元主体的参与，易造成虚假信息、谣言泛滥。而科学家群体作为意见领袖在其中则可以起到描述科学信息、建立科学理论框架并赋予解释、建构正确的科学议题等作用，因此新媒体时代下发挥科学家群体的意见领袖作用、加深公众对科学信息、理论的认知与理解就显得尤为重要。

在科学议题的传播扩散过程中，发挥科学家群体的意见领袖作用，不仅可以借助科学家群体的权威性和影响力，使其在社交平台中进行科学传播时能够科学地分析与引导公众积极应对科学议题，及时且有效地抑制科学传播中虚假信息、谣言等的产

生、扩散，还能在一定程度上起到缓解公众情绪的作用。新媒体环境下，发挥科学家群体的意见领袖作用，既能够在科学传播过程起到保障科学信息、理论来源权威性和真实性的作用，也能够在一定程度上起到从正面塑造科学议题、科学家形象的作用，从而有利于加深公众对科学信息、理论的认知。

（三）多维度传播科学信息，以信息合力推进公众理解科学

"公众不仅能有效地享受科学的成就，而且要对科学有所了解，对科学方法及其局限性也要有清醒的领会，还要对科学的实用价值和社会影响能够做出正确的判断，特别是提高科学回答社会问题的个人与公共决策力。"[①] 新媒体时代，公众对科学信息、知识、理论等的需求迅速上升，但科学传播主体的多元与复杂、科学信源的不准确、科学传播环境的不透明等因素，导致当前虚假科学信息、谣言等泛滥并影响科学知识的有效传播。在这样一种传播环境中，多维度传播科学信息，以信息合力推进公众理解科学就显得尤为重要。

一是多维度、多层次准确传播科学信息，满足公众的信息需求。新媒体环境下多元传播渠道使得无论是权威的主流媒体、科学研究机构，还是科普自媒体都在通过不同社交媒体平台进行科学信息、知识、理论等的内容发布，多角度多层次地向公众传递关于科学研究的最新成果、信息，满足公众对科学信息的需求。权威的主流媒体、科学研究机构可以通过"在场式"短视频、创意式动画等新形式报道前沿成果，创建相关科学议题话题以引起公众的高度讨论与高频反馈；自媒体、公众个人可以通过将科学知识与日常生活紧密关联的形式，简单化、通俗化传播科学奥妙，以此来推进普通公众理解并参与到科学传播中来；科学家们可以采用"现身说法"的形式为公众解读科学理论、成果。二是营造透明公开的科学信息环境，严谨传播科学思维和科学精神。新媒体时代更应该加大对科学传播的舆论引导和议程设置，让科学信息、知识、

---

① 英国皇家学会著.公众理解科学 [M] .唐英英，译.北京：北京理工大学出版社，2004.

理论等在透明且严谨的传播环境中发挥其最大效用。同时，良好的科学传播环境也在一定程度上促进公众科学素养的提升，加深公众对科学的理解。

（四）公众主动参与科学传播，以行动促进自身科学素养的提升

科学信息、理论要最大限度地惠及公众，就要不断强化公众参与科学传播的责任担当。当前，我国科学传播的主体仍然是政府、专业研究机构以及部分聚焦于科普领域的自媒体，公众主动参与科学传播依旧存在"断点"。公众主动参与科学传播既是指公众作为科学信息、知识的发布主体参与到科学传播中来，也是指公众同科学传播媒体之间形成交流互动，共同促进科学传播向好发展。新媒体时代，依托移动媒介技术和贴着"高端"标签的科学知识，大众媒体树立起了一定的权威性，不断加深公众对科学传播媒体的信任感，从而使公众在接收科学信息时不加质疑和考证，这极易造成伪科学知识的传播与扩散，产生极大的负面影响。因此，公众主动参与科学传播就显得尤为重要，突出体现在公众积极与科学传播媒体进行互动，在交流中对科学信息、知识进行把关，既起到净化科学传播环境的作用，也不断提升了公众自身的科学素养。

此外，当前专业的科学传播人员较少及其自身能力的限制，导致许多科学成果无法准确地以通俗易懂的方式传播给公众。因此，公众科学素养的提升也离不开对科学教育建设的加强、专业科学传播人才培养力度的加大，以及对科学工作者、学生、传媒工作者等的充分调动，使其积极主动地参与到科学传播中来，并在良好的科学传播环境、专业的人才培养制度中促进自身科学素养的提升。新媒体环境下，充分加强科学传播媒体矩阵建设、发挥科学家意见领袖作用、多维度整合科学信息、优化人才培养制度等，是推动移动互联网时代科学传播效果提升的重要手段。

第七章

艺术传播与艺术素养

案例导入

　　2022 年 4 月，教育部发布了《义务教育课程方案和课程标准（2022 年版）》（以下简称"新课标"），在艺术课程方面进行了较大改革。国家不仅将艺术课程纳入了义务教育的必修课范围，还优化了艺术课程设置、明确了艺术教学的目标。艺术课程由本来的音乐、美术两科变为五科，分别是舞蹈、音乐、美术、戏剧（含戏曲）、影视（含数字媒体艺术），改革后的艺术课程设置，不仅很好地平衡了学生们的课业和艺术兴趣的关系，在一定程度上增强了学生们的艺术素养，还大大丰富了学生们的课程内容。充分体现了国家的育人目标，将学生艺术素养的培育纳入教育各个学段以及人才培养的全过程。以美育人、以美化人、以美培元，艺术教育正成为建设高质量教育体系的重要内容，"新三科"的落地落实将助力学生开启"艺术素养"养成之旅。

一、艺术及其传播

（一）艺术概述

1. 艺术的定义

关于艺术的概念，学界并没有形成共识，在马克思主义理论的框架下，艺术首先是一种社会现象、社会事物，是上层建筑中的社会意识形态，它以自身独有的方式能动地认识世界。艺术是借助一些手段或媒介，塑造形象、营造氛围，来反映现实、寄托情感的一种文化。好的艺术往往具有美学价值或者哲学价值，但不一定具有大众层面的娱乐性。与科学相比，艺术离不开情感的表达。在中西方古代社会，"艺术"一词指向各种技术活动。现在普遍流行的艺术理论，采用了欧洲 18 世纪以来艺术的分类，即以"美"的范畴统摄各门类，指绘画、雕刻、建筑、诗歌、音乐、舞蹈等活动。

2. 艺术的特征

（1）形象性

艺术形象是客观与主观的统一，艺术形象是内容与形式的统一，艺术形象是个性与共性的统一。说到意象，从客观层面上说，一切意象都是具象。当看到一座特定的山时，就会有一种特定的山的影像；当你看到一棵树的时候，你会看到一棵特定的树木，一束花，一片草地，就是它的形象化。而艺术作品也是这样。换句话说，我们要区别具象的"象"，或者说，物象和艺术的形象性，不管多么具体，都不能成为具体的东西，而只能是一种艺术的意象。

（2）主体性

首先，艺术创作具有主体性。艺术创作也是一种创造性的艺术活动。创作的主体就是艺术家，艺术创作的主体是艺术创作的关键。没有艺术对象，你就不能创作艺术作品。艺术创作是一种特殊的精神产品，其主题比物质生产工作更为清晰可见。艺术创作的主体性主要体现在艺术家创作活动的主动性和独创性上。面对巨大的生活素材，艺术家应该选择、提炼、加工、转换和物化主观思想、情感、愿望和理想等主观因素，使之成为自己的艺术作品。正是艺术创作的机会，使得意识被称为主客观，在执行的辩证统一中再现。

其次，艺术作品具有主体性。艺术作品是艺术家的创造性劳动，其本身就带有艺术家的艺术创作主体的印记，因此，艺术作品中蕴含着艺术家对人生的洞察和感悟，同时也蕴含着艺术家个人独有的审美经验和情感，这是艺术家个人的艺术风格和审美追求。一件好的艺术作品应该是独一无二、不可复制的，艺术的独特性，也许就是艺术和其他东西的区别。

最后，艺术欣赏具有主体性。艺术欣赏是一种具有主观个人情感色彩的美学再创作活动，艺术欣赏要享受艺术作品的美学趣味，认识艺术作品中的美学特征。在解读艺术品的文化价值的同时，重新塑造其意象或意境。

（3）审美性

艺术的审美性是人类审美意识的集中体现；艺术的审美性是真、善、美的结晶；艺术的审美性是内容美和形式美的统一。

艺术的审美性是艺术创作的必要特征，是人类审美实践的结晶，是对真实艺术表现的一个经典概括。因此，它比真实的美更突出，更准确。艺术的审美是一种鲜明的意象，它既要表现出社会、自然的美，又要表现出艺术家自身内在的光芒。艺术的美学起源于生活，但与生命不同，艺术是艺术家的一种特殊的创作，是一种带有某种社会内涵的情感思考。在艺术生产中，任何艺术作品都必须具有两个基本条件。第一，艺术作品必须是人类活动生产的作品，即功能性。第二，艺术作品必须具有审美价值，即审美性。这两点，才能使艺术作品和其他一切非艺术作品区分开。

3. 艺术的门类划分[①]

（1）根据艺术的存在方式，可以将艺术门类划分为时间艺术、空间艺术、时空艺术

时间艺术是指以时间为存在方式的艺术，其种类主要为音乐、文学、曲艺等。时间艺术的特点主要是非造型性、想象性、持续性。非造型性是指时间艺术不以平面

---

① 王宏建．艺术概论［M］．北京：文化艺术出版社，2003．

形象或立体形象来展示自己；想象性是指时间艺术主要依靠想象性而展示在人的头脑中；持续性是指时间艺术必须在一定的时间持续中进行。

空间艺术是指以空间为存在方式的艺术，其种类包括工艺美术、摄影艺术、绘画、雕塑、建筑艺术和园林艺术等。

时空艺术，又叫综合艺术或视听艺术，是同时以时间和空间两个维度为存在方式的艺术，也是综合了文学、音乐、美术、舞蹈等艺术表现手段的艺术体裁，其种类主要为戏剧、电影、电视、舞蹈和杂技等。时空艺术最大的特点，就是兼具时间艺术的持续性、想象性和空间艺术的造型性、直观性。这种时间和空间上结合的艺术在时空转换上呈现了极大的自由性，比如戏剧的分幕分场，不仅可以解决剧情发展所涉及的不同时间和地点，而且可以表现出极大的时空跨度。电影、电视更是可以借时空的转换形成不同的叙事结构，呈现别样的艺术魅力。

（2）根据艺术的感知方式，可以将艺术门类划分为听觉艺术、视觉艺术、视听艺术以及想象艺术

听觉艺术，是指运用声音为表现手段，通过塑造动态的听觉形象来反映社会生活与表现艺术家思想情感的艺术。其主要指音乐和曲艺艺术，它的最大特点就是非造型性和非语意性，一不能被听众的视觉感官感知，只是诉诸听觉的感受；二不能具体表明内涵意义，而只是通过听觉和视觉的通感联觉心理，来把握对象物的具体情状。

视觉艺术，是指通过塑造视觉形象来反映社会生活与表现艺术家思想情感的艺术。主要指绘画、书法、雕塑、工艺美术、摄影艺术、建筑艺术和园林艺术等艺术门类，它的最大特点就是造型性、直观性。

视听艺术，是指视听艺术同时空艺术。

想象艺术，主要是指文学，因为文学的形象内容，是以书面或口头语言为媒介，通过想象而呈现于头脑中的。

（3）根据艺术的创造方式，可以将艺术门类划分为造型艺术、表演艺术、语言艺术、综合艺术

造型艺术就是利用某种物质材料（如颜料、纸张、泥石、木料等），以静止的视觉意象来反映社会生活，表达艺术家的思想感情。这既是一种空间的再现，也是一种静止的视觉艺术。主要包括绘画，雕塑，摄影，书法等。

表演艺术是指以某种物质媒介（声学、人体）来直接表达人类感情、间接地反映

社会生活的一种艺术。

语言艺术，是通过运用各种修辞和表达方式，通过文学、诗歌、小说、散文等四大类型来创造和反映生活的一门艺术。文学艺术没有直观的视觉和听觉感受，是通过阅读文本符号，从而在内在产生意象。文学意象的断续性，进而造成了文学意象的不确定，因此，文学作品的表达空间变得更为宽广，外在的世界之宽阔，内在的曲折和微妙的心理，都能被轻松地表达。

综合艺术，指的是一种类型的艺术，如影视、电视。综合艺术吸收了文学、绘画、音乐、舞蹈等各种艺术的优点，在艺术表达上有了多样化的表现手法，并由此形成了其自身的美学特色。

（4）根据艺术的内容特征，可以将艺术门类划分为再现艺术、表现性艺术

"再现"是以"真实"为核心的艺术形式，以"真实"的形式来表现客观真实。以绘画、雕塑、戏剧、小说等艺术为代表。"再现"，需要以客观事实为基础，直面现实，注重真实，避免回避。艺术要想达到再现的目的，就必须运用逼真的创作方法，通过具体的细节和具体的描写来表现具体的历史时期的生活场景，使人有一种身临其境的感觉，从而使作品的真实性得到极大的提高。

"表现性"是一种以"以情感为中心"的艺术形式来表达主观理想的艺术形式。以音乐、舞蹈、建筑、抒情诗等为代表。表象，需要直接地表达内心的主观状态，如情感、想象、理想、幻想等。艺术要达到表达的目的，就要采用夸张、变形、虚构的手法，而不是追求生命的真实性，而是要遵循感性的逻辑。与表达艺术观念类似的还有抒情艺术。抒情艺术是一种具有抒情性的艺术形式，主要包括音乐、舞蹈、抒情诗等。它通过艺术的形式化表达艺术的内在情感，在反映生活、表达思想感情、创造审美价值和实现艺术的意识形态作用上，都与叙述艺术有着明显的区别。

（二）艺术传播概述

1. 艺术传播的定义

艺术传播是指借助一定的物质媒介和传播手段，使艺术作品和艺术信息得到空

间和时间上的扩展和蔓延，并传递给艺术接受者，达到艺术公共化或社会化的过程。艺术信息、艺术传播者、艺术传播媒介、艺术受传者和艺术反馈信息这五大元素在艺术传播中是相互联系、相互影响的，共同组成了一套完整的艺术传播系统。这些要素并非单纯的复合叠加，而是在一个错综复杂、多元的时空中，通过交互作用，在潜移默化中逐渐形成了一种美学自觉。只有符合大众审美观念的艺术作品，才能与大众产生共鸣，并能最大限度地发挥其艺术价值。而对时代感的深刻把握，才能使其创作出与时代相适应的作品。艺术传播使艺术信息在社会大背景下不断流转，因此，在艺术传播的过程中，不可避免地要面临不同的社会环境与文化的矛盾与冲突。艺术传播旨在让艺术的受众更广，让更多的人认识和喜爱艺术，提高人们的艺术修养。

2. 艺术传播的特征

艺术传播是人类美学得以实现的一种重要方式。通过传播媒介，艺术传播能够使生活审美的广度和深度得到提升，所以艺术传播具有艺术性。由于其本身的特性和作用，在利用传媒的过程中，艺术传播一定具备传播性。另外，艺术传播需要在一定的时间和空间中进行，所以艺术传播具有时空性。同时，艺术本身承载着人文与历史，所以艺术传播具有文化性。艺术传播的特征可总结为艺术性、传播性、时空性和文化性。

（1）艺术性

艺术性作为艺术传播的第一特性，主要体现在两个方面。一是艺术作品本身，二是艺术作品的传播。可以依据下列几个方面来判断艺术作品的艺术性的高低：首先，一件艺术品有没有某种美学内涵？美术作品的形式和内容是一致性的吗？艺术作品是否达到了真善美的标准？美术作品是不是反映了时代的潮流或者是国家的特征？艺术的精髓就是要创造美，要使人产生共鸣，就必须要有艺术的素质。艺术的强度对艺术传播的效果有很大的影响。大众之所以会如此亲近和沉迷于它，是因为它有着无法抵挡的吸引力。只有符合大众审美观念的艺术作品，才能与大众产生共鸣，并能最大限度地发挥其艺术价值。而对时代感的深刻把握，才能使其创作出与时代相适应的作品。毕加索的代表作《格尔尼卡》将立体派和超现实主义完美结合，这幅作品是以西班牙北方巴斯克的重镇格尔尼卡遭炸弹袭击，无辜民众惨死的历史作为创作背景，以惨烈的方式展现了人们的苦难和野兽的本性，并以强烈的艺术气息表达和批判了战争对人类的毁灭性影响。

（2）传播性

传播性是艺术传播的根本特征。一件艺术作品能否得到广大受众的认可，能否经得起时间的检验，传播是关键。其传播方式、传播手段、传播途径等都与其自身的艺术表达方式有关。传播是一种社会信息的传递或运作的过程。艺术传播的基本目标就是传递艺术信息，它是人们和社会之间，以有意义的符号传递信息、接受信息或回馈信息的过程。在艺术史的发展过程中，一些艺术门类、艺术作品由于其传播媒介的力量和有效的传播手段，在当时乃至后世都产生了很大的社会影响和文化影响。所以，在艺术传播过程中，必须选取相应的传播媒介与传播方式，注重将两者与艺术作品本身的特性相融合；在保存、发展民族民间美术的同时，要注重利用现代传媒和传播工具，使民间美术的影响力不断扩大，并使之重新焕发生机。

（3）时空性

时空性是艺术传播的重要特征。艺术活动都是在特定的时空内进行的，我们可以把诸多艺术门类划分为时间与空间两大范畴。世界性的七大艺术门类为文学、戏剧、舞蹈、音乐、美术、建筑、电影（影视）。一些经典的艺术作品，并不局限于某个特定的地域或国家，其艺术的感染力可以跨越国境，被不同的国家和民族所接受，并在世界各地广为传播。

2019年11月15日，意大利电影《海上钢琴师》在全国院线重新上线。《海上钢琴师》这次的重映与第一次上映时隔了21年，通过科学技术将修复的4K版电影重新带回了受众眼前。作为本身就赫赫有名的一部艺术作品，这部豆瓣top 250中位列第12的意大利电影重映后的热度和话题度超乎想象，影院座无虚席。一部电影，经受时间的洗礼，21年后再度归来，依然备受世界期待。通过艺术传播媒介，让世界各地的人都能够欣赏这部艺术作品，这就是艺术传播时空性的魅力所在。

（4）文化性

艺术传播的文化性体现了艺术传播的人文特质。艺术作为一种文化的载体，是一种重要的传播媒介。艺术传播的目标，除了向受众传达艺术家自身的审美体验与思维，更重要的是传播与传承人类的文化与文明。在艺术作品中，我们可以看到人类文明的延续和发展，艺术一直在与人类共同进化。

当你看到尘封于土地中数亿年的器皿上，那极致优美而精确的螺纹与线条；当你漫步在中古建筑中，不经意窥探到的房檐与雕花；当你看到《清明上河图》上，一幅幅真实迷人的市井生活时……定会感叹艺术作品所蕴含的深厚文化。艺术家们身处不同的文化环境和社会环境，他们总是能够更敏锐地感受和总结所在时代的秩序与美感，并应用于艺术的创作进行艺术传播，所以艺术传播具备了文化性。

3. 艺术传播的要素

根据艺术传播过程，艺术传播包括艺术信息、艺术传播者、艺术传播媒介、艺术受传者和艺术反馈信息五个基本要素。艺术传播的意义就在于将艺术信息通过艺术媒介传达出去。艺术的传播过程，其实就是通过特定的传播媒介把艺术的内容传达到接受艺术的人。艺术传播的基本过程是艺术传播者→艺术信息→艺术传播媒介→艺术受传者→艺术反馈信息。[①]

艺术传播者是艺术传播的主体，同时也是艺术传播中的一种传播媒介。艺术传播者不仅是传播艺术信息的发端，还是与相关的艺术媒介连接起来的纽带。艺术传播者按其分类方法的不同，其意义也不尽相同。关于艺术传播者，我们可以从两个方面理解。首先艺术传播者可以指代某一个具体的人，例如某个艺术家创作了艺术作品，那么这个创作了艺术作品的人就是艺术传播者；其次艺术传播者还可以指代某个艺术传播的群体，例如在电影艺术的创作中，艺术的传播者就包括导演、演员、场务人员等等，是一个整体的大的概念。一般情况下，我们通常认为艺术传播主体在艺术传播中的功能是创造艺术信息。但艺术传播者同时也肩负了向艺术受传者传达艺术信息的责任。在一些艺术传播活动中，如戏剧艺术里，演员作为艺术传播者往往是艺术作品和艺术传播的媒介；与之相似的是，在其他的艺术传播活动中，如由电视台自行组织的综合艺术节目，制作人同时也是传播和编排的角色。所以，艺术传播者在传达艺术信息的同时，也在创作艺术信息。

艺术信息是艺术语言、形象向受众传递的美学、历史、文化等方面的信息。艺术语言、图像是艺术信息的传播者，没有了艺术传播，艺术信息就会丢失。

---

① 宋建林.艺术传播的要素及其互动过程 [J].美与时代（下半月），2009（03）：9.

艺术传播媒介就是指在艺术传播活动中用来承载并传递艺术信息的工具或信道。我们可以从艺术作品和阐释艺术作品两个方面来探究艺术传播媒介。艺术作品创作本身就是一种艺术传播。在艺术作品形成的过程中，不可避免地要向外界传递艺术信息。艺术作品创作完成后，其自身的艺术性及文化性得以彰显。所以艺术作品本身也算是一种艺术媒介。而在艺术作品的阐释中，艺术传播媒介的则更为多样，我们可以从传统媒介和数字媒介两方面来探究。艺术传播的传统媒介包括书籍、报纸、杂志等的文字印刷传播，广播电视等的电子传播；数字媒介主要指以互联网为依托的新媒体传播。传统媒介与数字媒介的融合，都在拓宽艺术传播的渠道与途径。《媒介通论：人体的延伸》一书中，加拿大传播学家马歇尔·麦克卢汉有一句名言："媒体是身体的延伸。"艺术传播媒介能够充当人类的眼睛，抑或人类的耳朵，他们能够帮助人类更好地研究艺术，是艺术传播的作用和本质，也是我们研究艺术传播的重要工具。

艺术受传者又可以理解为是艺术的接受者，通常也可以用来表示艺术门类的接受群体。艺术受传者是艺术传播中的一个重要环节，在艺术传播中艺术信息的终点就是艺术受传者，一切艺术信息都要被艺术受传者接收才有意义。如果没有受传者，艺术传播的过程就不可能实现。正如著名的接受美学学者姚斯所言："唯有读书活动，才能使作品脱离僵化的文字，并使其具有实际的生命力。"艺术受传者是艺术信息的发现和评价者，它直接影响到艺术信息的传播。俄国哲学家、文学评论家别林斯基指出，艺术受传者"给他的作品以价值，不会提升他的低级作家，也不会让他的才华消失。他们可以辨别麦子和野草，并且谴责那些没有才能的人和骗子"。作为艺术的受传者，作为一种艺术信息的反馈者，它通过自身的需要和评价趋向，成为一种"潜在的读者群"，这种"潜在的读者群"会通过"潜入传播者的大脑"，或隐性或显性地指导着他们的创作与运作，从而制约着他们的创作与传播。从这一点可以看出，艺术受传者在艺术交流中所扮演的角色与位置是多么的重要。

艺术反馈信息是指受传者在接受信息后，在感情、思想、态度和行为等方面发生的变化。我们可以从艺术欣赏和大众传播的角度来探究艺术反馈信息。我们在日常生活中，常常能够发现，艺术欣赏者在面对相同艺术作品时往往会产生不同的艺术反馈信息。有些人会因为一些艺术感悟而哭泣，有些人面对艺术作品则表现得漠不关心。

同一件艺术作品，有人认为好，有人认为不好，这就是一种不同的艺术信息的反馈。艺术反馈信息受到社会地位、生活阅历、性格气质、文化修养、职业、年龄、心境等等因素影响。因此，对艺术信息就会有不同的反馈。艺术反馈信息直接影响着传播的目标。艺术反馈信息是大众传播的目的与结果。艺术信息的大众传播以普通民众为目标，以此收集艺术反馈信息。受众的广泛性决定了大众传媒是一种大规模的、能满足大部分人的信息需要的传播行为，同时又具有跨阶层、跨群体的广泛的社会影响力。艺术传播的整个过程都要有交流和回馈，这是一种双向的互动。当人们的意识在持续进化时，随着文化知识的发展，人们已认识到在沟通中与观众的互动，接受观众的回馈变得愈加重要，影响着沟通的结果。这反映出艺术反馈信息的价值，以便于促进艺术创作以及更好地理解艺术作品。

二、艺术传播的媒介变迁

随着科学技术的快速发展，艺术传播的媒介也在不断变迁。近 20 年来，新媒体技术以日新月异的姿态，颠覆了传统的信息传播方式、传受关系、传播理念、传播规律，不仅仅改变了人们的传播渠道，而且对社会生活的方面，包括艺术、经济、军事、文化都产生了影响。

（一）传统媒介下的艺术传播

在没有文字之前，人类是通过语言进行信息交流与艺术活动传播的。在口传时代，口语传播曾经创造了许多优秀的艺术作品。大量的民间传说、民间故事就是通过口口相传而传承下来的。经过孔子修订过的《诗》，最初就是流传在民间的民歌。据记载，朝廷派人站在路边，摇着木铎，记录下行人吟唱的歌谣，然后献给史官。中国西藏、四川、青海、内蒙古等地的《格萨尔王传》，也是口语传播的代表作品。古希腊的《荷马史诗》，再现了古希腊社会生活的全景画面，也是口口相传留下的。湖北神农架的汉民族史诗《黑暗传》，就是民间广泛流传的跳丧歌。

在文字时代，人们通过文字和物质资料来记录艺术信息。艺术创作人员掌握了书面媒体的技巧，并因此而产生了个人化的艺术。艺术的创作主体主要是诗人、画家、音乐家、舞蹈家、戏剧家等。同时，艺术的传播者主要是诗人、画家、音乐家、舞蹈家、戏剧家，以及政府和公民团体。[①] 艺术的受传者除了一般的社会成员之外，因为有了阅读的可能性，所以有专门的艺术爱好者开始出现，而美术评论也随之产生。艺术的文字形式多为神话、史诗、绘画、雕塑、音乐、舞蹈、戏剧等。在艺术创作中，小说情节得到了进一步的发展，作品的结构也得到了更大的发展。文字为艺术传播提供了合理的记载基础，如乐谱、书谱、图谱、剧本等都以文字的形式记录和保存。汉字的发展和传播，也对艺术的发展和传播起到了很大的促进作用。一方面，语言可以为美术创造提供大量的材料，使其具有更多的艺术意蕴；另一方面，语言的传播也是需要艺术的，例如以绘画、戏剧、歌舞等重新诠释、重新演绎的方式，使艺术的文本形态得到了极大的提高。

印刷时代，印刷技术的产生与发展在促进艺术的交流与传播的同时，推动了社会文明的发展。作为一种特殊的技术，印刷术的诞生使人们得以摆脱口传、手抄和手工刻画的艺术传播方式。因此，印刷时代的到来，直接开启了艺术传播的一个新时代，也预示着艺术传播与艺术受传者中的一般民众的联系将会更加紧密。在艺术传播主体上，除了艺术家作为主要的传播者，还涌现出一批专业的传媒组织，构成一个巨大的产业。在艺术受传者方面，艺术传播开始不再限于特定的观众群体，面向大众的传播逐渐成为必然的发展趋势。

电的出现让艺术传播的媒介发生了质的改变。19世纪晚期到20世纪早期，电就被发明了。传播学家麦克卢汉说："在电力技术已经发展了一百年的今天，我们的中枢神经系统已经扩展到可以与世界接轨。就我们的星球来说，时空上的差别已经消失了。"电子媒介极大地增强了生产艺术信息、存储艺术信息、传播艺术信息的便捷与自由。电子媒介为人类的艺术传播寻找到了更为先进的技术基础。从艺术传播的方式上来看，传播机制的类型更加多样，传播速度也更加迅速，大众传播的范围也越来

---

① 王廷信.媒介演进与艺术传播 [J].美育学刊，2020，11（06）：55.

广。在艺术接受者方面，艺术受传者参与的机会大大增加，"互动"成为电子时代艺术传播的最热话题。电子媒介的出现，极大地丰富了艺术传播媒介的形式，从而促进了更多的艺术作品形式。

（二）数字媒介下的艺术传播

数字媒介是指以数字形式存在的平台载体与结构形式，如我们常见的滴滴、支付宝、淘宝等数字平台或微信小程序。作为数字时代媒介革命的最新成果，数字媒介迅速渗透进人们的社会生活，成为社会治理、居民生活等的重要工具，在适应社会、迎来发展机遇的同时，其自身的局限性也为其发展带来了挑战。数字媒介是继广播、电视、报刊等传统媒介之后出现的一种新型艺术传播媒介。

随着新媒体时代的到来，艺术传播主体逐渐增多，艺术的形式也大大超出了传统媒体的范畴，呈现前所未有的多元化特征，大众成为了艺术的创作主体和传播主体。由于数字媒介的自由，艺术在创作、形式、传播、接受等诸多方面都表现出高度的自由特性，在艺术传播方面也是如此。比如越来越多的艺术展馆开始采用数字媒介进行传播，沉浸式虚拟展馆成为当下的主流，如"线上艺术馆""线上虚拟艺术展厅""线上艺术作品展览"等线上展厅展览。多样性的展示互动模式可以使参观者更身临其境地感受艺术创作者的想法与巧思。通过虚拟艺术馆，人们只需要打开电脑，便可通过互联网自由行走在展厅参观展览。在交互操作下查看展品的各种信息相当方便。与传统的线下展厅相比，虚拟艺术馆更具互动性和吸引力。另外，融入了 3D 虚拟技术的展厅，未来让人们足不出户就可以参观艺术馆和艺术展览，极其方便。未来的艺术展览理论上只要有版权，它就能不受时间和空间的约束，在世界各地展出。与传统的艺术展馆相比，在传播和普及上，互联网平台有着显著的优势。数字媒介的沉浸式展览将"艺术"转化为"内容"，使艺术传播方式变得更加新颖。

三、艺术教育：艺术传播的一种途径

（一）我国艺术素养教育概况

在我国的素质教育中，艺术教育占有举足轻重的地位。但是由于受传统的"考试""升学"的影响，大家对美术教育的关注不多。在学生成长的过程中，美术课的数量并不充足。虽然有学校有相应的美术课，但在实际教学中，经常会被传统的科目取代；在此基础上，普通学生无法获得足够的艺术教育。因此，课堂上的艺术素养教学受到了冷遇，这也是造成我国学生美术素质偏低、审美水平偏低的主要原因。但现在，国内很多大学都设有艺术教学中心，各大学可以通过多种形式和规模的艺术素养对教学资源进行整合。

随着国家文化发展战略的实施，许多文化艺术组织如美术馆、博物馆、图书馆等向公众免费开放，极大地促进了市民艺术修养的提升。我国经济社会发展已经进入高质量发展阶段。人的精神思想养成与心灵智慧培育，是高品质内涵式发展不可或缺的重要一环。在"双减"政策大背景下，中小学普遍加强了学生艺术素养教育。要提倡在社会加强艺术教育和艺术教育研究，就包括在中小学里开展美育教育，给青少年增加一些品尝精神食粮的能力。艺术普及类课程不是应试教育，而是寓教于乐，为孩子们塑造一个轻松、快乐、有趣味的艺术学习氛围。还应倡议中小学里面设置艺术普及课，开展中华优秀传统文化教育，这其中也包括一些地方曲艺和地方戏曲的内容。地方曲艺和地方戏曲基础知识的传承断档非常严重，这已经不只是一代人的问题了，所以中小学的艺术普及课，作为一种人文素质、兴趣爱好的培养应该被重视起来，为孩子们推荐艺术经典的节目节选，讲一些艺术常识，让孩子们在轻松当中学习艺术、接触艺术，从而爱上艺术。

相对于国外，我们的艺术教育职能还需要进一步强化和发展。一方面，要扩大艺术教学的内容与形式，在原有的艺术讲座、沙龙之外，还应开设面向大众的艺术创作工作室，让大众欣赏、创造艺术；增强网站的教学作用，增强网站的交互性，扩大了大众对艺术的认识和接触。例如，许多国外美术馆的网站不但设有在线展厅，而且有不少作品配有解释性材料，也有供公众探讨的美术论坛等。另一方面，要通过多种途径进行宣传，以吸引更多的群众参与到艺术活动中来。比如，与学校建立长期的联系，为大学生提供有针对性的艺术类活动。例如，江苏省昆剧场与南京几所大学联合开展的"昆曲走进校园"活动，就获得了不错的效果，使中国传统的昆曲受到越来越多的人的认可和喜爱。另外，文化和艺术团体也可以通过招募更多的大学生志愿者来参加志愿服务，从而提升他们的艺术素质。

（二）艺术素养教育的意义

艺术素养的培养能使学生的身体和精神得到充分的发展。只有加强对美术素质的教育，才能使学生的思想品德得到健康的全面的发展。艺术素养教育具有以美为本、以情为本的教学特色。如今学生对世界的认知有两种方式：一是运用抽象归纳的方法去理解世界；二是形象的去理解世界艺术的认知方式。两者是互补的。马克思说："要欣赏艺术，首先要有艺术素养。"没有了知识素养的培养，艺术素养教育就会变得肤浅；如果没有艺术素养教育，那么知识素养培养就会变得呆板。

长期以来，历代的教育工作者和先哲都高度重视音乐的独特性、艺术性和教育意义。孔子非常重视和肯定音乐的教化价值，他认为"以德为本、以人为本、以艺、以诗、以礼、以乐、以乐"为核心，把音乐教育纳入了育人系统。由此可以看出，音乐对人的全面发展具有重大意义。为此，高校作为培养人才的一个重要阵地，也在积极探索把音乐教育融入大学生的素质教育系统中来。目前，各高校都在大力倡导和组织学生进行音乐文化活动，既活跃了学校的艺术气氛，又肩负起了培养大学生个性全面发展的重任，真正实现了"以乐为本"的教学理念。大学音乐文化活动是一项以音乐为载体的教学活动，是一项具有重要意义的教学活动。一方面，它是通过曲调、音符来表现、陶冶情操的一门艺术，它能把喜怒哀乐的各种情绪表现出来，在演奏、创作、享受的过程中，得到净化、舒缓、精神愉悦的效果。另一方面，音乐在表达情绪的过程中，也会给观众带来某种艺术上的感染和情绪上的冲击。

音乐是一种历史悠久、种类繁多的艺术，它不仅可以陶冶人类的情操，还可以提高人们的艺术修养。人们可以根据自己的审美偏好，在欣赏各种风格、流派的歌曲和各种乐器的音乐时，不断地提高自己的艺术品位，从而提高自己的艺术修养。审美教育作为素质教育全面发展的重要内容，其目的是培养学生欣赏和创造美的能力。音乐既有艺术性又有大众性。音乐通俗易懂，深受大学生喜爱，也是提高大学生艺术修养的最佳途径。学校定期组织音乐文化活动，学生积极歌唱、演奏和创作音乐作品来表达情感、生活、理想，使学生获得情感宣泄和艺术修养。开展艺术活动，不仅可以活跃校园气氛，给人以心灵的慰藉，还可以让学生在紧张的学习中放慢节奏，体验生活。它是一种有利于学生心理健康成长的精神艺术美育。音乐是高等艺术形式，它能有效地提高大学生艺术欣赏能力，使其摆脱庸俗、低俗艺术的负面影响，形成健康、向上的艺术观念，进而全面提高其艺术素养。

艺术素养教学可以提高学生对于户外运动的兴趣。将艺术素养教学融入体育教学，可以提高大学生对体育的兴趣，提高他们的身体素质。运动需要灵活性、协调性、造型性和技术性，这就是自然美、精神美、技术美和造型美的融合。艺术素养教育可以与劳动教育相结合。艺术素养教育不断丰富、美化和提高工作效率，使工作变得丰富多彩和有意义。只有将艺术素养教育融入工作中，才能创造美丽的环境、优秀的产品和高尚的灵魂。提高艺术素养是培养学生审美意识的重要途径。

真、善和美是一体的。艺术教育应被视为社会主义精神文明建设的重要课程，使学生能够区分真、善、美、假、恶、丑，创造崇高的理想、高尚的道德、文明的习惯，抵制庸俗的思想。

四、加强艺术传播，提升公众艺术素养

（一）艺术素养的概念

艺术素养是指学生在审美意识、理解、欣赏、表达等方面的素质。有的学者认为，艺术素养是一个人对艺术认识与修养的全面反映，是一个人的艺术鉴赏水平和表演水平的体现。艺术修养并不只是会唱、会跳，更要有一种思想的深刻、精神的自由、独立的人格和正确的美学价值，它可以使人感觉到美、欣赏美、创造美。艺术素养是"艺术修养"，它是指人们对艺术活动的感知、体验、评价和创造。艺术素养是"审美修养""美学修养"的一个重要内容，包括对艺术的理解、历史的理解；对艺术创造、欣赏、发展的规律；对艺术的感知、想象力、判断力、理解力和创造力的全面理解。马克思认为，如果想要享受一种艺术的快乐，那么必须具有某种艺术修养。

（二）艺术素养的内容

艺术素养主要包括自然科学知识修养、社会科学知识修养、艺术理论知识修养三个方面。

随着知识经济的发展，科学技术作为第一生产力在社会生活中发挥着越来越重要的作用，渗透到了各个领域。它是艺术表达的一个客体，是艺术创作和传播的工具。社会科学的知识素养、艺术表现的客体是以人为本的艺术，与社会紧密联系在一起。只有拥有丰富的人文社会科学知识，才能更好地理解社会、认识社会、与社会交往，从而产生丰富而深刻的生命情感和社会经验。对艺术理论知识的培养，虽然各个学科的艺术知识是不一样的，但是它们都是人的灵性产物。只有广泛地从国际上的经典名作中学习各种艺术门类的知识，并将其融会贯通，从而扬长避短，提升自己的理论素养。

社会科学知识修养对一个人的成长有着举足轻重的影响，社会科学知识修养在教育和科研中又显得尤为重要。人文社会科学的素质不仅体现在丰富的人文学科知识上，还体现在价值观念、道德情操、人生态度、文化修养等众多方面。我们需要传承和发扬伟大的民族精神，学习优秀的民族文化，加强社会科学知识修养，提高人文素质。

艺术理论知识修养的提升需要我们做好长期的工作。发展新文科是推动人文教育融合发展的时代需要，新文科需要打破传统思维方式，强调继承创新、交叉融合、协同共享。在新的人文环境中，艺术学的理论研究也迫切需要打破学科的藩篱，在交叉、碰撞、融合中不断开拓，展现出崭新的学科面貌。在大环境下，我们可以从跨学科角度来审视艺术理论知识修养教育。

（三）提升公众艺术素养的方式

1. 学习艺术理论知识、提高艺术审美能力

在日常生活中需要我们多读、多听、多看、多了解不同的艺术形式和流派。这样才能分辨出它们的真假，从而培养出更高的艺术欣赏水平。不同的艺术形式是相互关联的，对不同的艺术形式产生某种兴趣，可以促进艺术素养的提升。不同的艺术门类也是密不可分的，只有对不同的艺术流派都有一定的了解，才能形成不同的风格，从而形成一种高雅的艺术品位。

提升美术素养，首先要有一个正确的世界观。世界观与人类的全部心灵世界——心理状态、道德、艺术趣味、审美能力息息相关，没有正确的观念引导，欣赏艺术的人是无法理解艺术作品的艺术美感和思想取向的。要培养自己的审美情趣，拓宽自己的鉴赏范围，才能提升自己的艺术素养。要享受音乐，就得有一双会听的耳朵；要辨别外形之美，必须有敏锐的眼光；要接触到古往今来所有优秀的文学作品，就必须通过阅读和欣赏这些作品来培养自己的想象力。只有通过这种方式，才能提高人们的审美，增强人们的情趣，有利于人们的身心健康。要提高鉴赏水平，正确指导自己的审美情趣，就必须在鉴赏方面给予一定的指导和帮助。专家的意见常常会影响甚至改变自己的理解和看法。通过对作品的具体分析和阐释，可以帮助人们认识、理解和感受作品，更深入地理解现实的社会生活。

艺术就是学问。能够深刻、典型地反映社会历史、成功再现生活的艺术精品，能提高人的美术素养，有利于对艺术作品的整体鉴赏，对其社会价值的理解，对社会、人生、现实生活有一个更全面的了解，从而加强对历史的责任感。增添了人生的趣味，获得了更多的艺术享受。重视美术教育，可以从进步的艺术意象中吸取先进的道德理念，逐渐形成道德情操。

2. 通过人文素养和科学素养的学习，提高艺术修养的层次

我们的社会，需要知识、需要技术、需要艺术，但是尤其更需要人文和科技。增强大学生的人文素养和科学素养，是学校不可丢失的责任，更是提升中国的软实力的重大课题。

人文素养是一个人的人文知识和内在品质表现出来的气质和修养，它追求的是人存在的意义、价值和尊严。个人的人文素养对社会的人文素养发展水平有着非常重要的影响。缺乏人文素养社会发展将会失衡，会阻碍社会的长远发展。注重人文素养的教育，既要加强对学生的知识与能力的培养，又要使其具备基本的基础知识、传承优良的传统文化、丰富的情感，重新塑造其内在的精神内涵，使其成为适应时代发展的高素质人才。

人文素养要求我们在任何时候都要从人的快乐、和谐发展的角度，充分体现对人的关心和思考。我们可以说，人性是人类的基础，是我们发展自己的快乐之源。立足于人本主义，我们就可以谋求更大的发展。因此，要改善我们的生活，就要爱护自然环境、关注社会发展、友善待人；要使自己更加完美，就必须对自己进行严格的要求，不断提高自己的素质。一个人要想取得成功，必须具备基本的人文素质。如果大地是一切的根本，人文素质是民族发展的根本；如果说绿叶是花朵的再生，那么，人文精神则是民族发展的先锋。

要大力推进全民科学教育。英国哲学家弗朗西斯·培根说，"知识的强大，不仅仅在于其本身的价值，还在于其传播的范围和深度"。科学普及不仅需要传播科学知识、方法、精神，还需要建立科学文化，协调社会与环境之间的友好关系。要将科普工作贯穿于全民教育的全过程，运用媒介宣传科学方法，培养一支具有较强能力的科学团队，将科学知识、方法、精神、文化传播于大众。如果不能提高科学素质，创新的国家就是无根之木、无源之水。当前，广大人民群众普遍缺乏科学基本知识，缺乏科学精神、思想和方法，在某些方面存在着不科学思想和行为。我们要大力提倡和提高科学素质，只有大力提倡科学精神，提高科学素质，才能使中华民族成为有科学精神的民族，成为真正有活力和希望的民族。

第八章

健康传播与人文本位

案例导入

2018 年 7 月 15 日，国家药品监督管理局发布通告指出，长春长生生物科技有限责任公司（下称长生生物）冻干人用狂犬病疫苗生产存在记录造假等行为。这是长生生物自 2017 年 11 月被发现疫苗效价指标不符合规定后不到一年，再曝疫苗质量问题。2018 年 7 月 16 日，长生生物发布公告，表示正对有效期内所有批次的冻干人用狂犬病疫苗全部实施召回；7 月 19 日，长生生物公告称，收到《吉林省食品药品监督管理局行政处罚决定书》。2018 年 7 月 22 日，国家药监局负责人通报长春长生生物科技有限责任公司违法违规生产冻干人用狂犬病疫苗案件有关情况。现已查明，企业编造生产记录和产品检验记录，随意变更工艺参数和设备。上述行为严重违反了《中华人民共和国药品管理法》《药品生产质量管理规范》有关规定，国家药监局已责令企业停止生产，收回药品 GMP 证书，召回尚未使用的狂犬病疫苗。国家药监局会同吉林省局已对企业立案调查，涉嫌犯罪的人员移送公安机关追究刑事责任。

一、公共卫生事件与健康传播

大型传染性疾病一直伴随着人类文明发展的进程，近年来对社会有大范围影响的传染性疾病更是屡屡产生，如2003年引起东南亚乃至全世界恐慌的SARS（非典）事件；2014年埃博拉病毒席卷全世界；2020年波及全球的疫情更是牵动着数以万计人的心。重大公共卫生事件的发生使公共健康成为全社会范围内的焦点话题。同时伴随着社会经济的发展与人们生活品质的提高，人们对于预防慢性疾病及提高生活质量等健康问题的关注度日渐提升。

2016年10月25日，中共中央、国务院发布了《"健康中国2030"规划纲要》，这是今后15年推进健康中国建设的行动纲领，是新中国成立以来首次在国家层面提出的健康领域中长期战略规划。习近平总书记在党的二十大报告中强调，要"推进健康中国建设""把保障人民健康放在优先发展的战略位置，完善人民健康促进政策"。

公共卫生的工作始终围绕着促进公众健康、预防疾病等目标。为了实现这个目标，公共卫生必须要把与公众的交流放在重要的位置。充足、科学的健康信息，是提升公众健康素养，改善公众健康等相关行为习惯的前提。

在公共卫生事件下，恰当的健康传播和风险传播策略有助于公众更好地了解突发公共卫生事件，也能更好地提升公众自我防范意识和防范能力。相关部门应及时掌握话语权，发布权威、准确的信息，稳定公众情绪，体现人文关怀。提高从业人员的专业素养和公众的健康素养是营造和谐稳定的社会环境的要求，以达到预期的健康传播效果。

（一）健康传播的起源及概念

关于健康传播（Health Communication）的起源众说纷纭，但真正具有现代传播学意义上的"健康传播"始于 20 世纪 70 年代初的美国。1971 年在美国开展的"斯坦福心脏病预防计划"被看作健康传播的开端。这项计划由美国心脏病学者、传播学者提出并联合美国斯坦福大学进行"以社区为基础的健康促进运动，并对其效果通过对第一手材料的调查进行评估"。随着 20 世纪 80 年代美国联邦政府"反毒品运动"的开展，"药物滥用预防计划"和"药物滥用效果研究"项目获得了大规模的财政支持，研究者对预防性健康方面的研究兴趣不断提高。而 20 世纪 80 年代全球艾滋病的流行更是对以疾病预防为主的健康传播研究产生了巨大的推动力。

学者杰克逊于 1992 年首先提出健康传播的概念，健康传播是以大众媒体为中介来传播与健康有关的信息，以预防疾病、促进健康为目的。健康传播包括健康营销和健康政策制定。[①] 在这个过程中，传播媒介将医学成果转化为大众健康知识加以传播，可以更好帮助受众建立预防观念等健康相关理念。

美国学者罗杰斯认为，健康传播是一种将医学研究成果转化为大众的健康知识，并通过改变大众的态度和行为，以降低人们的患病率和提高大众健康水准为目的的行为。[②] 现在大多数人比较认可的健康传播定义是罗杰斯后期给出的定义：凡是人类传播的类型涉及健康的内容，就是健康传播。罗杰斯对这个定义的补充说明是健康传播是以传播为中心，将与健康相关的内容从四个不同层次散发出去的行为。这四个层次分别为个体传播（如个人的生理、心理健康状况）、人际传播（如医患关系、医生与患者家属的关系）、组织传播（如医院与患者的关系、医护人员的在职训练）和大众传播（如媒介议题设置、媒介与受众的关系等）。[③]

我国学者认为健康传播是以人人健康为出发点，运用各种传播渠道及方法，为维护和促进人类健康目的而制作、传播、交流、分享健康信息的过程。[④]

我们将健康传播看为传播学的一个分支，以传播为中心，将医学成果转化为便于大众理解的健康知识，通过自我个体传播、人际传播、组织传播和大众传播将健康信

① Jackson, L.D. "Information complexity and medical communication: The effects of technical language and amount of information in amecical message". Health communication, 1992 (4): 197-210.

② Rogers, Everett M. The Field of Health Communication Today. American Behavioral Scientis, 1994 (2): 208-214.

③ Rogers, Everett M.The Field of Health Communication Today: An Up-to-Date Report. Journal of Health Communication, 1996(1): 15-23.

④ 米光明、王官仁.健康传播学原理与实践 [M] .长沙：湖南科技出版社，1996：8.

息传播出去，以提高国家生活质量和健康水准为目的的行为。

（二）健康传播经典理论：知信行理论（KAP 模式）

1. 理论概述

知信行理论模式（Knowledge，Attitude/Belief，Practice，简称"KAP 模式"）是用来解释个人知识和信念如何影响健康行为的最常用模式，该理论将人类行为的改变分为获取知识（Knowledge）、产生信念（Attitude）和形成行为（Practice）三个过程。其中，"知"是对相关知识的认识和理解，"信"是正确的信念和积极的态度，"行"是行动。这个理论中的三个要素之间是相互关联的，充足的健康知识是行为改变产生的基础，在接收健康信息后进行思考并因此产生想要改变的态度与想法，这种信念和态度能够促使受众的行为发生改变。

公众接收了足够的健康信息即知识后，并对所获得的信息不断地进行思考，才能产生态度的变化，逐步形成信念，因此积极地做出行为上的改变。如受众在接收到高糖高油饮食的危害相关知识时，开始反思自己的饮食习惯，并认识到这种不当的饮食习惯所带来的危害，因此产生想要改变饮食习惯的信念，并在之后的饮食中尽可能减少高糖高油饮食的摄入，形成健康的饮食方式。

2. 理论应用

该理论模式可以应用于健康教育以及健康传播的效果检验中，通过对受众健康信息知晓率、对健康的态度认同度、对健康行为的转变来衡量健康传播的实际效果。该理论模型在调查某类人群接收到相关信息后，态度的改变以及行为的改变具有信服度。比如，对于老年患者的疾病康复过程，残障人员获取健康信息后的行为改变等。健康传播主体根据调查结果调整健康传播策略以及健康传播内容，以更好使受众接收。

通过该理论可以指导健康照护者和医患人员进行有针对性的健康教育和传播。某项研究通过对糖尿病患者生活质量与主要照顾者知信行的相关性研究发现，照顾者的健康知识知信行总体水平与患者的生活质量呈正相关，说明提高照顾者健康知识知信行水平，可以保障患者的生活质量，护理人员应充分了解健康教育的对象，做到有的放矢。[①] 在日常生活中，公众越来越愿意接收健康信息，甚至主动寻找健康信息，在获取健康知识后转变自己的态度，转化为信念，指导受众对行为进行科学正确的改变。在知识、信念、行为等一系列的改变中，可以看出健康传播的意义所在。

3. 理论评价

该模式在指导健康传播主体向受众传播充分的健康知识和信息后，使受众主动积极地思考，进而改变健康信念，帮助受众形成科学的健康行为，主动采取相关预防措施，追求更为健康科学的生活方式，提高健康水平，提升人民生活品质。

在传统媒体时代，"知信行"模式可以用来解释健康传播实践中的问题，但由于其单向性的局限，在新媒体环境下，"知信行"模式有较大的局限与弊端。在认知层面中，受众获取健康信息渠道多元化，不再一味地接受单向灌输，且信息的冗杂使得受众不易辨别健康信息的质量；在态度层面，受众对所接受的多元信息不再是单一的信任态度，更可能产生质疑；在行为层面，健康促进（Health Promotion）需要适应新媒体环境下的健康传播的新特征，因此对于新媒体环境下健康传播的研究迫在眉睫。

二、新媒体环境下的健康传播

（一）新媒体环境下健康传播的特点与优势

新媒体环境下传播健康内容的媒体渠道越来越多，在传播内容、传播模式、传播

---

① 李维瑜，刘静，余桂林等.知信行理论模式在护理工作中的应用现状与展望 [J] .护理学杂志，2015，30（06）：107-110.

策略等方面均有深刻的变化，具体表现在传播内容不再仅仅关注感染性和传染性等重大疾病，更多关注改变生活方式和预防慢性疾病；健康传播的模式也由传统的单向传播转变为与受众的双向互动；传播策略更为丰富，灵活使用短视频等社交平台。新媒体的受众群体更为广泛，因此在新媒体平台中发布的信息影响力较大，且新媒体平台更新较快，可以与受众进行实时互动，有利于受众及时接收信息，更有利于健康信息的传播和交流，从而促进健康传播的发展。

1. 传播内容：多元化、个性化

新媒体环境下，健康传播的内容更为多元化、个性化。多元化主要体现在目前健康类网站、公众号、微博等平台众多，根据其受众群体的定位，传播不同的信息内容。此外，传播的内容更偏向日常保健知识以及生活中的健康百科如"薄荷健康"中的《配料表避坑大作战》一文就与大众日常生活息息相关。健康传播不再仅仅是针对重大传染疾病信息的传播，传播内容在新媒体环境下变得更加日常化。

新媒体环境下各种健康类的公众号层出不穷，"丁香医生""薄荷健康"等公众号都是企业运营的健康类公众号，"丁香医生"主打为大众提供专业的健康生活方式建议，"薄荷健康"则深耕营养领域，更多提供整体营养方案，让更多人轻松拥抱健康生活。"健康中国"是国家卫生健康委员会的官方公众号，其发布的信息更为官方、正式，"图说政策"栏目中《关于防暑降温，安全工作中的隐形福利介绍》《一图读懂新冠疫情低风险地区，公众应该如何戴口罩?》等内容则权威科学地对公众关心的健康问题进行解读。不同类型的公众号为大众提供差异化的健康信息内容，满足受众对多元化信息的需求。由于健康信息往往需要具有一定的专业知识才可以更好地理解，随着人们生活品质的不断提高，普通大众对于健康生活方式以及科学的营养知识等健康信息的需求增大，许多健康养生类公众号应运而生。其中大多以为公众提供健康知识和疾病相关咨询服务为主，且提供的信息往往以图片、文字、视频、音频等多种形式并存，多种传播形式相互融合。有的公众号灵活使用漫画等形式，使受众更易理解，同时使受众在接收信息时更具乐趣。健康类公众号标题往往巧妙使用网络用语，如《无糖奶茶、熬夜健身，当代人健康迷惑行为大赏》，也有一些标题用"很少""不知道""其实"等词吸引受众点击，如《散步，其实是最被低估的运动》也有些用和大众认知相反的知识吸引受众，如《真诚建议你：天冷就该睡懒觉!》《身上最被嫌弃的脂肪，其实在默默保护你》等等。健康类公众号从标题开始吸引受众，引起受众对健康类话题的注意力，更好地传播健康信息。

除此之外，在新媒体环境下，个性化推荐成为受众获取信息的新方式，健康信息的传播也更具个性化，各类健康类公众号除了针对普通大众普及健康资讯，还针对特定的人群提供独特的内容和服务，如针对孕妇的产后恢复、针对高血压人群的特殊饮食注意事项等，根据受众的浏览习惯精准定位，进行个性化推荐，满足不同受众的多元化需求。

2. 传播模式：互动交流性与时效性强

新媒体环境下，传播模式的变革会对受众接收信息产生较大的影响。传统媒体环境下，受众只能被动地接收信息，人们对于想获取健康传播信息的主动性较低。然而新媒体环境下，受众不仅仅接收信息，更多的是与传播主体进行互动，新媒体的运用与发展，改变了人们接受信息的方式。受众开始主动在信息内容下进行评论、点赞等互动行为。传播主体与受众进行留言互动，如在微信公众号平台中，传播主体往往通过精选留言、评论留言与受众进行互动。微博平台中不仅传播主体与受众之间展开互动，受众和受众之间也可进行评论交流，且受众的转发行为还可促进健康信息的二次传播，促进健康信息更大范围的传播。

在短视频平台中为了能获得用户黏性，短视频传播主体积极与受众建立互动关系，许多健康类抖音号发布的视频下的评论区中都有众多用户参与讨论，从留言区的回复数量来看，大多数健康类抖音号运营团队很重视与粉丝的互动，留言区无论是对文章内容的疑惑，或是日常调侃，一半以上的留言都有回复。在普及健康知识的同时，既实现了与粉丝的良好互动，也为健康话题的讨论提供了公共空间，扩大了健康知识的传播影响力。

信息时代的信息传递时效性也是健康传播中的关键，公众号针对各个疾病的防治引导与消息发布，每日更新，对重大卫生事件及时进行收集与报道，让人们形成对于公共卫生事件的正确认知，遏制谣言的传播，利用新媒体传播方式低成本、高效率的特点，快速帮助人们收集自身需要的健康信息，优化了健康传播结构，融合了大众传播与人际传播的信息传播优势，加强受众的反馈，提高了信息传播的时效性与针对性。

3. 传播渠道：转战短视频平台

自 2017 年"健康中国"国家战略实施以来，健康类信息的传播不断获得公众关注，"健康传播"迎来了新媒体时代，短视频平台日渐成为健康类信息传播的热途。

随着媒介的不断发展，健康传播逐渐奔向了抖音等短视频平台。在短视频平台中，视频具有更加丰富的表现力，10—15 秒的视频时间也符合受众现今的阅读习惯而自带天然的流量，争夺了更多的注意力资源。同时，短视频在传播上的交互性和盈利性也为健康传播提供了更多的可能。短视频基本上为 15 秒左右，符合受众碎片化的阅读习惯，且易于推广。一些科普话题通过短视频的形式能最大限度地集知识和风趣于一体。

短视频平台提供给健康传播一个良好的传播环境和渠道，受众更易在轻松、快节奏的视频中接受健康信息，有助于提升传播效果。"健康中国"是国家卫生健康委员会的官方抖音账号，2018 年 5 月 4 日开通，截至 2022 年 10 月底，粉丝数量达到 456.6 万人，累计发布视频 2845 条，获赞 1263.9 万次。不同于丁香医生、南方健康等机构类运营的健康类账号，"健康中国"不仅是党和国家的顶层建构计划，更是作为国家健康部门的官方媒介实践，"健康中国"作为官方账号能够与健康类社会热点、健康医疗相关节日相呼应，及时传播相关知识与信息，引导受众关注"医师节""护士节"等，传播健康知识以及疾病知识，但在内容制作的精良程度以及创新度来看效果并不突出，受众的反馈也较少，与机构类抖音账号相比，视频质量不高。同类型的政务官方抖音号"深圳卫健委"与时俱进，受到更多受众的喜爱，其同时入驻 B 站、抖音。2018 年 5 月，护士节短视频《戏精女护士爆笑吐槽，看完眼泪都笑出来了》流量超过 5000 万，深圳护士刘欢，用一口四川话，道尽了护士工作的酸甜苦辣。爆笑的同时带来反思，人们通过这个视频，更加理解了护士群体的辛酸和不易。吐槽的形式看起来有点"负面"，但最终效果却非常"正能量"。

从传播学"使用与满足"理论出发，用户关注健康类抖音号是想要在"刷"抖音放松的同时获得一些健康知识来指导生活实践。健康类抖音号内容集中在生活常识、常见疾病预防、运动健身、母婴儿童、日常饮食、辟谣等话题，深奥的医学知识较少，内容丰富且多为年轻人关心的接地气话题。比如，上班族久坐导致的颈椎病该如何预防、缓解，生活中遇到的鸡蛋品种的营养比较、电热毯有没有辐射等问题。健康科普给受众带来一些知识的同时，用段子使科普视频更有趣，这也与抖音平台呈现的轻松愉快的风格相契合。

（二）新媒体环境下健康传播存在的问题

新媒体环境下的健康传播具有传统媒体时代中无法比拟的优势，传播机制的创新使其成为健康传播的有力工具。但自媒体海量化的信息以及权威性不够的健康信息同时也会给健康传播带来挑战，当下新媒体环境中的健康传播仍然存在问题。

1. 健康信息泛滥，同质化严重

当下新媒体环境下，"去中心化"使得受众的权利得到扩大，用户可以自由地发表意见，传播信息，但"把关人"的缺失造成信息未经审核直接传达到受众，信息的权威性和准确度无法得到保证。当前环境下关于健康的信息泛滥，且同质化严重，受众缺乏健康素养与一定的媒介素养，无法分辨健康信息对受众自我的用途。不加以判断就盲目相信互联网中的虚假健康信息，并运用于实践中，不利于健康，甚至损害身体。

大量健康类公众号发布的信息过多，且内容大多大同小异，由于信息的反复出现，给受众的阅读与接收带来负担，使受众产生焦虑情绪。且信息的真实性与科学性还存在疑问，只有官方政务平台如"健康中国""深圳卫健委""河南疾控"以及少量机构类如"丁香医生""名医话养生"等健康养生类微信公众号影响力较大且较为权威，发布的文章也是由各医科专家核定其真实与准确后上传的。新媒体环境下的健康传播的专业性与权威性良莠不齐，影响想获取健康养生知识的受众的判断力。国内的健康养生类媒体内容相同或相似，很大程度上也造成了健康传播的资源浪费情况。相关的公众号的功能也大同小异，多数集中在预约挂号、在线问诊、药品服务等健康咨询辅助功能上面。

2. 健康类推销严重，营利性过强

在新媒体环境下，越来越多的个人用户注册为自媒体，自媒体在传播健康信息的同时也在其中掺杂着产品的推销，这些广告推销混杂在健康知识的传播中，使受众不易分辨，如《长倒刺，是缺维生素吗》，看起来是一篇关于长倒刺原因的科普文章，实则是推销手部精华的广告，受众没有从中获取有用的健康知识，反而被诱导购买广告产品，这种现象在自媒体公众号中广泛存在。还有更多不良商家打着健康传播的旗号，利用新媒体平台进行健康营销，实则是为医疗保健产品做广告，把健康传播作为谋取利益的营销方式，并不是纯粹为受众服务，用户在接收这些虚假消息的时候也难辨真伪。健康信息并没有准确传达给受众，反而变成了自己推销产品的方式，引导人们通过文章涉及的健康知识去购买相应的保健产品，而这些产品大多都不具备任何健康功效，其中甚至有生产于小作坊之中的"三无产品"，这类健康产品的推销严重影响受众获取健康知识，并且破坏了健康传播的公共服务属性，影响健康传播的发展。

三、健康传播的议题设置

在新媒体环境下，网络媒介成为健康传播的新渠道、新手段，这种新的传播方式对大众接收健康信息的方式产生一定的影响。面对当下健康传播的特点以及存在的问题，健康传播通过设置议程对特定健康信息进行强调或淡化，以达到健康传播效果的最优化。

（一）议程设置理论的源起及发展

议程设置理论最早源自美国新闻评论家李普曼的《舆论学》（1922）"脑海中的世界图景"。他指出，大众媒体是现实世界的某个事件和我们头脑中对这个事件的想象之间的主要连接物，在媒介社会里，人们不再是对外界实实在在的"客观现实"作出反应，而是对我们头脑中描绘的"主观现实"作出反应。经过大众媒体集中报道的事件会被社会公知和政治精英优先关注。

1963 年，美国科学、历史学家伯纳德·科恩提出了更具影响力的表述："新闻媒体远远不止是信息和观点的传播者，也许在多数时候，它在使人们怎样想这点上较难奏效，但在使受众想什么上十分有效。"

1972 年，美国传播学者麦库姆斯和肖在《舆论季刊》上发表了题为《大众传播的议程设置功能》的论文，这是有关议程设置理论假设的第一项系统研究成果。1968 年，麦克姆斯和肖对总统大选进行了调查，看媒介议程对公众议程有多大的影响，研究结果表明大众媒介确实具有议程设置的功能。在特定的时间和地点，选民们讨论和关心的主要问题，恰是这一时期该地区主要新闻媒介所突出报道的问题。由此可知，大众媒体传播的内容一定程度上影响了对公众对事件的看法，通过对事件显著性的控制可以影响信息在公众心中的重要程度。议程设置在大众传媒进行健康传播的过程中同样发挥着重要作用，媒体往往具有建构性，因此健康信息在遵循一定的议程设置建构后传播给大众。

（二）健康传播的议题设置机制

大众传媒对健康信息进行"议程设置"一般包括三种机制。第一种机制为"知觉模式"（0/1 效果），即大众传媒报道或不报道某个议题，会影响公众对该议题的认识；第二种机制为"显著性模式"（0/1/2 效果），即媒体对特定议题的强调，会加强公众对该议题的重视程度；第三种机制为"优先顺序模式"（0/1/2……N 效果），即媒体对一系列议题会按照一定的优先顺序给予报道，从而影响公众对这些议题的重要性所做的判断。[①] 由于受众在互联网环境下获取知识较为容易，接受信息的自主性大幅增加，

---

① 冯浩羽.解读网络健康传播中的议程设置 [J] .福建师范大学学报（哲学社会科学版），2013（01）：160-167.

大大减弱了传媒对大众设置议程的"知觉模式"作用。故将着重分析健康传播中议题设置的"显著性模式"和"优先顺序模式"。

"显著性模式"在健康传播中最常见的形式就是专题。① 专题是媒体报道的常用形式，在重大事件中媒体经常使用专题形式对事件进行全方位的报道，它能极大发挥网络传播的超文本、多媒体、及时性等优势，给予新闻全方位、连续、深入的报道。一个专题涵盖了多条相关事件的短新闻，对事件分别从纵向、横向进行串联播报，更显生动、形象、有逻辑。当出现重大健康新闻时，关心新闻的网民很容易通过各大网站进入该健康专题，相关新闻之间又设置方便点击的链接，网民一般都会长时间"驻足"于该健康专题前阅读，由此健康传播通过"显著性模式"来实现其议程设置功能。

另一种重要的议程设置机制便是"优先顺序模式"。信息爆炸时代，知识的获取对于网民来说重要的已经不是"如何获得知识"，而是"获取什么样的知识"。网络中的健康信息浩如烟海，网站对新闻的排版往往会影响该议题在受众心中的关注度。版面的注意力吸引的实证研究表明：人的视觉浏览模式总是从左到右、从上到下。健康网站也往往利用这一视觉浏览规律进行自己的议题设置。如搜狐健康网，最重要的健康信息一般以"图片＋标题"的形式出现于左上角；中间板块由上往下依次为今日头条、健康分类、健康主题月、疾病、社区、微博；右边板块则是疾病互动查询、健康调查等。网民进入主页后，会受浏览习惯影响对新闻进行重要性排序，媒体借此实现议程设置功能。

"优先顺序模式"设置健康议程将传播者希望受众优先阅读的信息放在醒目位置使受众优先关注。在新媒体时代中个性化推荐成为信息接受的重要方式，公共媒体往往通过个性化推荐来使受众优先阅读受众关注的健康信息，某种程度上来说，优先顺序模式的主动权一定程度上转移到受众自身。但在社交媒体平台如微博、微信公众号等，仍然存在较为明显的"优先顺序模式"，新浪微博热搜中的事件排序天然地对受众形成阅读顺序的引导；微信公众号中将重要的健康信息内容放在头条，次要信息按照顺序放在次条及之后，这也是一种"优先顺序模式"在新媒体平台中的运用。

在新媒体环境中，公众的话语权得到进一步提升，健康传播的议题设置具有新的形态，媒体赋予公众更多议题设置的权利，使公众平等参与到社会健康话题的建构中

---

① 张自力.论健康传播兼及对中国健康传播的展望［J］.新闻大学，2001（03）：26-31.

来，但同时也引发了一系列的问题。

（三）健康传播的议题设置存在的问题

在互联网环境下，网络健康议题的传播与传统健康传播相比已显示出许多优越性，但同时也暴露出一些不足之处。

1. 网络健康议题的准确度存疑

新媒体环境中公众在媒体中发布信息更加自由、开放，健康信息在新媒体环境中传播自由，但同时没有统一的发布标准和规范以及把关人缺位，导致健康信息的真实性和准确度无法得到保证，互联网中的健康信息发布主体多元，包括公众、机构以及政府平台，发布主体的多元带来健康信息的质量良莠不齐。用户发布的内容甚至存在错误，而机构发布的信息往往包含宣传产品、诱导购买等问题。

网站中以及微信公众号平台、微博等社交媒体中发布的健康信息包括医疗保健、营养、健身等方面的信息权威性存在疑问，虽然现在部分平台发布信息会标注来源，但大多数平台的信息缺乏权威性和专业性。健康网站的编辑人员的编辑能力和健康素养也参差不齐，所以作为健康传播主体的健康编辑人员发布的主题无法代表公众所切实需要的内容。互联网环境中的信息原创度还不能完全得到保护，因此信息局部摘抄、伪原创等问题仍然存在，这使健康信息在传播过程中被二次解读，可能造成健康信息的不完整，导致公众在接收信息时容易产生误解。网络健康传播往往也缺少信息的内容编辑方针和程序。尤其是健康网站中对作者的资料交代少，文章编辑的署名也是比较随意的网络昵称，其中大量的文章转摘自其他媒介，如《健康时报》《环球时报》《生命时报》等。

同时，误导的或相互矛盾的健康信息在一定程度上也降低了网络健康信息的可信度。网络上充斥着各种健康信息，而健康信息编辑人员的不同意见也会导致健康信息之间的互相矛盾。编辑人员健康素养不足以及"把关人"的缺失导致网站中发布的信息内容自相矛盾，比如有健康信息称肥胖是基因问题，体重不能人为控制，饮食在减肥中几乎起不了作用，但同时又有其他健康文章宣扬要通过减肥维持身体健康或通过严格饮食控制体重。再比如"清宿便的好办法""宿便真的是健康的杀手吗"等互相矛盾的议题同时存在于健康类网站中。这些准确度和科学度存疑的健康信息大大降低了健康传播的效果，甚至误导公众。

2. 网络健康议题的专业性不足

网络健康传播的目的就是要把健康知识以网络为媒介传递给大众，让大众更容易地获取健康知识，从而提高大众的健康水平。网络健康知识与其他类型的信息的不同，需要专业的医学知识和营养学知识。专业性、准确性往往成为衡量网络健康信息优劣的标准，网络健康知识是否源自权威专家与权威平台十分重要。比如明确标明来自医疗专家和医疗组织的健康信息使公众放心接收，从而提高网络健康信息的传播效果。

但目前在社交媒体以及健康网站中提供的信息来源多样，真正来自权威渠道的信息较少，更多的则是网站编辑拼贴形成的。在大量的网络健康知识中，内容引用医疗专家、医疗组织的比例总体只维持在15%—39%。而大多数医疗专家的文章则会出现于各大具有官方背景的报纸媒介的健康频道中，如经常成为网络健康知识来源的健康类报纸有《生命时报》《健康时报》等。由于网络健康信息中较为专业的内容，多数来源于各传统媒介，而受众从传统媒介渠道中获取信息越来越少，权威信息无法直接传播给受众，所以许多不专业的健康议题常冠名"据专家介绍""专家提醒""营养学认为"等模棱两可的专业概念，这种模糊的专业概念表面上可以增加信息的接受信心，但最终仍不能保证其内容的专业性和科学性。

3. 网络健康议题盲目追求话题度

目前中国大部分健康网站以及健康类公众平台多为营利性机构，网络健康议题设置在很大程度上取决于其对网站商业利益的贡献。就连微博、公众号这种自媒体的网络健康议题也往往有其强烈的目的性。网络健康议题设置很多时候并没有站在受众的角度去考虑"大众需要什么样的健康议题"，而是考虑"什么样的议题更能吸引大众""哪些议题更能使大众的浏览量变现"。

目前健康类搜索引擎及社交网站中讨论最为火热的是"性"议题，其次便是"肥胖""美容"，还有就是"睡眠""疲劳"。"性"议题成为吸引公众眼球的法宝。搜狐健康频道的"男性健康"栏目就有大约一半的文章是在讨论与性有关的问题。而很多网站也将两性议题放在重要位置加以凸显，以期引起受众的注意。如《提高性爱质量的 10 个建议》被安排在搜狐网健康频道的最显著位置。网络健康传播中的性议题设置虽然对普及性知识有非常大的帮助，但是过多的强调导致议题设置的"偏食"现象。

健康议题的设置如果只盲目追求话题度，往往会导致一些真正有价值议题的流失。新媒体环境中健康议题丰富多样，是健康传播独有的优势，但议题过于冗杂也会造成议题价值的流失，因为并不是所有发布的健康信息都有可能成为议题。许多网络健康媒体对于健康事件的报道都是雷同的，而真正有价值的议题却可能吸引不了眼球而被忽视，更不可能成为议题。"健康"一词不仅包含生理健康，同时还包含心理健康。早在 1946 年，世界卫生组织就明确规定："健康是指一种身体的、心理的和社会适应的健全状态，而不只是没有疾病或虚弱现象。"当下快节奏的生活压力下，心理疾病是一种隐藏的健康炸弹，而心理及精神健康的信息传播并未得到重视。目前人们对于健康的理解还停留在生理健康的层面，心理健康处于一种被忽略的状态。由于心理健康不被重视，网络媒体在迎合大众口味的同时，把许多有价值的心理健康议题边缘化了。

（四）加强网络健康传播议程设置功能的对策

加强网络健康传播议程设置功能应该从议题的设置者、设置媒体，还有议题本身的性质出发，进行全面优化与完善。具体包括"把关人"的素质、网络媒体的权威性以及新的健康理念等。

1. 提高"把关人"的素质

"把关人"（Gate Keeping）理论是由美国社会心理学家、传播学四大先驱之一卢因率先提出的。后来传播学学者怀特做出进一步补充与完善：社会中存在着大量新闻事件，但媒体并不会对所有事件进行报道，而是有一个选择的过程，"把关人"对信息进行筛选后传达给受众。截至 2022 年 6 月，我国网民规模现已达到 10.51 亿，这些网民都可在互联网自由发布信息，在互联网环境下，网民被赋予的权利越来越多，掌握了一定的话语权，甚至有可能成为"把关人"。随着网民数量剧增，"把关人"的权力进一步下放，但把关人的素质却得不到保障，这使得媒体中的把关人功能被削弱。健康网站的网络编辑人数不断增多，编辑人员结构却是令人担忧的，真正能在健康知识和网络传播规律之间自由游走的具有专业素养的编辑人员还是少数。有些网络编辑对舆论导向的把握能力有明显的欠缺，信息发布前又缺乏必要的审核，导致不正确的健康信息对网民产生错误导向。健康信息的"把关人"的素质关系到健康信息的准确性、健康议题的筛选，甚至是整个民族的健康认识导向。目前健康网站的"把关人"主要是网络编辑、自媒体、微博中健康传播的"意见领袖"，即在健康领域具有影响力的"大 V"，他们在网络健康信息的采集、加工、制作、发布的整个流程中都起着重要的作用，对于其健康素养以及作为"把关人"的素质都应加强培训。

新闻媒体工作人员需要注重专业性的提升，了解最新、最全的医学研究成果，加强与医学专家之间的联系，改变公众的态度，将各类疾病的发生率控制在最低的水平。公共卫生事件涉及的医学知识比较复杂，民众的理解难度较高，难以更好地抓住其中的重点和核心。对于新闻工作者来说，如果自身的专业素养不足，那么就要与医生进行有效的互动，通过不断学习掌握医疗事件发生的原因，利用专业术语体现新闻传播的准确性和可靠性，满足受众对信息的实际需求，降低受众的理解难度。

但是对于专业健康网站来说，"把关人"除了具有新闻传播与编辑相关知识与技能外，其医学、心理学等专业"门槛"应该更高，网络健康传播的"把关人"还需体现出医学、心理学等相关专业背景，或取得相应的执业医药师、心理咨询师等资格认证。除了硬件保证之外，网络健康传播的"把关人"素质的提高还体现在其职业道德的提高以及自身责任心的增强。

2. 增强网络健康媒体的权威性

网络传播由于其开放、自由的特点，所以在权威性上有着先天的不足，但是精确与专业却是网络健康媒体得以存在和发展的前提条件。缺乏权威性的议题设置难以使公众信服，人们去搜寻、获得网络健康知识，就是因为个体本身缺乏这方面的知识，人们更愿意从权威的健康网站获取信息。网络健康媒体要加强自己的权威性，必须对网上的健康信息进行辨认和过滤，提高自己的专业水平，在议程设置上发挥自己的专业特色，并在长期发展的过程中赢得特定受众群的信任。除了新闻媒体工作人员能够扮演传播者的角色外，在全媒体时代知名的医疗行业从业者也承担着健康传播的功能。例如，微博博主"六层楼"是经验丰富的妇产科大夫，"急诊夜鹰"是知名的急诊科医生。这些专业人士的言论是网民非常信任的健康信息来源。

在中国，网络健康传播频道大部分都是商业性网站的分支，其定位仍然是以休闲、娱乐为主，缺乏专业权威性。专业性的健康网站仅有中国疾病预防控制中心和为数不多的一些协会组织、学术团体，如中国糖尿病协会、中国医师协会、中国抗癌学会等为公众提供健康信息。其中由中国疾病预防控制中心所提供的健康信息较为全面，内容包括疫情的中心动态、地方动态、预防的对策、热点问答、健康主题等板块，并且以字母检索的方式提供卫生信息的国内外查询。由中国医师协会主办的"寻医问药网"中的论坛专家在线，按照不同的疾病进行分类，由各科医生或专家担当版主，对网民进行针对性的答疑解惑，这样大大提高其健康信息的权威性。虽然国内网络健康议程设置的权威性在不断地提高，但就健康信息数量、类型及系统性都与部分发达国家同类网站有相当大的差距。要增强网络健康传播的权威性，不仅各大健康网站要提高自己的专业水平，更重要的是中国医疗机构、中国健康机构的全员参与。只有网络健康传播得到政府的重视与支持，网络健康传播的权威性才有可能大幅度地提升。

"没有全民健康，就没有全面小康。"2016年8月26日，中共中央政治局召开会议，审议通过"健康中国2030"规划。习近平总书记主持会议并发表重要讲话。人民身体健康是全面建成小康社会的重要内涵，只有把人民健康放在优先发展战略地位，加快推进健康中国建设，才能为实现"两个一百年"奋斗目标、实现中华民族伟大复兴的中国梦打下坚实健康基础。

习近平总书记在二十大报告中提出，增进民生福祉，提高人民生活品质。他说，江山就是人民，人民就是江山。中国共产党领导人民打江山、守江山，守的是人民的心。治国有常，利民为本。为民造福是立党为公、执政为民的本质要求。必须坚持在发展中保障和改善民生，鼓励共同奋斗创造美好生活，不断实现人民对美好生活的向往。近几年，政务媒体重视健康信息的传播，卫生健康委积极开设公众号与微博账号，为公众提供权威信息，如健康中国、深圳卫健委等，这些政务类媒体发布的权威信息使得健康传播效果大大提高。

3. 注重全媒体渠道应用，实现各媒体平台的互动和聚合

当今社会，网络媒体多元化趋势明显，各大媒体平台竞争异常激烈。有效整合媒体平台，促进各媒体平台的互动和聚合，对顺利解决突发公共卫生事件有着重要的影响。各大媒体应该广泛利用各种媒体平台，改变传统的报道方式，多角度、多渠道进行事件信息的详细报道，如利用公众熟知并广泛使用的微博、微信、抖音等传播渠道作为工具进行事件的关键信息的及时发布。在长春长生疫苗事件中，《人民日报》高效率发布微博向公众传达事件的进展。2018 年 7 月 24 日，从 10 ：23 到 22 ：19，共发博 4 篇，从吉林省纪委监委的调查进展到国家药监局的彻查进程，涵盖方方面面。"问题疫苗流向哪里""问题疫苗有多大危害""国家的处理措施是什么"等等，以权威的姿态向公众发布事件动态，同时就公众关心的健康信息进行了及时有效的解释。同时，《人民日报》的微信公众号也对事件进行追踪，在微信平台上有效把控了舆论走向。微博和微信的互动使得权威信息发布产生聚合效应，能够为正确的健康信息创造畅通的传播路径，使公众在关注事件进展的同时消除内心疑虑，最大限度地减少了谣言的产生。

四、人文本位的健康传播

健康传播是以提高大众健康水平、获得更高品质生活为归宿点，其终极目的是促进人人健康。"追求健康，传播健康"是健康传播的核心理念。健康传播既是改变人们健康观念的基本途径，也是疾病预防控制与公共卫生管理的关键手段。健康传播理论与实践的发展对于提升国民健康素质、促进经济社会发展、构建和谐社会具有重大意义。

健康传播关注的主体是人，而人的价值和生命的尊严是高于一切的。因此，在健康传播的全过程中，必须贯穿以人为本的主线，维护大多数人的尊严和权利，体现人文精神的核心价值。

（一）健康传播应遵循的原则

1. 公共利益至上

媒体作为"社会公器"，具有公共属性，应承担起一定的社会责任，传播积极向上的信息内容。健康信息与社会公众密切相关，媒体在传播健康信息时应坚持公共利益至上的原则，才能确保绝大多数人的利益不受损害。

1956 年 7 月 1 日，《人民日报》改版社论中写道："我们的报纸名字叫《人民日报》，意思就是说它是人民的公共的武器，公共的财产。人民群众是它的主人。"这说明，公共精神是媒体的至高追求，新闻活动的目的就是为社会公众服务。随着社会的多元化，各种利益集团都在争夺健康传播中的话语权。媒体作为社会公器，必须在最大限度上维护公众利益，才能获得公信力。健康信息作为关系着大众切身利益的信息，媒体在对其进行传播时首先应遵循以公共利益为主的原则，才能保证所传播的健康类信息切实为公众服务。媒体应进一步加强医疗基础知识、公共卫生素养及职业道德素养的培训，提升媒体工作人员的健康传播素养。

2. 维护生命尊严

生命是世界上最宝贵的财富，生命的尊严超越一切。敬畏生命，是健康传播的本质属性。在一个公民社会，人人都享有平等的权利，人的尊严高于一切。媒体在进行相关报道时应避免使用带有侮辱性的称呼，如尊重残疾人，用"残疾"或"残障"等称呼代替"残废"。自媒体不应为吸引眼球故意贴上"标签"。如对艾滋病人，一些媒体缺乏起码的同情和尊重，将患有艾滋病的女性称为"艾滋女"等。

媒体对待复杂的社会问题时应谨慎处理，如自杀行为，很多媒体过度渲染自杀行为，甚至存在美化自杀的倾向，极大地误导了青少年。

3. 关注弱势群体

健康是一项基本人权。在健康传播中，必须体现人的自由和价值。其核心就是让全社会每一位公民健康生存、健康生活、健康发展，让公民的健康权得到最充分的保障。

在现实中，弱势群体由于拥有较少的话语权，其健康权益往往不被关注。而媒体作为社会公器，既要为强势群体说话，更要为弱势群体代言，保障人人享有平等的健康权益。新闻媒体是一种公共资源，在资源有限的情况下，坚持弱势群体优先，是媒体人文关怀的体现。

（二）人文本位下健康传播的策略

1. 从宣传到对话

推动单向宣传、自上而下的健康传播发展为双向交互、平等交流的健康传播。在传统媒体时代单一的传播者和受众的关系应向更为开放、平等的关系转变。新媒体技术的发展使受众身份产生质的变化，从单一的接收者转化为与传播主体双向对话的关系。此时健康传播主体的态度也应产生改变，转变高高在上的宣教姿态，与受众进行平等的对话交流。

以平等对话为原则，新媒体语境下的健康传播应当树立如下观念：

一是科学的观念。健康传播的价值首先来自其科学性，无论时代与技术发生怎样的变化，健康传播主体都应保证信息与知识的科学性与准确性，在健康知识生产过程中坚持真理，确保健康传播方向和方法、结构和功能、过程和结果最大化的科学性。

二是人本的观念。人民群众及其生活水平既是健康传播的出发点，也是其归宿。健康传播应坚持以保障人民健康、提高人民生活水平为最终目标，在进行健康传播时处处为人民群众的切身利益考虑，而不单以提出健康信息为中心。

三是文化的观念。文化是一个族群的总体心理秩序，是化育其他秩序的"底层秩序"，时时处处影响人们打理内在世界、介入外在世界的心态和姿态、方向和方式。[①]健康传播在我国特定的文化语境下应符合我国人民的文化心理，在进行传播时应考虑

---

① 胡百精.健康传播观念创新与范式转换——兼论新媒体时代公共传播的困境与解决方案［J］.国际新闻界，2012，34（06）：6-10+29.

到受众的文化心理，如预防儿童肥胖问题上，不应过分强调节食减肥，而要改变"胖就是壮"的文化心理。切合受众文化心理的健康传播能够使传播效果大大提升。

2. 从"信息流"到"关系网"

新媒体环境下催生了社交媒体的产生，使社会关系重构，塑造出"关系网"的概念，"关系网"较之"信息流"的基础性和优先性地位在健康传播和其他公共传播中更为重要。[①] 事实上，社交媒体带来的真正变革不是信息量的激增，而正是在于旧关系的复活和新关系的创造，关系不仅承载信息，而且决定信息的样态甚至内容。传者去中心化潜隐着强烈的"多中心"诉求，健康传播者要主动构建多元对话格局。"多中心"关系网的建立和维护至少考量两个指标：一是距离，即各方在信念、知识、情感、人文地理等方面无形或有形的接近感，感觉越近则关系网就越容易建立且坚实，因此健康传播机构要让自己从知识和道德的高地上走下来，与人们平等地对话；二是交换，即各方在关系网中能够为共同体创造价值，并因此满足马斯洛意义上的生理、安全、爱、归属、尊重和自我实现等基本需求，以及权利、交往和成就的需求。在社交媒体平台上，健康传播机构要将部分权利让渡给受众，使受众参与到健康传播的过程中来。

关系网的节点是意见领袖，健康传播要善用意见领袖群体。健康传播机构应当利用社交媒体识别和沟通医学专业意见领袖、公共意见领袖和"草根"意见领袖，以他们为节点建立三类、多级社会关系网，这将开启健康传播的新时代。关系网可以生成强大的行动力，以关系网为核心发动并组织促进健康相关的社会运动、公民活动等。

3. 从利益共同体到价值共同体

"知信行"范式下的健康传播更多地关注了信息共同体和利益共同体建设，价值共同体建设目前来说还存在困境。这既有观念上的障碍，也受限于健康传播的技术平台。而社交媒体为平等对话提供了便利，关系革命在个体生活方式和生命价值层面越来越受到重视，价值共同体建设不仅越来越重要，而且获得了现实可行性。健康价值

---

① 胡百精.健康传播观念创新与范式转换——兼论新媒体时代公共传播的困境与解决方案［J］.国际新闻界，2012，34（06）：6-10+29.

共同体建设尤其重视如下三个问题。

信念。对话的观念要求对话者之间存在"共通的意义空间",此处之"意义"既指双方共同熟悉的事物,也指超越具体事物的价值和信念,如幸福、美好、良善、尊敬、悲悯、和谐等。缺少共持信念的对话,是不可能持久、深入和稳固的。

信任。文化的观念要求立足特定族群所归属的文化来考量行为的必要性和可行性,在中国文化语境下,传播者的力量首先来自可信性和权威性,其次才是知识的效度。健康传播者自身应具有一定的信服力和品牌效应,这使受众更易信任主体所传播的信息。

信心。人本的观念要求坚持健康传播坚持以提高人民健康水平为核心,同时具有人文关怀,对公众进行健康信息传播时尊重公众,并对公众在信念和行为上的改变保持积极态度。对社会的健康和健康发展保持信心能够更好推进"健康中国"战略的建设。

第九章

时尚传播与社会流行

据新华网 2021 年 4 月 15 日报道，河南洛阳某一高校春季运动会开幕式上，大一女生穿旗袍走秀的视频走红。据拍摄者郭同学介绍，表演者是九名大一新生，当时走秀现场让同学们都眼前一亮，表演十分惊艳，赢得一致好评。旗袍，作为世界上影响最大、流传最广的中国传统服装，是灿烂辉煌的中国传统服饰的代表作之一，是民国时期最普遍的女子服装。2021 年正值中国共产党建党一百周年，学生们通过旗袍秀这样的方式将国粹与时尚表演结合起来，宣扬中国优秀传统服饰文化和时尚文化的同时献礼党的百年华诞。

旗袍在历史潮流中经历了不少起落，如今随着"国潮"兴起，"国货"热度攀升，旗袍重新回到了大众时尚视野中，并根据市场需求逐渐进行平民化、年轻化、实用性的改革。那么旗袍为什么能成为我国传统服饰的代表，"国潮"是什么，人们跟风的"时尚潮流"又是什么，这就要从"时尚"与"时尚传播"开始说起。

一、时　尚

（一）时尚的定义

时尚，即"时"与"尚"的结合体，在汉语词典的注解中，"时"指时下，某一时间段，"尚"则是崇尚、高尚、领先，所谓时尚，就是人们对社会某一事物产生的一时的推崇。

时尚一词，是个地地道道的舶来品。在西方语言系统的发展过程中，早在印欧语系中"时尚"的词根 muid 便已经出现，在现代法语中，"时尚"法文为 mode，到了17 世纪末，mode 则用 manière 和 façon（方式、风格和格调）表示，英国人也是在这一时期将 manière 和 façon 翻译为英文 fashion。[①] 对于"时尚"英文翻译有很多种，"Fad，时尚，一时流行狂热，一时的爱好""mode，方式，模式，时尚""style，风格，时尚法，文体，风度，类型，字体""vogue 时尚，时髦，流行，风行""Trend 趋势，倾向"等等，"fashion"的含义则可以包括以上所有翻译的全部形态。

在中国，"时尚"一词由来已久。宋代学者余文豹在《吹剑四录》中写道："夫道学者，学士大夫所当讲明，岂以时尚为兴废。"清代学者钱泳也曾在《履园丛话·艺能·成衣》中记载："今之成衣者，辄以旧衣定尺寸，以新样为时尚，不知短长之理。"这两处的"时尚"，与今日的词义几乎一致。除了"时尚"一词，在古文和近现代文学作品中也常用其他词来表示"时尚、潮流、风尚"之意，比如"入时"一词，唐代诗人朱庆馀在《近试上张籍水部》中写道："妆罢低声问夫婿，画眉深浅入时无？"，作家巴金在《寒夜》的尾声是这样描述的："从车上走下来一个装束入时的女人"，虽无"时尚"，但"入时"也就表明了紧跟时代潮流，符合当下风尚的含义。

学界对于"时尚"的定义有很多版本。德国社会学家西美尔对"时尚"提出了两

---

① 高宣扬. 流行文化社会学 [M]. 北京：中国人民大学出版社，2006：67.

个重要观点，一是"时尚把个人引向每个人都在前进的道路，它提供一种把个人行为变成样板的普遍性规则，但同时又满足了人们对差异性、变化、个性化的要求"。二是"时尚创造于社会顶层，然后如水般渗透、滴流到各个社会阶层"，即时尚是有关阶级的产物。[①] 国内对"时尚"的研究主要集中在社会心理学、服装设计学、新闻传播学等领域。据相关史料记载，我国最早对"时尚"做出的解释是晚明名僧袾宏所著的《竹窗随笔》，"今一衣一帽，一器一物，一字一语，种种所作所为，凡唱自一人，群起而随之，谓之时尚"。现代社会，周晓虹认为"时尚是在大众内部产生的一种非常规的行为方式的流行现象"，[②] 而赵振祥和徐文艳如此解释"所谓时尚，就是指在一段时间内为少数人所引领、并为公众所追捧的生活用品、生活方式或思想文化风潮。"[③] 综上，时尚是指特定的人群在某一特定的时间对某一事物的崇尚。这就强调了时尚与大众主体和传播密不可分的特点，时尚只有靠大众的参与与广泛传播才能在社会流行，虽然这与时尚本身的价值有所出入，即时尚一旦被大众所广泛拥有，成为普遍现象，它也就是失去了时尚的意义，但这并不影响时尚和时尚传播这样的社会现象是客观存在的，只是大众的接受、追崇、效仿力度在一定程度上决定了时尚的范围和影响价值有多大，时尚流行时间长了也就变成了社会传统，所以西美尔明确指出："时尚总是只被特定人群中的一部分人所运用，他们中的大多数只是在接受它的路上。"时尚在时代前进的脚步中不断发生革新，对于普罗大众而言，时尚在远方，追逐时尚的步伐永远不会停下。

（二）时尚的具体表现形态

时尚的具体表现形态多种多样，总结起来有三点：时尚的产品实物、以新兴潮流的生产生活方式为代表的行为方式和新思想新文化的观念意识形态。

---

① ［德］齐奥尔格·西美尔 . 时尚的哲学［M］. 北京：文化艺术出版社，2001.
② 周晓虹 . 社会时尚的嬗变与兴替［J］. 江海学刊，1995（01）：43-47.
③ 赵振祥，徐文艳 . 时尚之义涵与时尚传播的多维诠释［J］. 现代传播（中国传媒大学学报），2019，41（09）：70-75.

（1）时尚的产品实物。这种时尚以衣食住行游等各方面物质媒介为基础，包括服装、饮食、家具、通讯产品、交通工具等等，是时尚最基本、最普遍，也是最容易被大众所拥有的表现形态。随着经济的快速发展和时代的进步，商品的设计和制造越来越精细化、智能化、人性化，而时尚不仅有新奇的特点往往还会出现周期性的反复，某些商家为了怀旧还会生产旧物件或者将物品复古化做旧。论"时尚"和"时尚单品"永远绕不过"服饰"和"妆造"两个话题。比如民国时期，中西方文化相互碰撞，国人传统的审美观也受到了巨大的冲击，穿着打扮也逐渐融入西方时尚特色。最具有时尚代表的"民国一代影后"胡蝶，穿衣品位前卫时尚且非常洋气，她梳着一对"标志性"的麻花辫盘式发型，身穿一件双扣羊毛大衣外套，极简流畅的版型剪裁，肩膀上采用撞色皮草点缀出华丽高贵的气质，且眉宇间散发出雅致脱俗的娇媚，微微一笑露出迷人的深邃酒窝，成为 20 世纪 30 年代上海滩女人们的时尚标杆。而中国元素早在西汉就沿着丝绸之路传入了罗马帝国，丝绸作为中国独有的织品，极大地丰富了西方服饰文化，古代西方人对中国丝绸极度尊崇，将其视为身份与权势的象征，并将其作为祭祀神的服装，无论是那不勒斯博物馆藏酒神女祭司像，还是帕特农神庙女神像，皆身穿丝绸服饰。20 世纪 50、60 年代，伴随着欧美等国"东方主义"的流行，代表中国女性服饰风尚的旗袍也成为西方世界的一股暗流，伊丽莎白·泰勒、格蕾丝·凯利等好莱坞女星都穿过旗袍出镜。中国风越来越受到国际时尚圈的认可和推崇。

（2）以新兴潮流的生产生活方式为代表的行为方式。行为方面的时尚其中包括游戏、体育活动、旅游、休闲、兴趣等。这种行为的流行一般都是以群体行为的形式出现的。比如"全民炒股热"，1986 年中国第一股——上海飞乐音响股份有限公司在南京西路 1806 号静安证券业务部正式挂牌买卖，当天上市的 100 股股票不到一个半小时即被抢购一空。20 世纪 90 年代初，深圳证券交易所、上海证券交易所相继成立，掀起了长达近 30 年的炒股狂潮。作为中国经济新现象，股票的出现是商业大潮和经济利益对普通民众的巨大冲击。从此，股票市场的涨落起伏与股民的生活发生了密不可分的关系，也从侧面流露出中国民众对于经济观念的转化。

（3）新思想新文化的观念意识形态。这包括大众的思维方式、感受方式、社会思潮、新的学术观点以及其他与人类精神和意识形态的流行有关的各种时尚现象和文化产品。当时尚从具体的生活用品上升到思想文化层面，形成思想文化潮流，就达到了时尚的最高境界，时尚从来都不止步于生活产品。人类历史上几次重大的思想解放文化运动如欧洲文艺复兴运动、西方宗教改革、启蒙运动、中国新文化运动等等，都是影响社会更替和发展前进道路的重要思潮。再比如中国对美的标准的变化，以现代的眼光来看，美女的眼睛标准大多是大眼睛、双眼皮。然而在古代，单眼皮才是美女的标配。历代的审美观并非一成不变，如唐人崇尚浓艳丰腴，明、清崇尚纤弱轻柔，但唯一不变的是对单眼皮的偏好。在绘画中，从现存最古的一幅人物画——东晋顾恺之的《女史箴图》起，一直到清末，对单眼皮和细长凤眼的偏好从来没有变过。

案例

　　近年来，"国潮"爆款不断涌现，涉及音乐、美术、建筑、家具、服装、美食、日用文创等精神生活与物质生活的各个方面。随着消费者特别是年轻一代对国货的逐渐认可，追逐"国潮"的社会审美时尚正在悄然兴起。无论是买"国货"、晒"国货"、用"国货"，还是穿汉服、听民乐、看古装影视、游红色景点，或是《国家宝藏》节目、《只此青绿》舞蹈、北京冬奥会开幕式上的二十四节气倒计时和闭幕式上的"折柳寄情"场景等引爆社交媒体话题榜，这些在消费、文化演艺等领域的流行趋势很大程度上折射出国人审美风尚和文化态度的转变；从业者从追捧海外的时尚潮流和设计理念，逐步转向青睐彰显中华优秀传统文化、美学思想的文化符号和设计思路，并且越来越乐于尝试、善于创新、敢于表达；消费者不仅更认可中国文化品牌形象、"国潮"消费品，而且在生活态度、审美趣味方面努力寻找与中华文化精神的契合，体现出较高的文化自信。[①]

———————————

① 彭训文."国潮"消费为何持续升温［N］.人民日报海外版，2022-08-15.

二、时尚传播与社会流行

（一）时尚传播的概念及其要素

时尚即传播，时尚信息的流通和传递离不开传播，失去传播的时尚只能称为极少数人"特立独行"的标志或爱好，"尚"即要达到一定的高度和广度，也就是时尚传播的深度和范围，时尚因传播而"生"，也因传播而"亡"。从传播学的角度来看，广义上的时尚传播是指各种时尚元素通过个人、各组织、各群体借助符号化的媒介表达传递给受众，达到时尚信息共享的目的，并主要从传播的五个要素：传播者、受众、传播内容、传播媒介与传播效果展开讨论。而狭义上的时尚传播主要是指围绕服装服饰、珠宝首饰等流行产品的时尚品牌的传播，包括时尚品牌的源起发展、产品宣传、市场营销、用户反馈等全过程传播，时尚产业和时尚品牌通过大众媒介将品牌独特的价值观念和审美观念传递给受众，建立良好的品牌形象的同时扩大其品牌影响力。在当今社会，时尚传播也可以指例如极简主义、轻奢风格等生活方式、消费理念的传播。

时尚传播是一种独特的社会文化现象，同时也是大众群体心理的表象。西美尔在时尚源起的研究中提出了"阶级分野论"，他认为，"时尚"是上层社会阶级独有的产物，是区别于普罗大众的标志，而平民对时尚的追逐则是效仿行为，是为了抹去他们与上流社会的阶级差别。除此以外，他还将时尚产生的原因归结于"人的双重性"，一是标新立异，二是随波逐流。这样的观点也受到中国学者的认同。周晓虹教授通过实证研究认为，"模仿"和"从众"是时尚得以产生和普及的手段。郑也夫教授提出"熟悉"与"新奇"的两重心理机制是人们追求时尚的重要原因。从时尚的社会心理机制可以看出，人们对于时尚的态度是双重的，是矛盾的。一方面"求新"与"好奇"是人的本能需求，时尚的出现刚好满足了他们对于新鲜事物的好奇和向往，这时候"模仿"行为和"从众"心理成为大众普遍存在的生理和心理状态，或是迫于群体压力避免受到孤立和排挤而形成一种自我防御状态，或是想要特立独行，展示自我，成为"时尚弄潮儿",大众自觉或是被动地被卷入时尚的潮流中,而当时尚趋于流行,成为司空见惯的日常,就会被大众所遗弃,取而代之的是一种新的时尚现象的出现,人们会重新投入新时尚的追求上去。这样循环往复的时尚的传播轨迹也正是时尚能够永不过时或者存在周期性轮回的原因所在。

在对时尚传播机制的研究中,有两种主流理论,一种是以西美尔为代表的时尚社会分层及垂直流行论;另一种是以布鲁默为代表的时尚集体驱动及漫渗流行论。时尚社会分层及垂直流行论,这是自上而下的垂直传导,是由社会上层政治、经济、娱乐界领袖人物倡导而形成风气。在中世纪,时尚是王室贵族显贵身份的象征,他们的服装由宫廷设计师量身定制,使用上等昂贵的材料比如蕾丝制成各式各样的服装和首饰,尽显华贵,贵族主导着时尚的潮流和走向,平民以仿照当时宫廷样式为时尚。

19 世纪 30 年代初,以法国、意大利为代表的经济发达,思想前卫的时尚之都纷纷成立起各时装行业的奢侈品品牌,此时奢侈品品牌多为皇室贵族专供,比如珠宝品牌"尚美巴黎",是法国皇室拿破仑的御用珠宝商,1804 年 12 月,拿破仑加冕当日,约瑟芬皇后佩戴着尚美(CHAUMET)制作的奢华精致皇冠盛装出席,她佩戴的头部装饰便开始在宫廷和巴黎流行开来,成为了当时的时尚潮流。后来随着工业革命的到来,大规模的机器生产代替生产效率低的普通人力,纺织服装业发生了质的变化,宫廷时尚也逐渐向资产阶级和普通大众倾斜。

时尚集体驱动及漫渗流行论,强调大众的审美与品味是时尚的关键标准,时尚也可以自下而上地扩散,先由社会上的普通群众开始,然后向上推广、传播。比如街头文化,又称 Hiphop(嘻哈文化),产生于 20 世纪 60、70 年代的美国纽约布朗克斯区,这原本是来自边缘社会的边缘黑人青年因对社会不公而用说唱、地板舞、涂鸦等艺术形式进行发泄的手段,是一种亚文化现象,而如今街头文化逐渐从"地下"来到了地上,不仅成为各大时尚走秀和时装表演的暖场节目,也在中国市场掀起了一阵嘻哈风。《中国新说唱》《这!就是街舞》等现象级综艺引发社会热议,经过社会主义优秀文化影响和融合后的街头文化不再仅仅与"叛逆""酗酒""暴力"等负面词汇相关联,"爱、和平与尊重"成为中国青年对街头文化时尚的统一价值认同。除了这两种垂直纵向的传播渠道,时尚传播也可以在社会各阶层或群体的横向扩散,即由某一群体兴起,借助于社会作用,广泛普及与传播到其他群体或阶层,例如跨区域传播时尚。中国唐朝的服饰对海外影响颇深,尤其是日本,日本借鉴唐朝服饰的样式,在纹样上继承了唐朝时期的曲线美，多用鸟、鱼等动物纹样，取吉祥富贵、家庭和睦之意，直到今天，我们依然可以从和服中看出唐朝服饰的影子。

时尚传播渠道受到政治、经济、文化等社会情境和现实因素的影响各有不同，尤其是技术革命带来的传播方式和传播渠道的革新，大众传媒拓宽了时尚传播的渠道，扩大了受众的传播范围，为各种时尚产品和时尚的行为方式的制造和推广提供了可能。在早期西方封建王朝和中国古代社会，王室贵族间的时尚传播多是以人际传播为主，传播范围有限，而大众媒介的出现打破了原有的传播格局，让平民大众也拥有平等的机会接触时尚。在新媒体时代时尚传播模式变得更加多种多样，主要有以下三个途径。

1. 纸质媒体

杂志是传统时尚传播的重要阵地，不仅集中展现了当下最流行的时尚现象，更是时尚潮流预测的风向标。近代中国时尚杂志的发展早在晚清就于画报中发端，《点石斋画报》就是对晚清时尚的传播。清末上海成为中国时尚传播的中心，《上海新报》等报纸杂志同样有对时尚内容的传播。到了 20 世纪 30 年代，《玲珑》创刊，成为中国第一本真正意义上的时尚杂志，自发行之日起就深受读者喜爱，张爱玲在《谈女人》一文中曾经提及，"一九三零年间的女学生人手一册《玲珑》杂志"，足见《玲珑》在女学生中受欢迎的程度。改革开放后，1988 年《ELLE》与上海译文出版社合作，推出了《ELLE 世界时装之苑》，由此中国时尚杂志开启了一个全新的时代，如今国内女装五大刊《Vogue 服饰与美容》《ELLE 世界服装之苑》《Harper's Bazaar 时尚芭莎》《Marie Clair 嘉人》《Cosmopolitan 时尚》分别在各自领域拥有一席之地。相比于女性时尚杂志，男性时尚杂志在种类和数量方面是比较少的，受欢迎程度也不如女性杂志，国内市场份额占比较大的男性时装杂志有《男人装》《时尚先生》《智族 GQ》《芭莎男士》等，从男性时尚杂志和女性时尚杂志的发展来看，时尚杂志的传播主要是基于女性时尚杂志的各种时尚元素。时尚杂志的传播具有以下四个特点：追求感官愉悦，内容与广告相结合，受众进一步细分，强调精神消费。随着媒体深度融合和数字产业化的逐步推进，传统期刊也正在进行数字化改造。数字时尚期刊相比传统时尚期刊，具有多终端、多渠道发行，覆盖地域更广阔、影响更广大人群的特点，尤其在过刊内容的利用方面也拥有传统纸媒无法比拟的优势。不仅如此，国内时尚杂志逐渐从杂志社向时尚传媒集团发展，涉足其他与时尚业相关的、可合作的行业，比如慈善行业、影视行业，定期举办时尚盛典、慈善晚会，影响力颇大。

2. 电视媒体

时尚电视媒体是继纸媒之后又一种具有时尚传播特征的媒体形式。《时尚放送》开播于 1994 年 11 月，是国内第一个综合性时尚电视节目，并迅速成为国内最具知名度和影响力的时尚类电视栏目。而后《美丽俏佳人》《我是大美人》等时尚节目陆续登上电视，深受追求时尚潮流的年轻群体热爱。除了时尚资讯类节目外，还有时尚类电视剧。代表时尚潮流的歌曲、舞蹈也有部分是通过电视媒介传播给大众的，比如 20 世纪 60 年代的摇滚乐从边缘文化走向流行时尚。1956 年 1 月 28 日，猫王第一次在电视上表演，这也是第一次正式的摇滚电视表演。由于它是第一次使摇滚出现在全美国的客厅里，许多保守者站起来谴责它，播出该节目的哥伦比亚广播公司（CBS）被抗议和威胁，隔日被报复的电报、信件和电话所淹没和震惊。在对立与支持的博弈中，一个传奇的"猫王"诞生了，但他不再是一个坚强、大胆、朝气蓬勃的摇滚歌手，而是"拥有这一名字的是一个整洁的、穿戴整齐的流行歌手"。近些年，网络媒体对于电视媒体的冲击是极大的，很多时尚电视节目相继停播，就连内衣界时尚标杆的"维多利亚的秘密"品牌创办的时尚大秀都停止举办。维多利亚的秘密时尚大秀从 2001 年开始在 ABC（美国广播公司）电视台开播，第一年就创下了"维密秀"史上最高收视人次 1240 万，而 2018 年收视人次降低到了 327 万，之后更是取消了每年在电视上固定举办的时装大秀，维多利亚的秘密品牌 CEO 说："时尚是一个不断变化的产业，我们必须做出改变和进化才能成长，考虑到这一点，我们认为电视已经不再适合播出维多利亚的秘密时尚秀。我们将会将重心放在新的项目开发上，推动突破全球数位化时代下时尚领域的界限。"

电视媒体作为传统主流媒体，其公信力和影响力依然是其他媒体所不可比拟的，时尚电视媒体应坚持自己的舆论阵地，努力创造出优秀的时尚电视节目，发挥主流媒体在中国时尚产业中的主导作用，尤其在当下"制播分离"的电视节目制作管理制度下，构建起一个有别于西方价值体系和审美体系的可持续发展的中国化的时尚传播体系，挖掘和建设本土时尚文化内涵，用理性、健康、积极向上的时尚文化引导和感染观众，为观众提供一个高水平、高素养、高品位的时尚电视文化环境。

3. 网络媒体

在大众媒介相对不发达的年代，时尚对于普通大众而言总是遥不可及，看不到、听不到、买不到，是属于在上流社会的稀缺资源，尤其是电子网络尚未诞生的时代，国人想要购买一件国外奢侈品只能靠海外代购后邮政快递或者亲自到海外去购买。随着大众传媒的快速发展，我国综合国力的提升，很多海外时尚品牌入驻国内网络媒体，而国内一些时尚品牌也相继传播到国际市场，时尚变得不再陌生。时尚传播随着新媒体时代的推进呈现出井喷式的发展，各类时尚品牌进入"互联网+"时代，微信、微博、微视和客户端组成的"三微一端"成为时尚传播的重要平台。"三微一端"平台符合当下大众碎片化、移动化的阅读习惯和媒介使用习惯，时尚品牌通过文字、图片、视频相结合的方法，利用各平台差异化的传播特点，传播时尚产品和时尚理念。

以微信平台为例，微信平台是用户黏度最强的社交媒体，它不同于其他社交媒体的特点在于，它建立的是一个熟人网络，其信任率和到达率是其他传播媒体所不可比的。时尚传播在微信平台使用最多的有三个功能。一是聊天栏推送信息，受众只要关注某一时尚品牌公众号，该公众号就会定期向用户推送最新资讯，用户可以像与好友聊天一样与企业公众号沟通交流或者浏览品牌最新动态。二是微信朋友圈广告推广，这是时尚传播吸引潜在客户关注的最直接的渠道，人们在翻阅朋友圈时自然而然地接收到时尚品牌传递的信息。三是微信公众号的运营，这部分的内容往往需要用户主动打开并浏览，所以对于时尚品牌而言，在公众号的整体调性、标题、编排设计等运营方面需要让用户"眼前一亮"去打开界面，"赏心悦目"地浏览完整篇内容。

"谁最中国"公众号，秉承"中国文化，当代表达"的理念，传播中国美学和文化风尚。公众号的内容运营主要分为"主编说""人物志""中国节气""生活方式"四类，将中国传统文化中最具代表性和时尚风向标的生活物品和生活方式传递给大家，风格简约，排版清爽，同时公众号还设立了美学商场，让用户在接受时尚美学熏陶的同时可以进一步拥有这份"时尚"。

（二）社会流行

社会流行作为一种群众性的社会心理现象，是指社会上许多人都去追求某种生活方式，使这种生活方式在较短的时期内到处可见，从而导致了人们彼此之间发生连锁性的"感染"，即所谓"一窝蜂"现象。[①] 社会流行是平民大众都可以创造、引领和参与其中的社会现象，没有较高的审美需求和金钱地位的支持，这种传播是广泛的、快速的、普遍的。日本社会心理学家南博按照流行时尚的内容将流行分为三类：物的流行、行为的流行、思想的流行。比如流行语，"yyds"是"永远滴神"的汉语拼音缩写，"emo"表示忧郁了，"爷青回"表达自己青春时期出现的经典事物重新回来的一种感慨，这样的语言表达常用于网络社交媒体，多是年轻人根据生活经验和各种语言体系的排列组合创造出来的，是具有新颖性、趣味性、创新性的新型话语表达，当一句流行语在网络出现后就立刻会被大众广泛传播，甚至会被制作成表情包。

（三）时尚传播与社会流行的关系

时尚传播与社会流行是不可分割的两部分。时尚传播需要时间的证明，在一段时间内，只有依靠社会流行，时尚传播才能让大众熟知，而流行趋势也规定了时尚的范围是什么，什么样的元素可以成为时尚，时尚的传播、普及和发展所依靠的主要手段是流行。没有时尚引领和时尚传播，社会流行也失去了方向和渠道。没有流行，时尚就失去了引领社会审美风尚的意义，没有时尚，社会流行只能是低层次、低趣味的大众传播。

[①] 百度百科·社会流行 [EB/OL]，https://baike.baidu.com/item/%E7%A4%BE%E4%BC%9A%E6%B5%81%E8%A1%8C/5102221?fr=aladdin.

时尚传播与社会流行也是有差别的。这一点主要是建立在将"时尚"和"流行"具体化解释为一件商品或价值理念的基础上。时尚是小众的，也一定只会被少数人所拥有，当时尚不再变得小众，时尚也就失去了本身的意义，慢慢趋于流行甚至于平常。而流行是让一件事物从小众化逐渐变得大众化，成为社会共同拥有或普及的价值观。时尚是结合流行的元素和自身的个性和品位创造出的独一无二的，时尚一定会被流行，而流行的不一定时尚。

三、辩证认识时尚传播

（一）认知层面

1.正视时尚，勇于展示自我

时尚从个人心理角度分析是个性张扬和自我展示的体现，人们对于美的追求是自发的，时尚作为人们的兴趣、爱好、愿望的一种反映，与个体的认识水平和文化水平，个体的年龄特点和独立或依从性特点，个体的审美特征和道德发展水平以及个体价值观的发展变化密不可分。"求新"和"好奇"是人的本能需求，时尚创造出的新的生活方式、价值理念正好满足了人们的求新欲望。多元文化并存的社会背景下，当代大学生是极易接受新鲜事物也是极容易被社会环境所影响的群体，在社会转型的关键时期，大学生面临升学、就业、婚恋等诸多压力的困扰，面对时尚文化，他们或是漠不关心，选择隐藏自己的时尚喜好，专心于学业，又或者迫于群体压力，避免受到同学们的孤立，盲目地追求时尚潮流，这两种对时尚的认知都是错误的。现代文明下追求时尚是每个人平等的权利，对于大学生而言，接触时尚也是接触社会的一部分，正确认识"时尚"的含义，不要生羞怯之意，敢于追求高层次的时尚潮流，努力让自己向更优秀的状态发展。

案例

从乡村模特到国际超模，陆仙人到底是怎样一步步登上国际超模的舞台的？他出生在广西一个小县城，中学毕业就出去打工，在餐馆做过服务员，在工厂打过工，在理发店做过学徒，始终没有找到自己的真正去处。他记得自己有一个模特梦，从小他就喜欢看模特走T台。陆仙人在乡间长大，大自然的免费馈赠，是他的时尚法宝，花草植物，随手一变，就可以成为最具时尚气质的素材道具。在崎岖不平的土地上，他穿着高跟鞋，日复一日练习模特步。刚开始，陆仙人靠着自制的"吉利服"出现在抖音平台上，因为有着独特的气质和个性，其很快爆红网络。陆仙人的礼服都是用被淘汰的废旧材料自制而成，用塑料袋改成长裙、用丝巾做成拖尾裙，连枕头芯都能被他做成抹胸短裙，毛毯更是能做成披风。虽然这些材料低廉，但是穿在陆仙人身上就有一种昂贵的感觉。陆仙人终于"挤进时尚圈"，和知名时尚界人士合作，走T台，为品牌代言，甚至走进了国际时装周，他开启了自己的时尚之路。

2. 树立正确的时尚价值观和时尚消费观

随着社会的发展，物质生活的极大丰富，以服饰为代表的时尚从富人阶级普及到平民，真正的大众时尚开始到来。当物质脱离了其实用层面的价值转向一种符号价值时，人们对于时尚的追求也脱离了实用层面转而走向消费主义。法国哲学家鲍德里亚在《消费社会》一书中提出了重要观点，人们的消费需求不再出于使用价值，而是出于符号价值，大众消费的是商品背后的文化价值。在电视剧《三十而已》中，女主角顾佳为了能够挤进上流社会的太太圈，将家庭积蓄全部购买了一个爱马仕品牌的铂金包，有了这个"敲门砖"顾佳轻轻松松地进入了上流社会的交际圈中，对于他们而言，爱马仕包只是一个身份和地位尊贵的象征。

作为尚未有独立经济来源的大学生，物质需求与精神需求的消费是同样重要的，但是盲目地追求时尚大牌，奢靡浪费，超越自己经济承受范围的时尚价值观和时尚消费观是不正确的。树立正确的时尚价值观和时尚消费观，提高对时尚文化判断的道德标准以及是非判断能力，自觉抵御不健康时尚文化的侵袭。

（二）行为层面

1. 个人：拒绝奢侈享乐，提倡绿色低碳的生活方式

时尚一词往往与"高贵、奢华、高消费"等字眼相提并论，时尚本质就是经济社会发展到一定程度带来的物质产品丰富和思想观念的新潮。明代中后期商品经济的发展、城市化的扩张，人们的物质生活得到了极大满足，社会风气也发生了变化，奢侈之风愈演愈烈，"风俗之靡，日甚一日。究其日甚之故，则以喜新而尚异也"，人们喜欢新鲜，崇尚奇异，甚至出现了竞奢的状态。奢靡之风从权贵和缙绅之家渐渐发展到整个城市，奢侈消费的大众化和普及化，使得社会中下层也效仿上层社会的奢侈消费。这样的奢靡风气在古代西方贵族中仍然普遍，欧洲中世纪贵族对毛皮制成的衣服的潮流十分推崇，需要昂贵的毛皮来彰显自己的地位、财富、他们会给毛皮染上流行的颜色，会用毛皮给自己的衣物镶边，或者铺床，某些大贵族、大商人的一件礼服往往就能用掉一百多张貂皮和更多的松鼠皮。无论是古代中国还是古代西方，奢靡一直与时尚挂钩。西方工业革命后，大机器的生产加快了制造业的工作效率，时尚产业发展得越来越好。但与此同时带来的环境污染、能源消耗等问题也是不可回避的，所以进入21世纪后，推崇低碳生活成为社会新风尚。并且人们在拥有了一定的社会财富后，逐渐从对物质追求的桎梏中向精神世界的丰富转变，生活理念和生活方式更加理性化和多元化。为了社会可持续发展，拒绝奢侈享乐主义，提倡在全社会倡导绿色低碳的生活方式。

2. 媒体：努力创造积极向上的时尚类文化节目，营造绿色、健康的时尚传播氛围

媒体作为时尚传播的重要阵地，尤其是主流媒体，要树立主流时尚媒体的权威

形象，在社会的时尚资源乱象中凝聚时尚的向心力和话语权。当下新媒体时代，"时尚意见领袖"在社交平台上的传播作用是十分重要的。他们不仅掌握着时尚传播重要的话语权，而且具有极强的提升品牌销量的"带货"能力。早期时尚意见领袖多是时尚杂志编辑、时装评论员、模特、演艺界人士等，如今越来越多的"草根"时尚博主凭借着自己独特的时尚理念、审美特点、解说风格成为年轻人喜爱的意见领袖，同时这些博主也充分展现了大众对于时尚的定义和需求。综上，无论是主流媒体还是自媒体，都应自觉创作积极向上的时尚内容，营造绿色、健康的时尚传播氛围。

案例

  2021年2月12日，一条名为《唐宫夜宴》的视频登上新浪微博热搜榜，并在各大社交平台广泛扩散，而后引发了社会热议。这是河南卫视2021年春节联欢晚会的节目，全长共6分钟，由14位穿着唐俑服饰的舞蹈演员共同完成，真实还原了唐三彩乐舞俑的形态，包括妆容、服饰、仪态和道具，也让观众了解到唐朝的时尚风尚。在审美观念上，唐朝以"胖"为美，但不是"肥胖"是"丰满"，在对演员的整体形态上，为了使得他们"胖的自然"，团队选择在嘴里塞医用脱脂棉球来让演员们的脸完美地"胖"起来，又用海绵假体衣让身体"胖"起来。在服饰妆造上，演员们的服装配色也选取了唐三彩经典的"黄、绿、褐"三种，穿着是唐朝非常流行的对襟齐胸襦裙，发型为改良版的惊鸿髻，以展示女子的青春朝气蓬勃。《唐宫夜宴》节目是社会主流媒体传播中国传统文化的新的话语表达方式和内容呈现形式，让中华优秀传统文化能够以更加符合现代社会的审美和娱乐需求而得到更广泛的传播。经过此次"文化出圈"现象带来的巨大正面反响后，河南卫视又制作了《端午奇妙游》《清明奇妙游》等一系列文化节目。

（三）情感层面

1. 理性对待海外时尚品牌，不盲目，不媚外

自我国改革开放以来，中西方交流增多，我国的时尚产业和时尚传播深受国外时尚圈的影响，加之我国传统时尚文化的宣传力度甚微，传统服装行业得不到支持和重视，大众对于外来文化的推崇逐渐养成了"崇洋媚外"的风气。近些年来随着我国经济社会的快速发展，包括时尚能力与时尚地位在内的综合实力的提升，国人对于我国本土的时尚文化的了解越来越多，正确辨别中外文化的能力越来越强。

近年，国外时尚品牌抄袭中国文化元素的现象屡屡发生，如法国某奢侈品牌被质疑抄袭中国传统汉服马面裙。马面裙起源于我国宋朝，流行于明清时代，最初是为了方便女子骑马而出现，所以裙摆的形状是两片式褶皱设计，而品牌方则称这是品牌标志性的设计，其实该品牌已经不是第一次被质疑抄袭中国传统元素了，在马面裙之前的成衣纹样上，多款产品印有疑似中国传统花鸟画的样式图案。面对这样的现象，我们应该保持理性思维，坚决抵制抄袭行为，不盲目，不媚外。面对国外优秀的时尚文化，我们也应该积极学习，取其精华，去其糟粕。

2. 坚持我国时尚文化自信和时尚文化自觉

依托于庞大的市场需求和强大的经济实力，中国时尚产业在经历了 40 余年发展后，以汉服、国潮与国风时装等内容所形成的中国风格打破了西方语境下的时尚壁垒，逐渐摆脱了好莱坞、日流、韩流的影响，走出西方国际时尚系统中的"他者"地位，逐步构建了中国本土风格的主体性内容和本土时尚生态系统。加之中国传统文化所蕴含的强大而特殊的审美范式、美学体系和格物思想，以及对自然万物的独特认知、自有的表达方式和造物观念，使得"中国风"成为如今国际时尚领域的绝对主角。在社会主义核心价值观的引领下，我们应坚持时尚文化自信和时尚文化自觉，走出属于中国人自己的时尚之路。

第十章

危机传播与风险沟通

案例导入

　　2020 年，《新闻纵横》报道全国多个地方出现了一种新型诈骗方式—"注销校园贷"，不少在校大学生纷纷中招。江苏扬州的小陈接到一个自称是某贷款公司客服的电话，对方称小陈在大学期间借的一笔 9000 元"校园贷"未还，现在国家正在大力整治校园贷款，如果小陈再不还，将影响到个人征信。但小陈说，自己上学期间并没有借过校园贷，不清楚这笔债务究竟从何而来。对方则称有可能是小陈的信息曾被泄露，别人拿到信息进行处理，现在已经产生了高额的利息，会影响到征信。由于担心个人征信受到影响，小陈在看到对方出示的身份信息后，相信了对方，并在对方的指导下，向多个 APP 申请了共计 6 万元的贷款，并将所谓 9000 元借款转到了三个账户中。随后，按照对方要求小陈删除已下载的 APP，这之后小陈才发现上当受骗了。小陈说："转款后对方让我把这些下载的软件都删掉，不删掉的话，人家后台就以为你还在借款。"其实，小陈遇到的就是典型的"注销校园贷"陷阱，也是"校园贷"的新变种。除了网络借贷以外，学生们往往意识不到自己周围存在的诸多危机，例如心理危机、身体危机等。因此学生们则需要了解危机的形态，注意防范各类危机。

一、危机及其传播

（一）危机的定义、特征与类型

1. 危机的定义

在当今社会，个人、组织、社会都有可能遭遇危机。对于个人来说，危机是指在实现人生重要目标时受到阻碍时的状态；对于组织来说，危机是因组织外部环境变化或内部管理不善造成的正常秩序、规范和目标的破坏，要求组织在短时间内作出决策，调动各种资源，加强沟通管理的一种威胁性形势或状态；[①] 对于社会来说，危机是对一个社会系统的基本价值和行为准则架构产生严重威胁，并且在时间紧迫以及不确定性极高的情况下必须对其做出关键决策的事件。[②] 纵观以上的定义，危机虽然会带来一定的损害，但是在及时处理之后也会迎来转机。因此，我们在遭遇危机之时应力争转危为机，将危机转化为自己发展的契机。

2. 危机的特征

危机是一个动态的、相对的概念。因此，对危机特征的考察，需要重点把握几个方面的关系。一是从危机的本体角度来看，危机的生成是必然性与偶然性的统一体；二是从危机发生的过程来看，危机的发展是渐进性与突发性的结合；三是从危机的效果来看，危机的影响是破坏性与建设性并存的；四是从社会危机的管理来看，危机管理是在时间异常紧迫以及公众高度关注的情况下开始的，具有明显的紧迫性和公共性特征。[③]

---

① 胡百精. 危机传播管理 [M]. 北京：中国传媒大学出版社，2005：8.

② U.Rosenthal, B.Pijnenburg(Eds.). Crisis Management and Decision Making.Simulation Oriented Scenarios [M]. Kluwer Academic Publishers. 1991.

③ 韦付萍. 论公共危机管理中政府形象的媒介公关 [J]. 法制与社会，2010（34）：151.

（1）危机中的必然性与偶然性

危机的形成是必然的，这是自然世界和人类社会都无法改变的客观规律。自然系统在不断演进的过程中会出现异化的情况，地震、海啸、泥石流这些自然灾害对于人类而言是无法避免的危机。但是如果在此过程中人类过度介入，将会加大自然危机的严重性与破坏性。联合国在 2021 年发布环境报告称气候变化、生物多样性丧失以及环境污染是自然系统出现的三大危机，这三大危机都是因为人类对大自然的肆意破坏而造成的。

对于人类社会而言，组织和个人遭遇危机的必然性来自外部或内部环境变化以及自身发展的局限。一方面，组织赖以生存的外部环境愈加复杂，自然灾害、突发事件都会对组织的发展造成威胁。例如在新冠疫情之下不少企业就面临经济危机，调查显示，86.46% 的企业生产经营受到较大影响。其中，38.90% 的中小企业反映影响严重，经营暂时处于停顿状态；29.43% 的企业反映影响特别严重，将导致亏损；18.13% 的企业反映影响较大，经营勉强维持；仅有 12.05% 的企业反映影响较小，经营稳定可以承受。[①] 另一方面，随着社会的发展，组织的内部要素逐渐增加，运作难度加大，但是人员的运营管理能力以及资源配置能力却未能与之相匹配，就使得危机的发生成为了必然结果。

与此同时，特定的偶然因素也会促成危机的发生。在此过程中，危机存在的基础条件已然具备，而某一"导火索"或"燃点"就成为了危机爆发的诱因。在地震发生之前会出现较多预兆，泉水会出现突然上涨；穴居动物会突然从洞中出来成群结队地活动；家宠也会突然紧张不安不听从主人的指令；等等。但是因为人们在平时缺乏危机教育以及忧患意识，就会导致人们在地震到来之时束手无策，造成众多人员伤亡。

危机的必然性与偶然性的联系是十分紧密的，必然性会酝酿偶然性，偶然性则使得必然性成为现实。危机的必然性要求组织和个人预先进行危机教育与管理，将此贯穿于整体的发展战略之中使之常态化；危机的偶然性要求组织和个人借鉴他人面临此类危机的应对经验，掌握学习各种应对偶然性危机的方法与对策，成熟冷静地解决危机，从而化危为机。

---

① 周德文．中小企业"活下去"是当务之急 [J]．中国经济评论，2020（01）：56.

（2）渐进性与突发性

危机从生成到消除，是一个累积渐进的过程，各种危机要素会在此过程中形成从量变到质变的转化。一般而言，危机的生命周期可以划分为四个阶段：潜伏期、爆发期、处理期和解决期。[①] 在危机渐进发展的每个阶段其构成要素、表现形式、影响范围都不尽相同，因此需根据危机发展的周期制定每个阶段的解决对策，有计划有步骤地化解危机。

例如在 SARS 大规模爆发之前，社会已然出现个例的情况，为了防止造成进一步的社会混乱，这时则需要做出敏锐的预警反应。首先需要设置全国性的危机管理中枢机构以及其与各区域相连的机制网络，随时掌握全国各地的危机发展情况；其次要建立在公共卫生领域的危机管理机制，以便从专业的角度控制危机的发展进程；再次需有建设完善的信息网络以及信息处理中心，确保信息畅通，使得可以根据信息上报的情况提出相应的解决措施；然后则要有与公共卫生领域相关的法律保障，出台相关政策，使得人员听从国家的统一指导。最后针对性的预警方案也不可缺失，避免出现物资紧缺群众焦虑的情况。

而当 SARS 危机发生之时则需要决策果断，行动果决，政府需要通过建立信息来源渠道、信息报告系统、突发时间举报制度、前线指挥部以及完善危机管理应急机制来处理危机爆发的具体事宜；媒体层面则需要主动召开新闻发布会，建立的信息披露制度，及时通报伤员信息。最后公众自身需要做到不信谣不传谣，遵守国家发布的各项规定与政策，彼此之间互帮互助，凝心聚力，共渡难关。

处理期和解决期则属于危机处理的善后阶段，需要完善相应的危机管理机制，例如各部门之间的协调机制、灵敏的危机监测预警系统、对于应对危机事件的知识普及等。通过一系列危机管理体系的建成，在危机到来之时就能有效地解决危机，制造发展新局面。

危机之所以会对组织和个人造成威胁是因为其往往是不期而至的，无法准确预测其准确的时间、做出预先的判断，一旦潜藏的危机如翻江倒海之势来侵袭组织或者个人时，就会造成社会的混乱与茫然失措。因此突发性危机发生之时，需要组织和个人立即分析并且做出决策，使得危机的伤害性尽量减小。突发性的危机发生的原因具体

---

① 杨炯.警务危机与媒体关系之研究［D］.上海：复旦大学，2008；5.

有三个方面其一是不可抗力的自然灾害；其二是人为的危害公共安全与危害的事件；其三是不可抗力与人为因素共同作用。

2021年8月6日，北京市人民政府新闻办公室举行的有关突发事件总体应急预案的新闻发布会上明确规定："如遇到重大突发性事件，主责部门要加强网络舆情的监测与响应，第一时间通过权威媒体向社会发布信息，最迟应在5小时发布。"这就体现出北京市政府对于突发性危机事件的即时应急处理，这可以在一定程度上减少公众的恐慌心理，避免谣言以及小道消息对社会的侵扰。

（3）危机的建设性与破坏性

"祸兮福所倚，福兮祸所伏"。危机是风险与机遇的统一体，破坏性与建设性兼而有之。危机的建设性主要体现在两个方面。其一是组织和个人往往可以在危机处理的过程中积累相关经验与对策，从而使得自身的危机管理水平实现质的飞跃。除此之外，危机管理水平还需要在不断的实践过程中展开新的探索与研究。随着地球村的形成，区域性危机转变成全国乃至全世界危机的可能性也将上升，因此人们则需要在具体危机处理的实践之中，树立共同体意识，相互学习经验，健全危机管理机制，携手解决共同危机。其二是组织或个人如果能在危机处理环节表现出色，便可以脱颖而出，重塑在公众心目中的形象，获得好评。2020年1月初的疫情暴发使得零售行业受到较大影响，一度陷入经营困境。就零售业长远的发展考虑，企业应加快产业转型与升级，尽快研发新产品同时进行线上推广，采取线上与线下相融合的营销模式。上海的百联集团股份有限公司在疫情的冲击下就充分意识到战略转型的必要性，通过新零售生鲜电商、延伸数字化转型、构建"传统+新兴"的供应链等举措，不仅落实了自身企业的战略转型措施，同时也为消费者送去了便利，展现了其未来可期的发展潜力。

危机的破坏性，主要表现在两个方面：一是有形损害，二是无形损害。所谓有形损害，是指危机造成的财产、生命或健康损失，正常秩序和规范的破坏，既定发展目标的破坏等；所谓无形损害，是指危机带来的名誉或信用受损，以及由此形成的组织与利益相关者之间恶性的互动关系。[①] 例如，美国联邦储备局曾公布1997年的亚洲金融危机总共造成全世界投资者损失7000亿美元，而这一年我国的全部国有资产也

---

① 杨炯.警务危机与媒体关系之研究［D］.上海：复旦大学，2008：5.

不过 57000 亿美元。美国的金融危机的破坏性更是令人瞠目结舌，一夜之间美国华尔街证券市场就蒸发了 20000 亿美元的财富。

（4）危机的紧迫性与公共性

紧迫性实际上是对危机演化过程中一系列表现特征的概括：一是危机处理时间非常紧迫，因为事件演变的进程迅速因此必须在最短时间内做出反应和决策；二是物资匮乏，在突发性危机到来之时，组织和个人往往并没有做出万全的准备，因此人力、财力等方面都出现资源短缺的情况；三是"涟漪效应"——一旦危机爆发就会引起社会混乱、民众出现恐慌心理，产生一系列不良后果，这就需要即时的危机管理，通过构建危机管理机制、权威信息发布等措施抚慰民众心理，恢复社会秩序。危机的公共性在于其与一般性危机相比影响范围进一步扩大，对社会公众具有较大现实或潜在危险，需要以政府部门为主体的公共部门在紧迫以及不确定的情况下做出关键决策。新冠疫情是 21 世纪最严重的突发性公共卫生危机之一，在疫情发展极不确定阶段，习近平总书记就对疫情工作提出了要求，国家卫健委派遣专家前往武汉了解疫情，研判病毒特性，并对其他各省市进行了预防性防控；在疫情扩散阶段，中组部发布《疫情防控履职通知》制度将"疫情防控"纳入干部考核之中；在疫情控制阶段，适时将"经济复苏"纳入考核制度之中。从疫情防控以及经济复苏的结果来看，我国出色的表现离不开公共部门的即时决策和实时动态危机管理。

3.危机信息的类型

危机传播是危机管理的重要一环，迅速有效的危机信息传播为危机管理者提供了决策支持，在一定程度也可以降低危机产生的危害。危机信息主要包括危机发生的时间、地点、波及范围、灾害程度、救援时可调用的人力、物力、财力等，它包括在危机潜伏、爆发、缓解以及消除阶段，在进行危机管理之时产生的所有信息之和。因此，其有不同的类型：按不同的信息发布者划分，可分为政府信息、媒体信息、公众信息；按危机不同的阶段可分为危机前的信息、危机中的信息、危机后的信息；按发布的信息框架可将其分为正面框架信息、负面框架信息；按存在的空间可分为网站信息、即时通讯信息、论坛信息。

（二）危机传播

尽管危机管理中包含着众多变量的相互影响以及相互作用，但是由于当今人们身处于风险社会，且全球化使得现代风险的秩序呈网络式的不断扩展。因此，借助于现代通讯技术的危机传播在危机管理中扮演着十分重要的角色。危机传播是贯穿于整个危机管理的过程与环节之中的，并且它并不是一个单向传播的过程，而是需要在危机发生的每个生命周期以新闻媒介及传播渠道为中介，进行政府、社会、公众之间双向互动的信息传播、沟通的过程。[①] 但是在危机状态下的传播已然是一种变异的传播系统，且由于当下危机的信息传播模式已经从最初的单向传播模式演变为在社会网络之下复杂多元的传播模式。因此，其传播特点也相应地受到社会网络的影响。

1.现代危机传播的特点

危机传播主要有如下几个特点。

（1）传统的信源与信宿错位

在传统的危机传播之中，信源往往是以政府为主体的公共部门抑或较有权威性的传统媒体，但是随着微博、微信等新兴媒体的出现，政府以及传统媒体常态下的传播优势将不复存在，各种意见看法在平台的交汇使得谣言往往先于传统信源进行传播。而传统信源则将遭受着来自四面八方的舆论力量，被动成为了信宿。因此在现代危机的传播过程之中，传统的传播机制已然无法应对快速的信息流冲击，急需要公共领域的建构，在公共领域之中能够形成公共舆论，在舆论的助推之下，国家与公众进行社会互动，建立起多元互动的信息传播机制，政府与公众借助传播媒介进行网络联系、信息分享，共同应对危机。

（2）传播的时间跨度缩短

由于技术的限制，传统的危机传播存在时间上的滞后，等到危机解除之后人们才知悉有危机的存在。而随着网络技术的不断发展，危机发生与传播之间的时间跨度大

---

① 赵路平.公共危机传播中的政府、媒体、公众关系研究［D］.上海：复旦大学，2007：15.

大缩短。2021 年 7 月 20 日河南郑州连降暴雨，打破历史新值，不少网友在媒体平台发布河南灾情，既有受难者的求救信息也有即时发起的募捐信息，除此之外新闻媒体也通过直播对于河南灾情进行实时报道。在这样的趋势之下，为了即时控制危机发生之时社会上出现的不安与恐慌，政府与媒体也需要即时发布正确、权威的信息，避免谣言在传播媒介上的病毒式传播。

（3）传播内容愈加混杂

在危机发生之时，常态的信息传播系统失去平衡，传播系统的内外能量输出受到干扰，使得原本有章可循的传播系统被难以辨别真伪的信息充斥着。且由于在传播平台发布信息者的身份难以鉴别，虚假信息往往会先于真实信息在网络进行传播，一时之间造成公众处在对符号选择以及信息编码解码的两难境地之中。在危机传播过程中，真伪信息等噪声的干扰延误了公众获取正确信息的时间，也加大了政府危机管理的难度。

（4）传播渠道多元化

由于现代传媒技术以及手机、网络等通讯技术的蓬勃发展，人们可以通过现代信息手段将社会危机进行迅速传播，手机、互联网等科技手段在危机传播中将发挥着重要的作用。在传播渠道与来源的多元化的趋势之下，危机信息的传播也将逐渐全球化，因此发布信息及时则显得尤为重要否则就会造成媒体公信力缺失以及使国家形象受到威胁。在新冠疫情期间，中国国际电视台在危机的爆发期以每天疫情发布会的快直播与雷神山、火神山建设的慢直播相结合的方式，及时向全球受众真实还原中国抗击疫情的真实场景，展现中国人民众志成城抗击疫情的团结一心，赢得了国际社会的支持，同时也增强了全球战胜疫情的信心。

2. 危机传播要素

每一种传播形态都有其特定的构成要素，危机传播亦不例外。总的来说危机传播的要素包括不可缺少的核心要素、辅助传播的次级要素和边际要素以及阻碍信息传播的干扰要素，这些要素存在于危机传播的过程以及环境之中，构建了复杂的危机传播系统。

（1）核心要素

核心要素是在进行危机传播过程中的基本要素。即为美国学者拉斯韦尔所提出的在传播过程中的 5W 核心要素，它们分别是谁（Who）—说了什么（What）—通过什么渠道（Through Which Channel）—对谁（To Whom）—达成什么效果（With What Effect）。由 5W 要素所构成的传播模式也是一种最为基本的单向传播模式，在此传播模式之中，信息传播源头掌握着主导权，决定着传播的信息量、信息的真实程度、信息的传播方式等，在一定程度上也会导致传受双方信息失衡。因此由 5W 核心传播要素所延伸出的控制研究、内容研究、渠道研究、受众研究和效果研究是学者们研究的主要课题。

（2）次级要素

危机传播的次级要素指的是除了核心要素之下辅助危机传播的诸多要素。例如危机信息的导火索、起源是什么？危机传播主体是怎样对信息进行编码的？使用了何种语词符号？传播的策略、技巧是什么？传播过程中其他的参与者是谁？受众是如何对信息进行编码的？对于危机信息受众是如何反馈的？在次级要素之中反馈环节就决定了在危机传播是双向互动的，在危机到来之时，受众往往会聚集在一起产生群体焦虑、无意识盲从等心理，而这时危机传播主体需要运用其他次级要素提高传播的信息质与量，抚平受众的危机感。

（3）边际要素

危机传播系统的边际因素，是指围绕或渗透于整个危机传播过程的边缘性要素：危机传播参与者的根本目的和内在追求是什么？（传播价值）危机传播是在何种场域发生的？（传播环境）在传播过程之中是否存在制约？（传播规范）信息传受双方是否有相同的经验与背景？（共同经验与背景）

（4）干扰要素

危机传播的干扰要素即为噪声，香农和韦弗在原有的单向传播模式之中考虑到了噪声对传播过程的影响，噪声主要是指阻碍有效信息的传达以及不属于信息来源的附加物。在信息的传播过程之中，噪声会干扰信息的有效传达，而在危机传播过程中，由于危机事件的突发性以及造成的伤害会让公众产生惶恐不安的心理，这就使得噪声的负面影响进一步加大。噪声所产生的信息误读、谣言四起让社会陷入慌乱不堪之中，因此为了减少噪声在危机传播信道中的影响，危机传播研究的噪源分析、噪声控制、噪声利用等课题是尤为重要的。

二、危机传播中媒介应对

进入 20 世纪以来，随着现代化、全球化的进程不断加快，越来越多的潜在危机发生在人们的周遭。在风险社会的背景之下，如何应对危机，维护公共安全成为了全球性的研究课题。危机管理实则是一个动态的危机传播过程，在此过程之中政府、媒体、公众是其基本要素，需要这三者以新闻媒体或其他传播渠道为媒介，进行信息传递与沟通的双向互动。其中政府是危机传播的主角，应及时发布危机应对政策进行危机管理；而媒体则是信息传达的纽带，为公众提供政府的解决对策从而安抚其恐慌的心理，从而获得广泛的舆论支持；公众则需要提升自身的媒介素养，在众多鱼龙混杂的信息之中，获取权威真实的危机信息，做到不信谣不传谣。

（一）政府层面的危机管理：利用各种信息通道，及时向世界传达中国声音

在改革开放以前，由于信息通讯技术尚不发达，公众无法从除了政府以外的渠道获得有关危机信息，政府掌握着信息的绝对控制权，因此在这时危机信息的传播是以政府为主体的单向传播，公众和媒体基本上都是依赖政府这一信息渠道，听从政府的安排与指挥。但随着社会的整体发展，现代危机的全球性以及危害性加剧，仅凭政府的这一隅力量显然在诸多危机侵袭而来的情形之下是远远不够的。在此基础之上，公众对于危机信息知情权的疾呼以及媒介力捍自身的报道权使得政府对于危机信息的控制逐渐转为危机传播的常态化管理，主动发布信息，准确传播信息。

1. 主动发布信息，最大限度地减少谣言的滋生与蔓延，满足全球公众的知情权

2019 年我国遭遇了疫情的肆虐侵袭，我国政府通过及时展开新闻发布会，向外界发布有关危机的信息，既满足了公众的知情权同时也在一定程度缓解了社会上的惶恐不安，维护了社会安定。1 月 22 日国务院新闻办公室就疫情举行了第一场新闻发布会，介绍疫情的相关情况。在此之后，我国政府的疫情发布会以疫情情况通报、防控动态以及防控知识科普的方式常态化展开。每天的疫情信息定期发布以及通俗易懂的疫情分布地图，使得公众可以在危机到来之时进行危机环境感知，做好自身防护，同时及时的信息公开，也让国际社会实时了解中国对于疫情的防控动态。我国政府积极主动这一做法获得了国际社会的广泛支持与理解，面对危机的扩散性以及极具伤害性，全球携起手共同应对，有关疫情的谣言因为政府新闻发布会的召开也就不攻自破了。

2. 加强与世界相关组织的联系与沟通，通过国际平台和传播渠道分享中国经验

随着全球化的趋势不断加快，风险社会也逐渐演变成了世界风险社会，这就使得在某一个区域发生的危机会跨越疆界，以前所未有的速度和规模扩散到其他国家，转为成为全球危机。因此在新冠疫情发生之后，我国国家主席习近平在会见世界卫生组织干事谭德塞时就指出："中国政府会始终保持公开、透明、负责任的态度向国内外发布疫情信息，积极回应各方关切，与国际社会展开合作，强调中方愿意同世界卫生组织和国际社会一道维护地区和全球的公共卫生安全。"[①] 在此之后，国家卫健委积极向国际社会介绍新型冠状病毒的防控、诊疗、监测、流行病学调查、实验室监测等方案，与其他国家的专家沟通卫生和疫情防控合作的安排，与世界各国专家组成世界卫生组织联合专家考察组，对于中国各地进行实地考察。我国政府在此次全球性危机面前，与国际社会积极分享介绍疫情防控的经验体现了其作为联合国理事国积极履行其权利与义务，获得了国际社会的高度评价。

---

① 中华人民共和国国务院新闻办公室 . 抗击新冠肺炎疫情的中国行动 [N] . 人民日报,2020-06-08 (010) .

3.树立全球化理念和人类命运共同体意识，形塑中国作为东方负责任大国形象

当今世界处在危机四伏的状态，诸多危机因素威胁着人类社会，任何一个国家都无法仅凭一己之力维护国家安定，因此急需世界各国树立全球化理念携起手来共同应对危机。在危机到来之时，中国的"以和为贵"智慧以及共建、共享的思想正符合国际安全发展的趋势。习近平总书记也曾多次在外事活动中表示人类是一个命运共同体，唯有团结协作才能对抗全球的各种风险挑战。在面对疫情多点多国暴发的严峻局势之时，我国持续向其他物资紧缺的国家捐款物资，表达关注人类命运的心声；其次积极进行抗疫合作，介绍抗击疫情的经验，与其他国家合作进行药物与疫苗的研发，向全世界展现了其作为东方负责任的大国形象。

（二）媒体层面的舆情应对：掌握互联网舆论场的主动权，积极引导舆论走向

随着媒介技术的发展，人们在危机传播过程之中获得信息的渠道逐渐由传统媒体转向互联网阵地，因此在互联网之中掌握危机信息传播的主动权从而引导舆论极为重要。我国国家主席习近平也曾多次表示要掌握互联网这个新型舆论战场上的主导权，发动嘹亮的号角向互联网舆论场进军。在有关新冠疫情的报道之中，我国新闻媒体在互联网以及其他新型媒体客户端全力投入，获得了不菲的成绩。

1.积极介入突发公共事件的报道，争夺国际传播话语权

随着新闻媒体逐渐在社会事务中获得独立自主，在社会的地位和影响逐渐上升，媒体从业人员的专业素养也不断复苏。在新冠疫情报道之中，我国新闻媒体积极介入此次公共事件的报道之中，主动在新媒体客户端设置议题，例如央视新闻客户端开设战役、每日观察、疫情 24 小时等专栏，实时进行疫情信息的播报。央视频更是新颖地用慢直播的方式记录雷神山与火神山医院的建造过程，展现与疫情赛跑的第

一现场。除了主动设置议题，使得权威信息跑在谣言之前以外，在面对国外媒体利用疫情攻击中国时，新闻媒体更是通过新闻报道化被动为主动，自塑国家形象。例如人民网就在国外脸书平台用九种语言发布有关雷神山、火神山医院建设情况的贴文，报道浏览量达到十万加之多，形塑了中国人民在面对危机来临之时积极采取措施不抛弃不放弃的精神。我国新闻媒体积极主动地在新媒体平台发声，不仅用实际行动力破国内谣言，更是用沟通赢得国际社会的信任，为危机传播赢得了有利的国际传播环境。

2. 发挥新闻媒体舆论监督作用，客观公正地呈现突发公共事件真相

在危机来临之时，公众会出于自身的本能积极主动地搜寻危机的相关信息，新闻媒体作为政府与公众信息沟通的桥梁与纽带，因此其满足公众知情权，并对危机事件的真相进行揭露的职责是义不容辞的。在此次新冠疫情发生初期，由于自媒体不断的爆料以及地方媒体缺位失声，使得谣言裹挟着公众猜忌心理不断传播，错过了危机信息公开的最佳时机。在此之后，我国的新闻媒体邀请相关专家，答疑公众对于疫情的相关疑惑，全面深入剖析疫情整体局势。在疫情危急时刻，湖北省红十字会接连出现医疗物资分配不均、口罩统计数量有误等问题，在媒体介入报道之后，问题公之于众，相关问题得到了有效解决。正如白岩松所说在疫情危急时刻，信息公开就是最好的疫苗，在面对公共危机事件之时，保持信息的公开透明，新闻媒体将事件真相展露在大众面前，就是稳定社会安定的强心剂。

3. 动用"舆论领袖"的力量，及时回应社会热点，平息网络噪声

传播学四大奠基人拉扎斯菲尔德曾在《人民的选择》一书中提出意见领袖理论，随着网络的不断普及，人们在意见领袖的基础之上又提出了"舆论领袖"的概念。舆论领袖分为官方舆论领袖和民间舆论领袖，官方舆论领袖主要是以党报为核心的官方媒体，民间舆论领袖则主要是网络新媒体例如微博、微信等。而民间舆论场因其是民众自发、自由所组成的舆论空间，讲述的是百姓的真实心声，所以在危机传播之时民间舆论领袖在疏解公众情绪，平息网络噪声上占据优势。在发生新冠疫情之后，人民

日报公众号一方面发布疫情信息最新动态，另一方面第一时间发布习近平总书记对于疫情做出的最新指示，做到信息公开，满足公众的危机信息需求。除此之外，在疫情刚暴发之时，民众对于病毒尚处于茫然的状态，《新型冠状病毒感染的肺炎有哪些症状？你想知道的全在这里》《新型冠状病毒，你还不了解它吧》两篇文章对病毒进行全面解读，对于公众关注的问题及时回应，使得公众全面了解危机并可以对此做出防御措施。为了进一步接近民间舆论场的话语引导方式，人民日报公众号在形式上采用了便于理解的图文并茂、精确直观的数据呈现、专业理性的锐利回应，讲求在舆论引导之时的艺术性从而使得公众便于接受。例如在了解疫情之下公众的心态与情绪的基础之上适时进行舆论引导，在疫情防控局势严峻之时一篇《从焦虑中读懂期待》给予公众抗击疫情这场硬仗的决心，号召公众众志成城朝着一个方向努力；在疫情得到控制危机局势得到缓解之时，一篇《现在就人山人海，你可长点心吧》呼吁公众不要蜂拥聚集，及时提醒公众小心疫情的反弹。人民日报公众号在民间舆论场做到了了解民众的真实心声，在危机的不同阶段适时进行舆论引导，通过及时、全面的危机信息，真诚回应社会关切，实现了有效的危机传播。

（三）公众层面的共情传播：凭借移动终端功能，扮演人人都是国家形象塑造者的角色

移动互联网的快速发展使得移动社交已广泛存在于各类媒体之中，每个公民只要与互联网相连接，就可以凭借个人电脑、平板、手机发送自己所掌握的信息到世界各地。因此在面对新冠疫情这样全球性的突发危机之时，为了减少网络疫情谣言对我国的侵害，我国公民需要在世界舆论面前掌握主动权，不仅需要理性面对突发公共事件，积极乐观地面对危机，还需通过接地气、具有亲和力的用户生活内容语言，与世界网民相连相通，形塑中国以及中国人民的形象。

1. 理性面对突发公共事件，提升媒介素养与科学素养

在危机来临之时，人们本能地会产生从众心理以及恐慌心理，在这些心理的支配

之下，就会将符合自身想象未经证实的信息夹杂着情绪在人群中进行传播，造成社会人心惶惶、慌乱不堪的局面。在当下网络媒体技术快速发展的年代，网络谣言更是以其传播速度快、波及范围广的特点对社会稳定造成了极大的伤害。在新冠疫情发生初期，就有一些谣言借新型冠状病毒的名号肆意传播，造成了药店哄抢双黄连、酒精事件。因此为了减少谣言对于突发公共事件的危害，公众首先应提升自身的媒介素养，提高自己辨别真假信息的能力，不去盲目相信谣言，在信息未经证实的情况之下，劝阻他人传播虚假信息。在疫情这样的突发公共卫生事件中，一些国家企图通过网络政治谣言，抹黑中国的国际形象，这时则需要用真实可靠的权威信息及时回应他国人民的猜忌与怀疑，为国家扫清被诬陷的阴霾。在面对抗击新冠疫情的道路上，还会出现五花八门的疫情谣言，因此公众需要坚定自身的理想信念，培养自己的科学素养，增加有关病毒的知识普及，相信通过党和国家坚定不移带领人民顽强应对，一定能拨开云雾看见曙光。

2.以积极、乐观的心态应对灾难，在人与人之间传递温情和大爱，传播正能量

在危机事件突发之时，因公众难以确切感知危机环境，社会会不可避免地出现流言、舆论、经济恐慌、大众骚乱，铺天盖地的信息席卷突然侵袭也会导致公众产生心理创伤。随着世界卫生组织宣布新冠肺炎进入全球流行阶段，全球确诊以及死亡人数持续攀升，无助、焦虑、悲观等情绪蔓延在人们的日常生活之中。为了避免陌生人社会的心理危机，国家卫健委发布了一系列有关心理危机干预的文件，高校、医院也相应地提供专业的心理咨询服务，使得心理疫情取得了显著成效。在武汉疫情严峻局势之下，人民日报发起的祝福活动之中，网友们纷纷在公众号的评论栏写下"武汉加油""战胜疫情"等含有激励辞藻的评论；隔离在家的人们也通过各家的窗户隔空问候，互相加油鼓劲，给予彼此心灵的慰藉；微信朋友圈相继转发手写应援话语的图片。在疫情知识的逐步普及以及心理教育的广泛开展之中，人们逐渐以积极、乐观的心态接受疫情，在他人危急之时伸以援手，哪里有疫情，哪里就有全国各地送来的物资供给，抱着不抛弃不放弃的信念面对灾难。

3.立足本国实际，使用接地气、亲和力的用户生成内容话语，建设共通全球社交网络用户话语

在疫情的笼罩之下，诋毁污名化、种族歧视、民粹主义使得全球化体系正处于百年未有之大变局，基于此，加强不同国家、地区之间的文化交流，建设具有普适性、高认可度的国际话语体系是应对全球危机、人类困境的明智之举。而使得各国人民都普遍认同的心理基础不在于抽象的意识形态宣传，在于以人为主体的日常生活化故事，李子柒的自制中华传统美食短视频受到全球网民追捧则体现出接地气、具有亲和力用户生成内容话语是当今国际交流的共通语言。在疫情之下，国内网友多次在社交平台转发各自所处社区在传授防护经验时的大喇叭喊话视频，其中土语、俚语、方言既生动形象地展现了中国各地的民风民俗，同时也体现了中国人民万众一心、众志成城抗击疫情的必胜信念。因此我国网民在掌握社交媒体流行语的特点之下，可结合自身的抗击疫情实践，讲述如何在遵守国家政策和村规民约的基础之上成功击退疫情的个人生活日志。用户生成内容之所以可以获得全球网民的认可，在于这些内容与话语体现了人类命运共同体中人的价值也激发了全球网民的同理心，疫情已成为全球性的突发公共卫生事件，在同处于抗击疫情的背景之下，讲述个人层面的生活化故事更易接受也更易直击心灵。

三、风险沟通与危机修复

（一）风险沟通

处在风险社会的背景之下，未知或者难以预料的风险成为了社会的主宰力量。危机与风险虽然并不是一种风险转变成一种危机的线性关系，但是其中错综复杂的环形关系就需要预知未来可能会转化成危机的风险因素。因此在风险来临之时，为了能够采取相应的预防措施，则需要风险评估者、管理者以及其他各方相关人员就风险的相

关因素互相交流意见，从而更好地理解由风险产生的相关问题和决策。

1. 风险沟通的概念

风险沟通最初是在 20 世纪 70 年代由美国环保署首任署长威廉·卢克希斯提出。1986 年，科维洛从决策者的角度出发将风险沟通定义为在利益团体之间，传播或传送健康或环境风险的程度、风险的重要性或意义、或管理、控制风险的决定、行为、决策的行动。[①] 同年 7 月，在全美首届"风险沟通全国研讨会"上保护基金会主席威廉赖利认为在遇到风险问题的冲突或混乱之时，风险沟通者根本没有做好让自己的信息通过的工作。这一论述将风险沟通等同于信息的单向传递——从政府或者其他风险沟通者到公众传播具有风险性质的单向信息。1989 年，美国风险认知与沟通委员会等机构否定风险沟通是单向信息的传播，而是个体、团体、机构间交换信息或意见的互动过程。[②] 1993 年，风险沟通的鼻祖桑德曼认为在风险管理中政府、专家、大众或者媒体对于风险有不同的认知，因而会产生不同的预防风险的行为。在风险沟通之中应加强政府、专家、大众、媒体之间的沟通，统一大家的认知，从而取得彼此之间的信任。[③] 从风险沟通的概念演变来看，风险沟通应是在沟通主体彼此信任的基础之上，确定共同的问题以及实施共同制定的计划，最后以政策或法规的形式做出共同的决定。

2. 风险沟通的过程

在风险沟通过程之中，由于各方因为角度不同从而对于风险的认知也存在差异。为了调和政府、媒体、公众之间的有关风险问题的矛盾，则需要通过各种沟通方式即策略取得彼此之间的信任，从而形成友好的对话关系。

（1）基于媒体责任及传播策略的风险沟通

在日常生活中人们对于风险的感知大都来自个体自身的经验，较少来自外界的信

---

① Covello, V.T., Slovic P. and von Winterfeldt, D.Risk Communication: A Review of Literature. Risk Abstracts. 1986, 3(4):172.

② Committee on Risk Perception and Communication, National Research Council. Improving Risk Communication. Washington, D. C.:National Academy Press, 1989. p21.

③ Sandman P M. Responding to community outrage: Strategies for effective risk Communication. New York: America Industrial Hygiene Association, 1993.

息引导。但是对于间接风险的认识往往来自新闻媒体对于风险信息的传播，媒体怎样加工处理风险信息以及以何种方式传递信息都将影响公众对风险事实的感知。一些已然在社会中存在的风险经过媒体表达的"放大"就会转变成社会公共问题从而引起关注，成为凸显出来的风险议题，因此媒体承担着将无形的不确定的风险进一步具象化的责任。在 2008 年汶川地震救援工作以及 2009 年甲流疫情防治工作中，我国卫生系统的风险沟通已经从注重传播者的风险沟通责任，风险信息的单向传播过渡到第二阶段关注公众的信息需求以及对于现状的认知，提供具有可信性的风险信息并且呈现出了第三阶段基于双方信任的基础之上的信息沟通与相互参与。为了进一步取得公众在风险沟通中的信任，新闻媒体应当在对于传播环境进行深入考察之后，采用危机传播之中的 3T 原则即真实地说，及时地说，首先来说，在基于专业层面的风险感知之后进行议题设置，向受众及时发布风险信息，进行社会动员，协调社会进行相关救助工作，抵制虚假信息的传播。

（2）基于政府应急管理的风险沟通

2019 年 12 月，武汉市突然出现不明原因的新冠疫情，并且在短短的两个多月的时间内就在世界各国蔓延，成为国际关注的突发卫生公共事件。面对如今信息传播迅速、危机四伏的社会，如何应对危及公众健康的突发危机，对政府的执政能力提出了重大考验。回顾以往的此类危机事件的处理，政府在危机事件中的应急管理对于化危为机的局势转化十分重要。作为在风险沟通过程中的应急主导者，政府首先应在危机的先兆阶段发布风险信息，占据舆论引导的主体地位先发制人，各级政府的领导人指挥各地突发危机事件的应急处理工作，对报告的事务进行核实，采取控制危机的措施。其次在紧急阶段启动突发事件的紧急预案，组织人员采取突发事件的调查、控制、救治工作，向公众传达预防危机事件的相关知识，对于散布谣言、扰乱社会秩序的人员予以处置，向社会持续发布危机事件的相关信息。直到最后危机解除阶段向社会发布危机解除信息，政府都应根据危机事件的实际进展情况与社会各方进行沟通、组织、协调，使得最终危机解除。

（3）基于公众认知与媒介素养的风险沟通

美国著名风险认知心理学家斯洛维克曾对涟漪中心的石头——风险事件做出较为详细的阐述，涟漪水波的深度与广度不仅取决于风险事件的性质，同时还取决于公众如何获得相关信息以及如何感知和解释这些信息，公众对于风险事件的感知将极大地影响人们的情绪状态，因此在风险沟通中公众对于风险的认知扮演极为重要的角色。[①] 风险管理专家科维洛等人曾研究总结出 15 种对人们风险沟通造成影响的风险认知因素，分别是自愿性、可控性、熟悉性、公正性、利益、易理解性、不确定性、恐惧、对机构的信任、可逆性、个人利害关系、伦理道德、自然或人为风险、受害者特性、潜在的伤害程度。对于公众的风险沟通是基于对于公众心理状态进行调节的基础之上进行风险管理的过程，因此政府、媒体以及其他专家在全面考虑到公众认知因素之后，才能进行有效的风险沟通管理。

媒体在风险沟通之中发挥了风险预警与沟通的功能，但是公众的媒介素养不高，导致风险沟通之中出现信息误读的现象，从而出现社会危机，因此媒介素养成为公众参与风险沟通的重要的素质与能力。媒介素养主要是指公众能够认识和使用各种传播媒介，获取目标风险信息和知识，解读和评估风险报道，最终做出科学的风险决策同时也包括有效地接近使用媒介，制作传播产品参与到社会的风险论争之中。处于当今的风险社会之中，公众一旦缺乏批判性地解读媒介传达的风险信息以及借助媒体进行风险沟通的能力，将会导致风险社会的放大与弱化，增加新的风险源。基于媒介素养对公众风险沟通的效用，公众需积极提升自身的媒介素养，使得自己能够有效地建构与解构风险信息，参与到风险沟通的多元互动之中。

（二）危机修复

任何组织都将面临危机的挑战，但是近年来当政府公信力危机、食品安全危机、公共卫生危机等层出不穷的危机侵袭组织时，能够从容及时进行危机管理的案例并不多见。由于应对失当，不仅导致组织身处舆情事件的旋涡之中，更有可能失去了公众对于组织的信任，遭遇信任危机，损害自身的组织形象。在如今错综复杂的互联网传播时代，组织应在深入考察危机传播情景的基础之上，首先认清危机产生的归因，做出危机回应；其次积极建构沟通渠道，积聚信任资本，改善自身形象；最后制定机

---

① Slovic P.Perception of Risk. Risk Analysis, 1987, 236 (17): 280-285.

制予以组织在出现应对失当时一定的处罚，承担在法律和道德框架之下必须履行的职责。

1.认清产生危机的归因，及时做出危机回应

具有代表性的危机应对策略理论分别是情景危机沟通理论、形象修复理论、道歉理论以及印象管理理论，这些理论都强调在组织的危机爆发之后，在第一时间做出回应，制定相应有效的危机应对策略，以此与利益相关者以及公众进行沟通。但是当组织有危机历史之时，公众会首先对组织产生刻板印象，认为其不值得更多的信任。而改变刻板印象的关键在于公众会根据危机事件发生的原因进行分析判断，从而更新自身对组织的感觉与信任。因此组织在进行危机事件回应之前首先应与公众的归因保持一致，再根据不同的危机归因，秉持着信息公开透明的原则及时回应自身的错误，做出相应的措施减少危机带来的伤害。

2.积极建构沟通渠道，改善自身形象

以互联网、手机为中心的新媒体使得社会进入"人人都是麦克风"的时代，信息的发布与传播可以随时进行，组织如果依然停留在传统的传播环境之下，就会处于危机传播的被动境地。在新的危机传播语境之下，组织无法控制对自身不利的危机信息，在危机事件对社会产生严重的损害之时，扑面而来的网络舆论更是让组织不堪重负。因此组织需将公众的网上评论考虑到危机应对的要素之中，为使得危机信息能够及时回应与互动，组织应提高使用新媒体平台的技能，将新媒体运用纳入危机管理之中，构建多层次的、多渠道的信息沟通渠道，主动接近并使用新媒体观察网络舆情，收集有关公众对组织的意见与建议，形成网络对话的双向互动。

3.制定机制予以惩罚，承担相应责任

在组织遭遇危机之后，除了保持信息的畅通积极重塑企业形象之外，还需重视对利益相关者进行补偿。补偿可分为有形补偿和无形补偿，有形补偿是当危机对利益相关者造成生命健康、财产损害时所给予的物质方面的救助，而无形补偿则是化解危机所造成的利益相关者的心理状态以及生活状态的负面影响。在组织重建信任系统之时还需制定机制来应对组织对公众的背信行为，例如相关法律规范的完善，这也是组织

在重建与公众之间的信任链条上的必由之路，承担其在道德和法律框架之内的相应责任。

（三）个人危机修复

个人危机修复中的"个人"一般指一个人或是一个群体中的特定的主体。"危机"则主要指针对"个人"的突发性、紧迫性和社会性严重事件，可能造成当事人声誉、财产、自由以致生命损失。"修复"，是针对"危机"出现后，个人所作出的应对措施。

1.个人危机形成的原因

危机的形成大致可分为四个阶段，即：潜伏期、爆发期、扩散期、解决期。一般而言，危机处理着重在爆发期的因应对策，而危机管理则涵盖四个阶段，尤应重视潜伏期的发掘及解决期后之检讨反省。其形成一般而言可分为以下三类。

内在的非人为因素所造成的危机，如工程安全事故、财务困难或破产。

内在人为因素所造成的危机，如性骚扰、劳资双方的冲突、内部管理失当等。

外在的非人为因素所造成的危机，如怠工、罢工、谣言中伤、歹徒勒索、群众抗争等。

2.个人危机的类型

服务者个人面对的危机有下面几项。

（1）心理危机

每个人都是情感、理智和意志的综合体，当遇到危机事件之时，人们会抑制理性的发挥，导致情感以非常态的方式表现出来，从而出现情感危机。在遭遇突发危机之时，由于恐惧不安的心理支配，个人的行为与心理可能会偏离正常轨道，社会成员可能会出现情感缺失、情感过激、情感异化等现象，导致社会处于消极的氛围之中。

（2）规划危机

如果每天毫无计划，对于自身的未来发展前景毫无规划，只完成眼前的既定工作，那么就会让自己身处规划危机之中。在规划时也不可过于笼统，不切合自身实际，例如在大三时学生通常会面临考研还是找工作的两难境地，很多学生往往随大流不考虑自身实际的学习能力，亦步亦趋地跟随别人的选择，导致最后既考研失利工作也没有落实。因此在制定规划时需谨慎，不可急功近利。

（3）身体健康危机

如果没有对自身饮食起居、生活保健做出健康规划，那么我们的身体就会面临健康危机。随着信息网络以及交通工具的便捷，人们逐渐从繁重的体力劳动之中解放，生活方式、思维理念被众多的信息平台肢解。大学生沉迷于海量的网络信息之中，体质水平出现持续下降的态势，出现了颈部酸胀、腰背疼痛等各类身体危机。

（4）形象危机

在职场之中困扰工作者的不是服饰是否醒目漂亮，而是是否与自身职业相符，能够做到职业化着装。在人际交往过程之中个人需通过外表、背景、共性、渴望等四个方面进行管理，从而实现有效沟通，而外表则是在印象管理中十分重要的第一步，决定着别人对自己的第一印象。当穿着过于鲜艳、暴露、杂乱，一些重要的工作机会也会随之擦肩而过。除了前台的形象整饰之外，在当今媒介化时代，如果前台形象与后台不符的话，也会陷入形象危机之中，例如企业家李国庆曾在微博多次发表不当言论，引发舆情危机，损害个人名誉。

（5）信誉危机

在当代社会因为超前消费理念，个人往往会提前向银行借贷一部分资金进行购房、购车等消费行为也会办理支持自己提前消费的信用卡。但是当资金无法周转，屡屡还不上贷款之时，就会让自己身处信誉危机之中。除此之外，当个人向别人承诺在一定的期限内一定完成某项任务或者归还金钱之时，一次逾期的机会别人可能会答允，但是当屡次超过期限，或者根本没有应允承诺，别人就不会再信任，个人因此也会变得寸步难行。

3. 个人危机修复方式

（1）针对情感危机的出现，个人应积极输入正向情感，以积极的情感弥补自己情感的缺失；找寻心理专家或者其他可依靠的对象进行情感宣泄，倾诉内心；社会应积极提供情感关怀，对情感出现异化的人员进行及时情感干预，提供人性化的情感帮助，创设温情的社会环境，完善情感管理机制。在自身无法解决之时，向身边值得信赖或者专业人士寻求帮助，找到危机的解决办法。

（2）职业规划需对自身进行全面评估，包括确定志向、自我评估、生涯机会评估、职业选择、职业生涯路线选择、确定目标、制订具体计划、最后的评估与反馈。以在校大学生为例，面对当今严峻的就业形势，大学生应在全面分析自身兴趣、水平、能力以及社会实际情况的基础之上，在每个学期为自己制定规划目标，提前做好职业规划，以便未来能够找到精准对口的工作。以职场新人为例，在步入职场之后，同样需要在进行自我分析、职业条件评估的基础之上，制定职业规划目标，并且付诸实际行动，找寻自身的职场归属感与成就感。

（3）为预防出现身体健康危机，学生自身需意识到网络是一把双刃剑，在给予人类便利的同时，也会忘却身体劳动的重要性。因此学生应积极参与到学校的体育课程以及实践活动中，提高自身身体素质，破解身体遭遇的危机与难题。

（4）近年来，企业家、明星出现形象危机的现象屡见不鲜。为预防此类危机，首先个人需培养形象维护意识，不仅要注意前台的言行举止、服饰穿搭，与人相处之时注重自己的服饰管理，穿着得体的服饰。同时不可抱有侥幸心理，认为后台具有私密性，就不注重自身约束；其次形象修复工作也不可缺失，及时掌握危机应对的良机，主动进行形象修正的举措，进行印象管理。

（5）当遭遇信誉危机之时，首先应该选择守约，维持自身在金融体系的良好信用，想尽一切办法去按照约定偿还债务，列举出个人债务并依据自身资产收入进行一一清理。为了预防危机发生，个人应有合理的债务应对方案，主动向相关方面有经验的朋友请教。

第十一章

亚文化传播与族群认同

案例导入

　　管理专业的小张酷爱滑板文化，每周五他都会准时参加学校滑板社的活动，在这里他认识了一群志同道合的朋友，与来自艺术设计专业的王宇最为要好。小张在与社员们的进一步交往中发现，这里的很多人都有着与自己十分相似的兴趣与生活习惯，比如都喜欢铆钉配饰、小众电影、时常熬夜等等。

　　该如何界定小张和他在滑板社结识的成员这一群体，这一群体的群体认同感从何而来？他们是否属于亚文化群体？以及如何识别出亚文化群体的风格和特性？想要弄清楚以上问题的答案，我们就需要从亚文化群体的定义开始说起。

一、亚文化的界定

美国学者波普诺将"亚文化"定义为更为广泛的文化的一个亚群体。这一群体形成一种既包括亚文化的某种特征，又包括一些其他群体所不包括的文化要素的生活方式。亚文化群体有着独特的兴趣，通常以自身所在群体的身份进行行动，以表明自身的群体特征。

亚文化包含两种含义：一是一种包含于主流文化，并试图与之区别、由某一群体所共享的价值和行为方式；二是共享亚文化的社群或人群，也就是通常所说的亚文化群体。从社会角度看，亚文化群体是被贴上标签的一群人，往往身处主流文化之外，并且与社会主流文化群体相比，有着自身明显的特点（如偏离性、边缘性甚至挑战性）。亚文化的背后隐藏着复杂的社会权力关系。加拿大学者布雷克强调亚文化是在社会权力中身处从属位置的群体发展的一套群体行为方式，以应对主流权力的意义系统。此外，亚文化不仅局限于社会学概念，而且具有文化政治学内涵。不少学者借用葛兰西的思想，将亚文化作为占据社会主导阶层与从属阶层之间经过"协商"与"斗争"形成的政治文化结果。

从亚文化对抗性这一角度出发，可以引出"反文化"这一概念，即"反主流文化"。所谓亚文化局势是一种亚文化如果对主流文化构成挑战。某种程度上，"反文化"也是亚文化表现的一种形式。这表明在社会矛盾中存在着诸多亚文化内容，如阶级、性别、文化等，特别是一些小群体文化矛盾更加明显。

二、新媒介下青年亚文化传播及其发展转向

青年亚文化是人类社会文化传播的重要代表现象之一。青年亚文化以青春性、多变性区别与处于主导地位的成人文化，是亚文化的重要代表之一。事实上，青年亚文

化的实质就是两代人之间因为价值观念之间的冲突而导致的矛盾关系。因此，就时间而言，青年亚文化这种矛盾会表现为不同的形式，如冲突、反抗、协商等。

中国因为特殊的文化背景，直到 20 世纪 80 年代前，中国的青年文化更多都是追随主流文化。但是随着改革开放，中国文化与西方文化开始互动，中国青年亚文化也开始逐渐脱离主流文化。到 21 世纪，青年亚文化在互联网为标志的信息技术下得到了进一步的发展。

新媒介对如今青年亚文化的影响已经不再局限在技术层面，从而导致青年亚文化的具有时代的特性。

（一）当代青年亚文化产生的媒介环境

以互联网为核心的新媒介对社会文化生态的全方位渗透导致中国文化逐渐向开放、民主与多元转变。新媒介不仅为亚文化的发展提供了工具，而且会催生新文化的诞生。青年亚文化便是其中代表之一。互联网环境之中，博客、社区等新型社交方式层出不穷，成为青年亚文化表达与社会参与的重要方式。

青年群体通过新媒体这一方式在网络虚拟空间构建着虚拟现实。网络媒介凭借自身开放、无边界、多媒介的特点为中国的青年亚文化提供了平等交流的实践空间。如今，新媒介已经成为青年亚文化传播的重要场域，连接着场域内的不同个体，推动青年亚文化的繁荣。换句话说，网络传播技术深刻地改变了青年的人生观、价值观与世界观，重塑着青年主体的青年文化。互联网技术以其交互性、即时性的特点重构着青年群体的人际关系，也创新着青年的表达方式。

传统的亚文化理论认为亚文化与主流文化之间存在着矛盾的关系。一方面，青年亚文化脱胎于现实的主流文化；另一方面，青年亚文化因为借助网络空间发展形成具有虚拟化的特征。新媒介中的青年亚文化与主流文化并非泾渭分明，而是呈现互相交织、影响的形态。正如鲍德里亚所言，虚拟与真实之间的差别被消去，人们从前对真实的那种体验以及真实的基础也一起消失。网络空间中的青年群体因为生长环境的原因与新媒介存在着天然的联系，但是与主流媒体的联系较弱。因此，新媒介成为青年进行文化传播的重要场所，他们在此过程中寻找着认同，消解着现实世界的权威。新媒介技术割裂了青年文化与现实世界，遮蔽了人与现实的关系，实现了青年文化表达方式向图像形式的转型，消解着主流文化的话语体系，解构着主流文化的权威地位。

（二）青年亚文化的当代转向

新媒介的青年亚文化的影响力相比于以往的传统媒介，其影响力与传播力都获得了极大的提升。这既包括青年亚文化传播方式、表现形式的改变，也包括亚文化所存在的环境的变化，包括文化生态环境与生态语境。

首先，在新媒体的加持下，青年亚文化实现了从小群体向青年整个群体的转变，某种程度上实现了"普泛化"。新媒体技术因为其易得性、易操控性的特点使人人都可实现信息的传播与接收，实现了传播权力的下放。网络技术因为虚拟性的特征模糊了现实世界中个人的身份、性别、收入等因素，降低了青年进入团体的门槛，实现了不同阶级之间的互动。正是这种原因，青年亚文化完成了"封闭空间"的突围，逐渐向开放性文化靠拢。

其次，青年群体通过自身新媒体技术的运用在网络空间中开辟了广阔的创造空间。网络开放性的特征使不同的文化群体都能在其中展现自我，对抗主流意识，呈现叛逆的特征。网络媒介的传播性和匿名性，为青年群体表达自身提供了渠道。从这个角度来说，网络空间极大地激发了青年对亚文化的创造力，拥有无限创新的可能。

最后，青年亚文化通过新媒体技术完成了从亚文化特点向自由化的转变。在网络空间中，新媒体技术的表现方式，比如媒介由语言文字符号、声音符号和影像符号向综合的数字符号的转变，实现了青年亚文化传播载体的升级，实现了文化表现形式的多样化、创新化。主流文化的表现形式一般继承文化所固有的传统符号，而青年亚文化所拥有的表现则突破了这一限制，常以特立独行的表现形式进行文化的传播，如服装、音乐等等。在互联网时代，青年亚文化的表达载体被进一步扩大，特别是新媒介所带来的各种新兴表达方式，如相片、游戏、视频以及各种社交媒体，使青年亚文化的传播平台得到进一步延伸。

　　新媒介中的青年亚文化的本身也是由单一向多元化转向的过程，由此延伸出青年亚文化的各种亚型，各类新式的亚文化不断地涌现。如今，网络空间的粉丝文化、社区文化、恶搞文化层出不穷，在网络空间这一生长场域不断地壮大与成长，逐渐出圈呈现与主流文化分庭抗争的趋势。对于，身处亚文化中心的青年群体来说，网络空间已经成为其对抗主流文化的重要"战场"，将亚文化之外的群体隔绝在外。

（三）后亚文化时代

　　网络空间中的青年亚文化传播方式的转变，创造着亚文化的新的实践意义，折射着强烈的时代意义。与过去相比，青年亚文化以往最明显的抵抗特征逐渐被娱乐化、消费化、多样化所替代，极大地契合了新媒体的特性。同时不可忽视的是青年亚文化也受到其他文化的影响，换句话说，青年亚文化能借助新媒介无深度感、暂时性、分裂性和全球化的特性与不同文化背景的人群接触，进而吸收不同文化，进而不断改变自身，呈现不断变化的特征。

　　因为新媒介低门槛的特点，青年亚文化的群体构成情况复杂多元。与以往传统群体以阶级为划分的标准不同，网络群体跨越了种族、地域、文化等障碍，能以兴趣为中心进行组合，进而形成网络群体的雏形。传统群体因为教育、阶级背景的划分标准，传统群体在价值观上有着巨大的差异。网络媒介为现实生活中对所处群体不认同的成员提供了加入新群体的渠道，这种群体极大地削弱了现实世界中的标签，娱乐与兴趣的特征明显。例如社交媒介中的粉丝群体因为对某个明星或者某种作品感兴趣，网络用户自发组成群体，进行信息的交流与相关活动的开展。又如以抖音、快手为代表的短视频平台兴起，为每个拥有手机的青年人提供了传播自身作品的可能。

（四）当代青年亚文化的创新发展

新媒介的出现促使青年亚文化生发出新的特点，需要注意的是其是否能与主流文化互相配合，共同促进文化场域内的正向价值整合。青年亚文化本来是不为人知的文化类型，带有浓厚的离经叛道的属性。新媒介场域下的青年亚文化更加以娱乐性、反叛性不断地冲击着主流文化的价值观，降低社会原有的向心力，甚至可能引起意义的虚无、规范的消解等社会负面问题。这些现象表明青年亚文化需要进行规范的引导与整合，以积极向上主流价值观对其进行矫正，促使青年亚文化能与主流文化和谐相处，相得益彰，共同推动社会的发展。但是，如果仅仅对青年亚文化进行一味的指责，便意味着向不同类型的青年群体宣战，将会导致主流文化与青年亚文化的对立与冲突。

新媒介的传播方式使青年亚文化的呈现方式更加丰富，交流的方式更加多样。多样的表现形式与交流渠道促使青年亚文化实践出更加丰富的文化意义，进一步突破传统社会的限制。

网络空间不断壮大的青年亚文化正在被主流文化所关注，主流媒体的持续跟踪已经使青年亚文化成为社会中不可忽视的现象。如网上所披露的人肉搜索、五毛党、山寨春晚、贾君鹏事件、犀利哥、凤姐等亚文化事件均是通过主流媒体的报道被人知晓，进而成为社会热点事件。这些亚文化事件也在某种程度上丰富了传统媒体的报道内容，延伸了文化特性。

新媒介的青年亚文化事件能进一步促进主流文化对自身的审视，进而吸收亚文化中的优秀文化属性，进行文化整合。2009年，由一群学生制作的《北京地区2009年春运火车票购买指南》，引起社会公众对铁道部门的质疑，结果是铁道官方正式发布了包括购票、候车、临客开行等内容"官方版"春运购票指南。这次事件本质上是青年亚文化对主流文化的一次挑战，并且使青年亚文化得到了社会公众的认同。网络空间也吸引大量的写手进入，成为青年亚文化群体的重要代表。传统文学在社会变迁与技术发展的背景之下逐渐式微，相反，各种文学作品以网络电子书的形式在网络空间传播。并且越来越多的作家开始加入网络写作中来，他们通过网络写作的方式进行文学作品的创作，在语言文学和传播方式上挑战主流文化的权威。如评论家白某与"80后"作家韩某的网络对战便是青年亚文化与主流文化的一次交锋，双方在网络空间争夺主导权的缩影。青年亚文化的文学作品不仅在网络空间风生水起，而且有不少优秀的作品被出版社出版，甚至被改编成电视剧、电影等。新媒体为青年亚文化的生存发展提供了得天独厚的条件，并且影响着现实世界的主流文化。与此同时，主流文化也通过各种渠道积极与青年亚文化进行互动交流，试图将其整合进自身，对其进行正向的引导。作为青年亚文化的主体的青年群体相信已经创造了世界，建立了一个单独的社会，践行着自己的生活方式。

青年亚文化的在网络空间的出现与发展得益于其实时、互动、跨境、跨文化、跨语言等的传播特点。新媒介中的青年亚文化不仅是文化实践的形式，还是主流文化的缩影，两者呈现出积极互动的状态，共同在网络这一虚拟场域中进行着文化实践。构建青年亚文化与主流文化的对话，为时代的文化创新与价值引导提供可能性，正是青年亚文化的重要意义之一。

三、亚文化传播中的族群认同

人类学对族群认同的研究是一个重要的内容。如今，全球化的时代，世界瞬息万变，各国的政治、经济、文化正在不断变化，不同族群正在向同一场域前进，加强了彼此之间的互动，但同时又带来文化距离，成为文化交流的障碍。

（一）族群认同的概念

认同，本是哲学的概念，后被引入心理学领域，现成为社会学常用的概念。社会学领域的认同多指社会、文化与民族认同，代表个人对自身的社会地位、文化传统等因素所产生的归属感。还有定义将认同视为个人对群体的趋同过程，本质是个体之间的互相接纳。隔绝的群体是缺少族群认同的，未接触过异质文化的群体就不会将不同的文化作对比，也就缺少认同的基础。

（二）族群认同的要素

文化是一个族群存在的重要条件，族群认同通过各种文化形式表现出来。族群认同形成的前提是群体成员经历过共同的历史，拥有共同的祖先、相似的文化背景等。人类的出生决定了其身份特征就是族群认同的基础。如一个婴儿的呱呱坠地就已经决定了其的先天文化特征，如外貌、人种等等，这是依靠基因所遗传的信息，然后家族开始赋予其社会化的特征，如社会地位、姓氏、文化习俗等等。特别是族群所拥有的文化背景，将在后天以十分强烈的方式塑造孩童的文化认同感、自信感等，这些是族群认同构成的重要因素。

语言、宗教、地域、习俗等文化特征也是族群认同的要素。语言是一个族群最为明显的特征，同时它也担负着信息交流的功能，在族群的延续中扮演着重要的角色。追溯一个族群的语言变化历史，能很清楚地了解其文化变迁史。语言可称作维系族群认同的明显成分，这让族群划成为可能分，如客家人是以方言为组织原则的，方言是他们的群体认同标识。在群体内部，共同的文化历史能产生巨大的凝聚力，特别是在与其他族群的异质文化接触的过程中，共同的文化历史能催生族群认同感，进一步加强族群的认同感与归属意识。

族群认同不仅仅局限于文化，也包含成员的心理意识。如许多从未踏足过中国国土的华人华侨，他们不会讲汉语，不过传统的中国节日，但是他们依然从心理上认为自己是中国人。

一位海外华人在对陌生大陆男子的求爱信中写道："我的祖辈是中国广东人，尽管我从没到过中国，但却很向往中国，我的血管里流的是中国人的血。"这说明族群认同本质上是群体归属意识的反映，带有强烈的主观意识。

（三）族群认同的层次

族群认同的方式十分多样，有族群的语言、文化、标识等。族群认同的形成分为不同的层次形式：情感归属、行为方式、价值理念等。多样化的认同是建立在共同的社会文化体系之上的，有着强烈的归属特性。群体内的成员会因为自身的经历、教育、地位等将选择不同形式的族群认同方式。不同形式的族群认同促使成员的价值与行为与群体保持一致，增强群体的向心力、凝聚力。

对于家庭、世系、邻里、社区、族群、国家等的认同，群体成员可以选择多样的方式，并且排序方式可以变化。认同因为非强制性的特点某些时刻会出现暂时的趋同现象，如人们在嘘寒问暖时的套近乎。不同形式的认同中包含不同地域、职业、姓氏的因素，这也造成了认同的多样性与层次性。在现实中，不乏多重认同的例子，如海外华人的认同，包含国家历史认同与民族认同的同时有国家与政治认同。

第十二章

跨文化传播与文化适应

案例导入

1930年，梅兰芳先生率领梅剧团前往美国，他希望把京剧艺术介绍给西方人，改变他们心目中对中国传统艺术，甚至是对中国的偏见。由于东西方文化观念与艺术形态之间的巨大差异，在准备上演的剧目类型和时长上都做出较大改动。比如外国人听不懂中国话，表演的剧目应选择那些打、做较多的，将以唱、念为主的剧目去掉；西方人习惯于欣赏时长限定的歌剧等艺术，因此在剧目演出时对时间要有所限定。第一场演出在百老汇举行，一举便大获成功，台下的观众折服于梅先生的眼神、动作、唱腔。剧终后，梅先生谢幕多达15次。随后几天里，纽约掀起了一股"梅兰芳风"，戏票三天售罄，甚至炒出三倍高价也供不应求。此次梅兰芳先生的京剧艺术巡演获得了美国社会各界以及普通民众的强烈欢迎和肯定。中国古典戏曲走出国门，以其非凡的艺术魅力征服了西方观众，跨越了不同文化间的种种差异，实现了成功的跨文化传播。

这是一次发生在国家之间的、非常成功的跨文化传播事例。随着世界各国变得日益紧密，国家间的文化交流活动不再是遥不可及的了，它极有可能发生在我们的日常生活中。每一天，我们都经历着不同文化观念、态度、背景以及价值观的碰撞。当这种现象发生时，我们该如何应对？

如何推进不同文化之间的交往沟通？如何适应多样的文化环境？对于这些问题，我们需要从跨文化传播与文化适应说起。

一、跨文化传播的概况

　　"跨文化传播"一词对于生活在 21 世纪的我们来说并不陌生。随着科学技术与通讯工具的革命性迭代，当今世界正在逐渐"缩小"，麦克·卢汉所预言的"地球村"已成为事实，这突出地表现为跨文化传播活动日益频繁。各种文化信息在世界范围内传播，在不同国别、不同民族、不同文化群体间流动，推动着文化的交融、冲突甚至消失。在全球化时代，跨文化传播已经成为人类的基本传播方式之一。在日常生活中，我们无法避免与不同文化的接触：打开视频网站，有世界各国的电视节目供我们选择；走进商场，眼前琳琅满目地摆放着来自不同地域的文化产品；在学校里会遇到不同文化身份的学生。我们总是以各种形式直接或间接地与多元文化产生互动，而在这一过程中，又经常性地出现多种误读或冲突问题。因此需要我们从跨文化传播的宏观概念出发，落脚到每个人的日常生活中，从而更好地理解跨文化传播问题。

（一）跨文化传播的内涵

　　20 世纪 50 年代末，美国人类学家爱德华·霍尔出版《无声的语言》一书，这本书中指出了美国人总是以自己的行为标准和文化习惯与别人相处而使他人产生敌意，并提出"美国人想与外国人实现有效相处是需要学习的"。正是在这一背景下，霍尔在美国国务院外交讲习所举办培训项目，通过一系列的课程帮助政府部门相关人员能在对外交流中实现高效的交际，从而能够自如应对多样的文化差异。在该书出版之前，霍尔多次在欧洲、中东、亚洲等地进行人类学考察，研究不同地区、文化背景人群之间的互动交往模式，寻找为何不同文化群体间存在理解障碍的原因，积累了大量实地经验，逐渐形成了跨文化问题的相关理论，在这个意义上，霍尔也被看作跨文传播学的先驱。20 世纪 70 年代，跨文化传播学摆脱先前的人类学范畴，正式成为传播学的分支，成为学术界关注的焦点问题之一。虽然跨文化传播走入学术研究视线不过几十年，但是跨文化性质的传播活动早已在人类历史出现。张骞出使西域、郑和下西洋、鉴真东渡日本等，都是古代中国跨文化传播活动的具体表现；繁华的丝绸之路、舳舻千里的京杭大运河，以及今天的"一带一路"倡议，见证了跨文化的交流与融通。

由于研究视角和侧重点的不同，学界对于跨文化传播的定义和类型有多种解释。跨文化传播主要指的是不同类型文化之间以及处于不同文化背景的社会成员之间的交往与互动，涉及不同文化背景的社会成员之间发生的信息传播与人际交往活动，各种文化要素在全球社会中流动、共享、渗透和迁移的过程，以及对不同群体、文化、国家乃至人类共同体的影响。[①] 从这个定义可以看出，跨文化传播涉及两个层次上的传播：一是日常生活层面的传播。比如生活在同一屋檐下的南方人与北方人，双方的生活习惯、思想观念等方面都有较大差异，在日常相处中也会出现矛盾与冲突，但在一定程度上能够相互理解并且尊重、学习对方文化。二是人类文化层面的传播。比如中华文化与西方文化之间的互动。这种传播往往基于文化符号系统的差异而具有巨大的理解障碍，因此双方常常以文化冲突的样态出现，而且这种文化之间的博弈是难以消除的，最佳的结果只是能达到"互惠性理解"。个人与国家层面的跨文化传播中不可避免地会涉及跨种族传播、跨族群传播、跨群体传播以及国际传播等四种传播类型，这四种传播形态往往不是孤立发生的，其中存在着重叠与交叉。本讲更多从个人层面的跨文化传播入手，聚焦于日常生活发生的事件，从细微之处探寻跨文化传播的路径。

（二）跨文化传播的要素与功能

发生于日常生活中的跨文化传播现象常常会被我们忽视，在与他人的相处过程中，我们也许会感觉到文化、观念的差异，但却不会将这些现象从跨文化传播的角度

---

① 孙英春 . 跨文化传播学导论［M］. 北京：北京大学出版社，2008：44.

思考，因而也无法以相应的策略技巧来解决人际间的种种问题。分析跨文化传播中的关键要素以及功能可以帮助我们分析文化现象，更好地看清事物的本质，从而对症下药。

1. 跨文化传播过程中的要素

第一，认知要素。认知是一种心理过程，人脑通过加工外界信息，将其转化为内在的心理活动，影响甚至支配人的现实行为；认知也是一种解决问题的能力，是人们对环境、他人以及自身的看法、态度、观念等知识的合集，是人的认识过程的产物；认知还是人们在面对大千世界时选择性地接受信息的心理基础。在特定文化的滋养下，一个人认识客观世界并且思考这个世界的过程是形成其对这个世界全部知识的基础。从跨文化传播的视角看，感知和思维方式构成了认知的基础。感知和思维方式可以体现出一个人的态度、价值观以及文化模式。

案例

电影《流浪地球》被誉为中国科幻电影的里程碑，不仅在国内拿到46亿票房，位居中国电影史第五，而且创下了近年中国电影在海外上映的最好成绩。原本对科幻题材不感兴趣的小明在看了预告片后产生了强烈的兴趣，他带着他的美国同学亚瑟去电影院观影。观影结束后，小明对电影中表现出的牺牲忍让精神、顾全大局而舍弃个人利益的集体主义精神十分感动，尤其是刘培强（吴京饰）与刘启（屈楚萧饰）这一对父子之间复杂的情感关系使他产生了深深的共鸣。小明从小生活在一个传统的中国式家庭中，父亲不苟言笑，忙于工作，母亲贤良温柔。小明与父亲的关系并不亲近，经常埋怨父亲在家庭生活中的缺席。因此，看到电影中这一对父子之间的情感变化，小明感同身受，看完电影久久难以释怀。与此同时，他的美国同学亚瑟更加关注影片宏大的故事逻辑，精彩的电影语言，尤其对电影的制作水准大加赞赏，认为这是一部中国科幻电影的"顶配"之作，但是对剧情所表现出的浓厚的故土情结和矛盾的亲缘关系难以理解。亚瑟从小跟父亲在玩中成长，比起一般的父子关系更像是朋友，亚瑟通常直呼父亲姓名，有娱乐活动也会叫上父亲一起参加。同时亚瑟又深受美国好莱坞式电影影响，这些电影以个人英雄主义价值观、精彩的镜头语言和宏大的打斗场面为程式。种种因素塑造了亚瑟对科幻电影的认知和思维模式，从这方面来看，亚瑟无法理解电影《流浪地球》中表现的中国式科幻精神也就不难理解了。

第二，言语要素。言语是人们掌握和使用语言的活动，以及运用语言这种工具进行交际的过程。社会群体内的言语活动既是一种保存该群体文化的形式，也是分享文化的一种手段。语言作为社会成员约定俗成的使用工具有着特定的规则，需要每一个社会内部成员遵守。在不同的社会文化环境下，人们因为沟通展开言语活动，但是对于同一事物的语言表达方式和传递意义有所不同，人们对意义的解读和反应也有所变化，这是由于不同语言具有不同的符号系统，人们使用语言的方式也会因为文化的不同而各有差异，即使生活在同一地域的人们在使用语言的方式上也会有所差别，更枉称处于不同地域的人们之间由于语言差异根本无法展开言语活动。

案例

大学生小欧在广东上学，有一天，小欧的朋友小飞过生日，邀请小欧一起庆生，他们去了一家很有名的潮汕饭馆。开始点菜时，小欧信心十足，想在朋友面前露一手，展示自己的点菜功力。但是一拿到菜单，小欧便傻眼了，上面写着"堂前飞燕""家国情怀""老树新枝""山海奇缘""掌上明珠"等菜名，"这些燕子啊、树啊，又是山又是海的，是用来吃的吗？"小欧感到非常疑惑，"你都能看懂这些菜名吗？这是吃什么东西？"小飞对他的反应毫不意外，回答道："作为潮汕人大致能看懂，因为这些词都有对应的食物，是潮汕菜中经常用的一种指代方法。比如这个'燕子'应该是用燕窝做料理，'山海奇缘'应该是长在山里的菌类植物与海里的水产品做的料理，'掌上明珠'肯定是吃鸭掌、鹅掌之类的食物。"等到食物上桌，服务员为她们介绍菜品，果然和小飞说的一样。一顿美食下肚，小欧十分感慨，虽然都是中国人，但是看着这些菜名完全无法下手，要是没有小飞在一旁解释，美味可就难吃进嘴里了！

第三，非言语要素。非言语要素是跨文化交流与传播过程中十分重要的部分，人们时时刻刻都能感受它、使用它，但常常会遗忘它、忽视它。非言语要素是相对于言语要素而言的，其中包括肢体语言、面部表情、语气腔调、仪态仪表、服饰打扮，甚至还包括社交时对于时间的概念以及距离空间的把握等。非言语要素在习得难度和理解上都要远高于言语要素。在跨文化过程中，传播主体与接收者同样会因文化差异而产生不同的理解，传递出不同的信息，有时会遭遇到比语言沟通中更大的交流障碍和文化误读，这些因素也能体现出不同文化的深层结构与价值体系。

案例

小雨毕业后入职一家互联网公司，在市场部做销售实习生。某一天，他的同事小雪找到他，让他去招待一个美国客户。小雨初出茅庐什么也不懂，但仍以微笑接待了这位外国客户。第二天，老板将小雨叫到办公室痛骂了一顿，原来是因为这位外国客户对小雨的接待十分不满，决定换一家公司。小雨感到十分疑惑，接待的流程都是按照公司规定，到底是哪里出了差错呢？这件事给了小雨一个教训，从此他更加细心地观察其他员工在招待外国客户时的表现。慢慢地发现了一些端倪，这些员工在交谈时通常直视客户的眼睛，而自己总是低垂着目光，让人觉得不太真诚；有些员工的英语可能不太好，但是他会用很多手势辅助解释自己的话，显得生动亲切，而自己总是一板一眼地陈述，让人提不起兴趣……小雨深切体会到了交际中有时甚至比语言更重要的因素，他开始有意识地做出一些改变，几年下来稳坐公司"销量王"的头把交椅。

2. 跨文化传播的功能

从人类整体的角度看，跨文化关系的建立是时代趋势，没有一个国家、一个民族可以避免跨文化交流，这个世界已经如此紧密地连接在一起；跨文化关系的建立也是文化发展的需要，文明只有在沟通中才能进步，这也是人类发展的前提。从个体的角度看，自由是人的天性，它帮助人们突破地理的限制，与广阔的世界交流。好奇也是人的天性，它使人天然地具有了解异文化的冲动。在某种意义上说，自由与好奇成就了人们跨文化传播实践，在这一过程中，人们通过与多元文化的交流开拓了视野，了解别人的同时发现了真实的自我，找到了通向自由的可行之路。因此，学习跨文化传播，掌握解决跨文化问题是十分必要的，它能够帮助我们反思自我，认识自我，尊重他人，聆听他人的声音，从而建立和谐关系，解决对立冲突。

首先，我们可以在跨文化传播过程中反思自我，认识自我。跨文化传播过程就像一面镜子，你可以透过这面镜子看到自己身后的世界，也可以看到处于这个世界中的自己。从这个角度看，你的观看更像是一个"他者"的第三视角，从而发现一些常常被自己忽视的地方，因为每个人从出生到走入社会都是处于一个相对稳定的社会环境中，而这个环境会灌输给你许多文化观念和态度，很难自我察觉和瓦解。跨文化传播可以为你提供一个反思自我、认识自我的机会。当你开始学习到不同文化观念和价值取向，你可以在比较中更好地定义自己、思索人生、认识世界。

其次，跨文化传播帮助你在聆听他人的声音中了解别人。跨文化传播带给我们与他人沟通的机会，不论是面对面交流还是通过书信、邮件进行交往，甚至电影、美术等艺术形式也可以成为跨文化传播的载体，从作品中解读出作者想要表达的思想和意图，实现文化的传递与沟通。这一切成功传播的前提都是建立在聆听的基础上。聆听——是一个动作，但不仅仅是动作，更是一种态度，可以在任何形式的交流中实现。从他人的讲述中，我们可以进一步了解他人，知道许多我们未曾接触过，甚至未曾发现的东西，从而形成对世界不同的看法和态度。

最后，跨文化传播是一个建立和谐关系，解决对立冲突的过程。在一对关系中，产生冲突的根本原因是双方的互不理解、互不信任。成功的跨文化传播成就的是一种"双向奔赴"的关系，双方都能在尊重对方、理解对方的前提下展开文化的交流与沟通，尽管彼此在文化背景、思想观念、价值体系甚至意识形态上都存在着巨大的差异。同样，在日常生活中，我们每天都会遇到形形色色的人，他们有着各自的成长经历、家庭背景、信仰观念，但我们之间并非无法沟通的，不经意间的交际使我们能够进一步了解对方，为双方之间搭建畅通的跨文化传播渠道，也正是在文化信息的交互中逐渐解决矛盾，建立和谐的跨文化关系。

（三）青少年在跨文化传播的过程中面临的问题与障碍

面对跨文化传播过程中多元文化和观念的冲击，我们也许会因为不了解跨文化传播的特点，不清楚跨文化传播的机制而走失在文化迷雾中，从而在态度上和行为上出现问题。而在如今的"智能时代"中，科技的进一步发展，为跨文化传播带来了新问题和新挑战，这些问题亟须我们去解决。

1.跨文化传播中的态度障碍与行为障碍

跨文化传播中的认知要素是引起人们出现态度障碍和行为障碍的关键因素。认知出现偏差会使人们在交流中带有民族优越感、刻板印象、偏见、歧视等心理，从而在行为上展现出排斥、拒绝的姿态。

民族优越感主要是指认为自己的文化群体优于其他文化群体。从一方面看，认为自己国家和民族文化优秀并非坏事，可以说是一种民族自信心的表现，有利于本民族文化价值的传承和文化观念的传播。但是，从另一方面看，民族优越感走向极端，将文化以优劣区分，从而存在着一种文化的"优胜劣汰"心理。在这种心理的支撑下，跨文化传播可能会发生"变质"，平等的文化互动会变成一种以"给予""施舍"为名的文化霸权行为，这将会给跨文化传播带来巨大障碍，是极其不利于文化的多样性发展的。

案例

　　美国大学生凯文来中国交流一年，他自视甚高，不屑与中国人交朋友，在他看来，美国文化是世界上最优秀的文化，其他文化都应该在美国文化的影响下改变自己，甚至与美国文化同化。由于凯文的这种心理，他经常在中国社交媒体上发表各种极端言论，甚至将一些时政新闻、社会新闻"移花接木"，制作成假新闻发布到外网上，煽动外网反华情绪。他的这些行为最终将他送进了法庭，直接驱逐出境。凯文明明可以用眼睛亲自去观察中国这个地方，却还是被极端的民族优越感蒙蔽了双眼，像一条落水狗般离开了中国。

　　刻板印象和偏见也是跨文化传播过程中认知偏差下形成的。在我们的日常思考过程中，海量的信息扑面而来，为了能够更好地接受这些信息，我们必须将它们进行分类和概括，从而在其中找到我们真正需要的内容。刻板印象则是将人或物僵硬地分门别类，这种分类习惯来自我们的日常经验，我们可以因此预测他人的反应并且对他人做出回应。刻板印象有正面与负面之分。许多人会抱有这样的刻板印象，有吸引力的人都是聪明且具备社交能力的人；南方女生都十分温柔，北方女生就更为大大咧咧。这些都是较为正向的刻板印象，即使在社交开始前存有这样的先见，也不会阻碍沟通的进行。但是负面的刻板印象就会阻碍跨文化传播。如果说刻板印象是我们对一个群体的印象，这种印象有好有坏，那么偏见就是在未知的情况下对一个群体的负面态度。与刻板印象一样，偏见一旦产生就很难消除，它于我们的潜意识中起作用，阻碍我们顺利实现跨文化传播。

案例

　　小颖是个南方姑娘，留着一头乌黑的长发，戴着一副黑框眼镜，说话轻声细语的，给人的第一印象就是一个温温柔柔的女生。同时小颖还担任学校辩论队队长，经常在各大辩论赛中担任首发的位置。在一次国际辩论赛事上，对方辩手一见小颖，便认定她是个柔柔弱弱的女生，并且对中国学校派出这样的女学生参赛表示嗤之以鼻，认为这种柔弱的女生根本无法在如此激烈的辩论赛中有所表现，是个"花瓶＋拖后腿"的角色。因此他们在制定策略时将小颖作为突破口，认为自己胜券在握。然而赛场上的小颖神情昂然，眼神坚定，观点鲜明，说话掷地有声，给人以一种无形的压迫。这种与她外貌全然不符的战斗姿态震慑住了对方辩手。一个回合后，对方辩手纷纷改变了先前的刻板印象，开始正视小颖。赛后，对方辩友直呼轻敌了，不该以貌取人，也不该因此产生刻板印象而放松警惕，从而影响比赛。

歧视是在跨文化传播中由于刻板印象或者偏见所引起的一种行为上的反应，表现出对某一文化群体的疏远或公开贬低。歧视可以是从非常细小的层面发生的，如拒绝眼神接触、拒绝和某人说话等非口头行为，以及出言冒犯、暴力行为等。每个人在生活中都会遇到歧视行为，比如地域歧视、性别歧视、宗教歧视、名牌歧视等。这些歧视都建立在毫无认知或重大认知障碍的基础上。前文例子中的美国留学生凯文就是因自己强烈的民族优越感而拒绝一切文化的沟通，公开贬低中国文化，并且用媒介的"转述"功能挑唆其他民族一同仇视中国人。跨文化传播是一个双向的过程，通路的堵塞将会造成信息传输失败，这些发生于认知上的民族优越感、刻板印象、偏见、歧视等就是阻碍通路顺畅运行的"巨石"，需要我们将其挪开。

2."智能时代"中跨文化传播出现的新问题

"智能时代"的到来，使得跨文化传播突破了时空、国界等地理局限。在各种技术变革的推动下，跨文化传播在媒介、行为主体、接收主体、传播模式、传播内容以及传播效果上都发生了巨大的变化。智能时代为人们提供了全新的生存和交往方式，他们在一个理想的虚拟社区中交往与沟通。可以说，网络拓宽了跨文化传播的现实领域，彻底改变了原本基于地缘、血缘的人际关系，实现了更大范围的全球传播。与之相伴相生，"数字鸿沟"出现了。所谓数字鸿沟指的是由于教育、经济、文化等方面的差异，不同群体在掌握网络技术和获取信息资源水平上的差异，是一种"信息富有者和信息贫困者之间的鸿沟"。[①] 获取信息的能力与当地经济发展水平、政策支持与否、个人受教育程度，以及对新事物的传统观念等方面息息相关，在一定程度上，获取信息能力是一种"知识沟通"，它为沟通的双方设置了一道准入门槛，于无形中关上了文化交流的一扇门。这种数字鸿沟会出现在发达国家与发展中国家之间、同一国家中的发达地区与欠发达地区之间、不同阶级之间、年长者与年轻人之间、男性和女性之间，从而成为这些群体交往传播过程中的新问题。

案例

　　　　大四学生小敏准备考研，第一步是搜集目标院校的招生信息、考试范围等。由于这个专业比较冷门，过往报考人数和录取人数相对较少，常见的资讯搜集网站上根本找不到相关信息，更别说对症下药地进行复习了。于是小敏广泛利用各种社交媒介搜寻，同时拜托自己的老师，希望能够借助老师的社交圈接触到更多目标院校信息。最后通过老师，小敏联系到了一位考进目标院校的直系学姐，学姐慷慨地将自己的考研学习笔记给了小敏，这无疑为她日后的自主学习裨益良多。与小敏顺利拿到招考信息不同，小源在搜集信息的第一步就遇到了问题，他不知道可以从什么平台、什么社群上找寻资料，搜索时只死板地以"学校＋考研"为关键词，因此一无所获。在日后的复习中，小源虽然十分努力，但是缺少针对性的学习，难以把握学校出题风格和出题范围，遗憾落榜。小敏通过老师进一步拓展了自己的信息网络，与小源在获取信息的能力上拉开了差距，两人之间产生了无形的"信息鸿沟"，导致最后的结果不尽相同。

---

① 孙英春. 跨文化传播学导论［M］. 北京：北京大学出版社，2008：752.

案例

　　小玉是一个"网络冲浪达人"，熟练掌握各种网络用语，这种交流习惯也影响了她在日常生活中的实际交往。在与母亲的交谈中，她多次用到"不明觉厉""十动然拒""油麦"等网络用语，听得她母亲一头雾水，根本无法交流。这就是"网生代"与"70后"之间差别，"网络原住民"小玉出生于网络飞速发展的年代，在思想观念、价值取向、文化习惯上都受到网络的形塑。网络给小玉带来的巨大影响首先便体现在她的语言使用上，有别于传统言语习惯的流行语，是阻碍她和母亲顺畅交流的第一关卡。其次体现在接收海量信息和处理信息的能力上，小玉母亲也会上网，通过网络了解到某些社会热点，当她看到令人惊奇的消息转发给小玉时，小玉有时会说，"我早就看到过了，事情的后续都有了"。或者说，"这个消息是假的，已经辟谣了"。面对网络信息的冲击，小玉母亲无法正确分辨、快速筛选自己所需的信息，从而导致信息接受"过载"。从这个例子中我们可以发现，小玉和她的母亲之间由于受教育的水平、使用网络的习惯等方面原因导致了"数字鸿沟"的存在，两者在信息的传播上出现了时间差和知识差，从而天然地区分了两种文化群体，产生了跨文化传播的新问题。

（四）青少年应对跨文化传播问题的策略与技能

　　通过上文的介绍，对跨文化传播的内涵、要素与功能有了基本的了解，青少年需要从培养跨文化技能和了解跨文化传播发展趋势两方面进行，形成自己的跨文化传播对策和前瞻性思考，从而解决跨文化传播难题。

1. 培养跨文化技能

跨文化技能的培养首先是从观念开始的。在日常生活中要更加注意你所属的群体身份，比如喜欢汉服，被纳入国风文化群体；作为在校大学生，属于学生群体。在各种各样的群体中，你需要反思什么是对你最重要的？什么是帮助你或者推动你成为该群体的关键因素？你也要更加在意家庭的价值观，你的父母向你传递的是什么理念？这些理念是否合理？它们是否在跨文化传播中影响你对其他文化或群体的看法？从这些理念出发，你该如何与其他人交往交流？通过反思，将其作为跨文化传播活动的起点开始留意。

其次，在观念的改变之上要更加注意自己的行动。当你在日常生活中遇到文化交流障碍，回想你所发出的语言信息与非语言信息，回忆你的潜意识行为，这些信息真的是你想表达的吗？打开社交范围，学会结识不同年龄段、不同民族、不同国家的朋友，从多元化的朋友之"镜"中，总结出跨文化交流的途径与技巧。除了结交朋友之外，也可以通过报纸、网络、影视等多种形态媒介去了解不同文化，探究不同文化表象之下的文化符码。

另外，"言语是伤人的利器"，在谈论其他群体时，你应该尽量避免使用反映一般性、标签式的确定词语，而是用"对我来说好像"等不确定词语。同时，在遇到有人出言冒犯其他群体时（不论是有意或无意），你应该勇敢站出来反对他，让他们知道这种带有歧视性、刻板印象的话并不受人欢迎。

2. 了解跨文化传播的发展趋势

从全球范围看，由于技术的进步，推动人类物质活动与精神活动交流进一步走入全球化，各种文化不再局限于地域，在全球范围内实现流动和交往。原本文化中存在的社会关系也在这一过程中发生巨变，将制约人们日常生活的各种关系从本土拓展到全球。从个人层面看，传统的、惯常的社会关系在全球化的冲击下打碎重组，新的文化关系开始确立。各种文化浪潮席卷而来，我们就像留在海岸边的石块，或许消失不见，或许能在海浪的侵蚀下显示出不同于以往的、全新的面貌。因此，把握跨文化传播的发展趋势，是我们能在未来实现有效传播的关键一步。

第一，跨文化传播形式的"多样化"。所谓形式的多样化是在技术进步的条件下实现的。当前以抖音、快手为主的短视频平台成为跨文化传播的重要媒介，尤其在青少年间已经发展为传播的主要媒介。短视频因其时长短、内容紧凑、图像冲击力强的特点降低了用户门槛和观赏层次，人人都可以借此发表言论，展现自我。不同文化在这里碰撞与交流，用强烈的视听语言冲击用户感官，将最直白、浓缩的文化传播给用户，使他们能以最快的速度接收到不同文化的特质。除了短视频，公众号、播客等自媒体也成为跨文化传播的重要形式和载体，这些形式下的跨文化传播是前所未有的，它极大地改变了传播主体身份，提高了传播效率。

第二，跨文化传播内容的"趋同化"。跨文化传播之下可能会带来文化的"同质化"，多元文化交互的过程中，强势文化具有强大的同化能力，使弱势文化难以保持自己的本色，长此以往，弱势文化会逐渐向强势文化靠拢，在形态上呈现与强势文化相似的特质来。文化的同质化不免会使传播内容走向"趋同化"。当前网络平台上存在许多雷同的"日常生活 VLOG""美食吃播""外国人系列"等视频，原本是表现生活日常的视频以类似的镜头、剪辑、配乐等出现，换汤不换药；原本是表现中西文化交流的视频，总是以相似的对中国人或事浮于表面的夸赞的逻辑进行，因此常常有人说"看到开头就已经可以猜到结局"。

第三，跨文化传播效果的"封闭化"。对于成长在网络腾飞时代的我们来说，网络是我们了解不同文化、学习不同文化的主要手段。大数据时代，我们深陷于互联网为我们打造的"信息茧房"，大数据算法机制可以根据我们以往点击的视频，喜欢的内容，自动地向我们推送相似内容，从这个角度看，跨文化传播的一个窗口被封闭了——那就是接收到不同文化、不同观念的可能性极大地减少了。在某些社交媒介上，更是直接以"小组"的形式划分相同喜好的文化群体，"组员们"在这个"小组"中发表言论，"外人"无法在这个小组中发言、参与小组讨论，想要进入该小组成为其组员还需要通过极其复杂的申请程序。"小组"与"小组"之间有着严格的分界线，明令禁止组员讨论与小组宗旨无关的话题，否则就会被"踢"出去。可以说，互联网使文化传播有了针对性，但也使文化传播出现受众固化、传播效果封闭化的趋势。

出现在跨文化传播领域的新趋势是一把双刃剑，需要我们在厘清这些现象的基础上灵活运用跨文化技能，警惕出现在我们身边的种种负面因素，同时善于利用好的一面进行对外传播，为成功的跨文化传播创造新的契机。

二、跨文化适应

身处全球化与智能化时代下的我们，对于远离家乡、国家，去往其他省份或国家学习、工作已经习以为常了。我们每天都在经历着不同文化的碰撞，目睹着多元文化的冲击，与他人展开跨文化的接触与沟通。这是一种时代趋势，而我们作为时代浪潮下微乎其微的一点，能做到的就是去适应它。跨文化的接触给人带来新奇和神秘，但是压力也与之相伴相生。我们需要适应不同的文化观念、文化行为，这在一定程度上是与原来的自己发生割裂，往往这种变化所带来的压力是让人难以承受的。因此，学习跨文化适应的概况，了解跨文化适应的阶段和过程，以及影响跨文化适应的因素对于顺应时代潮流，提升跨文化适应能力，从而展开更加有效且高质量的跨文化适应活动至关重要。

（一）跨文化适应的内涵

跨文化适应问题最早由人类学家和社会学家展开研究，由于西方社会几个世纪前的殖民以及移民活动的后果逐渐显露，学者们将研究重点放在土著和移民如何学习新文化、摆脱旧文化和旧习俗、适应新的社会环境的过程。到20世纪80年代，跨文化适应问题在跨文化交际议题中占据了重要地位。加拿大教授约翰·白瑞可以说是研究文化适应领域的领军者，并且随着时代潮流的变化提出与之相适应的议题。互联网时代早期，他提出"在新社会中的文化适应与调整"；到21世纪的全球化时代，他将"全球化与文化适应"作为研究焦点。白瑞认为，文化适应指的是在双向的文化交流过程中以及在跨文化接触后心理上发生的变化。他的理论建立在这样一个假设上：当人们进入与其相异的文化时，要进行自我调整，调整的方法很多，在调整自我的同时也改变着他人。因此，跨文化适应涉及两个层面的改变：个人与群体。从个人层面上说，跨文化适应更像是一种内在认知的调整和外在行为的变化；从群体层面上说，它涉及社会性的文化实践的变化。简而言之就是心理适应和社会文化适应这两个维度。所谓心理适应是以个人的情感为基础的，个人在与异文化的交流中的心理健康程度、对当前生活的满意程度，是否产生焦虑、失望等消极情绪，如果没有这些情绪，并且对此后生活充满激情，就算达到心理适应。所谓社会文化适应是以异文化中的人们与你是否展开有效接触为判断依据的，也就是能否融入当地社会、成为异文化的"内人"。从这两个层面上也涉及文化适应的两种情形：短期适应与长期适应。短期适应是以个体为主的，主要针对暂时性的旅居者面对异文化的适应过程；长期适应则是以移民和族群为主，指一个文化群体在长期性甚至永久性地生活在一个新的社会环境中所经历的适应过程。

跨文化适应也是指一种相对稳定的、有效的、互动的关系，关系建立于一个新的文化环境中。也就是说，发生跨文化适应的前提是有一个由异质文化构成的社会环境，在这个环境中人们进行跨文化调整。这种文化适应环境包括五个方面："我"文化、"他"文化；处于动态变化中的"我"群体、处于动态变化中的"他"群体；接触和互动的性质。讨论文化适应环境就像讨论句子的上下语境，脱离语境分析句子很容易就会陷入歧义。因此在讨论任何跨文化适应现象时都要与一定的文化适应环境联系在一起，从而能够全面理解文化适应问题。

（二）跨文化适应的阶段与过程

跨文化适应是一个长期的过程，没有人可以在一进入异文化的情况下立刻表现出如鱼得水的状态，他必然会经历一大段时间的调整期，在这一过程中，会出现各种各样的情绪和反应，既有消极的也有积极的，都属于正常表现。因此分析跨文化适应的阶段和过程可以帮助青少年更好地理解自身处境，减轻心理负担。

1.跨文化适应的四个阶段

　　艺术专业大四学生小希成功申请到了法国某艺术类专业院校的硕士研究生，将于九月开启她的异国求学之旅。对于每一个学习艺术的人来说，法国是一个梦寐以求的好地方，深厚的艺术底蕴、几百年来保存得十分完善的物质遗存、浓厚的艺术氛围，无不吸引着众多爱好艺术的学子前往。

　　刚到法国，小希对当地的一切都很兴奋，她在卢浮宫流连忘返，步行在塞纳河畔，坐在梵高同款咖啡店喝咖啡，一切都是她想象中生活的样子，甚至比想的还要美好。小希真想一辈子都能待在这里。一个多月过去，小希走遍了法国的著名景点，学校也就要开学了，她遇到了一个巨大的难题——语言。虽然小希在国内学习过法语，也顺利通过了法语考试，不过一旦与法国当地的人们交谈，她就像一个哑巴一样，一句也听不懂，一句也说不出。与此同时，小希的法国室友渐渐露出了她的真面目，室友喜欢开派对，会把她的同学叫来公寓通宵玩乐，派对过后就是一地的垃圾，公寓里脏乱至极、臭气熏天。小希无法与她的室友沟通，一次次的通宵派对又使她难以入睡，第二天上学根本提不起精神，更别说集中精力听老师讲课了。

　　学业与生活上的双重压力让小希无法喘息，她开始整夜整夜的失眠，"学校—公寓"两点一线的生活让她如行尸走肉一般。在小希看来，偌大的城市似乎没有她的容身之处，她开始感到孤独和彷徨，想念家乡、想念亲人。一年时间很快过去了，在这一年里，小希利用失眠的时间学习，一字一句分析老师的课堂内容，这不仅帮助她在期末测评中取得了一个较为理想的成绩，也使她能够"听懂"，并且"回应"当地的人们的话。在沟通水平的不断提高下，小希终于有了一次和室友开诚布公的交谈机会，也在派对和卫生问题上达成了一致。法国室友也会给小希介绍一些只有本地人才知道的美食、娱乐的地方，小希在这些充满着浓郁法国气息的地方渐渐找回了刚来法国时的状态，她开始享受这里的美食、娱乐生活，更多地与当地人交谈。硕士研究生毕业，小希已经像一个"法国人"一般自如地生活了，她拥有了许多法国好友，甚至交了一个法国男朋友。导师也十分欣赏小希，因此小希决定在法国继续深造，攻读博士学位。

从上述小希的例子中，我们不难发现她在法国这个异乡学习的过程中心理与认知上发生的变化。这种变化像一根曲线一样，忽上忽下，我们可以将其称为跨文化适应的四个阶段，分别是蜜月期、危机期、恢复期和适应期。蜜月期表现为乐观、兴奋的状态，对出现的文化差异持积极的态度，对异文化表现出的新鲜感与好奇远超于担忧情绪，就如小希刚到法国的那段时间，一切在她看来都是如此的美好；危机期则是在深入接触和体验异文化的基础上，产生出的某种厌烦、敌意等消极情绪，就像小希在法国度过了一个月以后，各种问题纷纷冒头，她在这个时期对异文化更多是以排斥的状态应对的；恢复期是人们开始能对周围的一切产生新的认识，能发现异文化积极的一面，从而重新燃起想要了解它、学习它的欲望和冲动；适应期也可以称为同化阶段，在这个时期人们已经适应了新的环境，对当地的制度、规则、习俗有了充分的认知，并且已经做出相应的调整，原来的焦虑、担忧、失望等情绪不复存在，能在新环境中重塑自我，就像在本文化中一样生活。

2. 跨文化适应过程中的文化休克现象

看到"休克"一词，我们也许会感到疑惑，为什么文化会使我们感到休克呢？"休克"不是一种生理现象吗？为什么会出现在文化领域呢？文化休克是跨文化适应过程中必然会出现的一个显著问题，需要我们重点了解。

"文化休克"是人类学家奥伯格在他的一篇学术论文《实用人类学》中首次提出并使用，他对此做出如下定义："人们突然身处异文化环境中所患的一种职业病，起因是人们突然身处另一文化中时，失去了所有熟悉的交际符号和形式，引起一种惶恐不安的感觉[1]。"从这一概念来看，"文化休克"是一种心理现象，是一种环境陌生化

---

[1] Kalervo Oberg. Cultural Shock: Adjustment to New Cultural Environments[J]. Practical Anthropology, 1960, 7(4): 177-182.

下带来的焦虑感受。在日常生活中，人们有许多自己熟悉的社会交往符号和文化符号，这些符号是伴随着人们成长的，它们决定了人们如何生活、如何交往等各种社会问题，但是当文化语境发生改变，旧的习惯与文化认知已不适用，新的文化符号尚未熟悉，人们可能会在心理层面受到一些感性的、直观的刺激，从而产生一种深度焦虑，这就是文化休克。文化休克现象会出现在每一个跨文化的个体之上，它的显性表现会同时发生在生理和心理层面。在生理层面，文化休克首先体现为水土不服，过分追求饮食安全，对小痛小病反应剧烈，以及其他一些被放大了的病状；在心理层面，主要表现为担忧害怕、焦虑心慌，认为自己难以交到朋友的沮丧、孤独感，甚至出现排斥当地文化、拒绝与当地人们社交的意愿。

当然，文化休克在不同人身上可能会有不同的程度表现，从而对异文化持不同的态度，常见的有以下四种："同化型""排斥型""边缘型""整合型"。这四种态度可以类比为从文化休克到文化适应这一持续性过程中的不同反应。"同化型"是一种全盘"他化"的类型，放弃自己原有文化；"排斥型"则与"同化型"完全相反，表现为全盘否定异文化；"边缘型"是处于两种文化冲击的风暴中心的结果，既无法完全靠近异文化，也无法完全返回本文化，是一种十分矛盾的状态，不被异文化认同，与此同时也开始对自我的身份产生怀疑；"整合型"指的是个体有能力融入异文化又保持自我，不失去本文化的核心特征，这是一种文化适应的理想状态，现实生活中也很少有人能够做到，这也是我们分析跨文化适应的种种元素，帮助我们真实地认清面前的阻碍，从而能达到这一理想的状态。

总而言之，用当下比较"时髦"的话来讲，文化休克是一个人跳出自己的"舒适圈"时产生的。当自己熟悉的一切被打破，自己感到"舒适"的生活方式被挑战，文化休克就出现了。

（三）青少年在跨文化适应过程中的影响因素

正如上述部分所讨论的，跨文化适应是一个充满挑战、充满危机的动态发展过程，就算是相同背景下的不同个体在面对同一陌生文化时依然有其需要应对的特殊问题。事实上，青少年在跨文化适应中遇到的问题和障碍主要是由一些内外部因素共同作用下激发的，认识这些因素的存在和作用方式可以帮助我们在日后更好地分析自我，以帮助自我实现跨文化适应。

1.影响青少年跨文化适应的内部因素

影响青少年跨文化适应的内部因素首要的便是个体的性格特点，一个人是否对陌生的世界有较高的容忍程度和心态、为人处事是否灵活应变、是否具有幽默感，以及内向或者外向都会是影响青少年适应陌生文化，具有较好适应能力的重要元素。比如性格独立的人在以个体主义文化为主流的社会中更加容易感到适应；而喜欢交朋友、依赖朋友的人则更喜欢处于集体主义文化的社会中。对跳出舒适圈也仍保有积极心态的人更容易适应不同文化，因为他会将这一适应过程看作锻炼自己性格、增加阅历和社会经验的好机会，这也是他走向陌生世界支撑他的一个内在动机，也是一种更加坚韧的心态。例如，如果一个外国学生把来中国留学看作深度了解中国文化、增进多元文化认知以及开阔视野的机会，他就能够更快、更好地适应中国文化。

其次是个人对目的文化的期望值。当一个人对目的文化期望值过高时，一旦现实出现与之期望不相符合的地方，便会感到失落甚至难以继续下去的消极情绪。对目的文化有着合理的期望值，并能够对可预料的问题做好充分的准备，是帮助人们更好进行跨文化适应的重要条件。另外，在对目的文化保有合理期望值的基础上，出现现实好于期望的情况就会使人们对生活更加满意，反之则有可能更加沮丧。比如，我国某些大学生总认为"外国的月亮比较圆"，迫切地想要"出去"，然而到了国外才发现一切都并非如此，"月亮还是照样转"，甚至频频受到歧视和限制，又迫切地想要"回来"。

另外，个体对目的区域所涉及的历史、地理、政治、经济、文化等客观知识的了解，对于他们语言与非语言交际、行为规范、社会习俗等方面技巧的掌握对个体能否实现跨文化适应至关重要。比如当我们申请国外留学生时需要通过雅思或托福考试、外国人来中国留学也要经过汉语测试等，这就是一个语言门槛。在语言的学习中逐渐积累关于目的国文化政治经济方面的各种知识，才能更好地在陌生文化中生活下去。对目的文化的知识了解的越多、所掌握的技能越熟练，就越能够在异文化中找准自我定位，成功实现跨文化适应。

2. 影响青少年跨文化适应的外部因素

影响青少年跨文化适应的外部因素是从文化层面出发的，首要因素就是本文化与目的文化之间的差异，也称为"文化距离"。与美国相比，韩国和日本与中国之间的文化距离更短，因为中日韩都属于东亚儒家文化圈，日本和韩国的许多文化都源自中国，然后才在本国发展出特色来。到韩国、日本留学的学生相较于去美国留学的留学生更能在文化上有一种熟悉感，面对他们的文字、饮食、生活习惯、行为状态等会有一种似曾相识的感觉，从而能更快地适应目的国文化。比起山东学生，同为邻省的浙江学生去江苏上学则更难以察觉到文化差异，因为江浙同属于吴越文化，文化距离更近，在语言上有着相近的吴语系统，而山东属于齐鲁文化，不仅方言上相差甚大，在生活习惯、饮食文化方面也具有了南北差异。

其次，来自朋友、家人以及其他认识的人的支持，能够帮助个体更好实现跨文化适应。没有社交网络的支撑，人们容易陷入孤独和焦虑中。在跨文化适应的初始阶段，亲人和来自同一文化的朋友的友谊会给个体带来情感上的支持，一定程度上能够缓解各方面的焦虑。在跨文化适应中后期，认识来自目的文化的朋友加上与当地人的沟通，能够帮助个体增进对异文化的理解。这种受到当地社交圈的支持对于个体适应新文化更为关键。比如，一些教授汉语的中国人作为教师在国外生活很长时间，但始终难以适应当地的生活，一个重要的原因就是缺少当地社交圈的支持，总是"学校—家"两点一线，几乎不参加学校组织的活动，也不与学校里的本地老师交流，常常在自己的圈子里打转，所以容易感到孤独和厌烦。

另外，歧视与偏见会对心理与社会适应产生很大的影响，如果一个社会群体或国家本就对其他国家或文化群体存在歧视，那么个体无论如何都难以适应这个国家或文化。比如部分美国人歧视有色人种，当美国警察看见一个白人和一个黑人在争吵，就会下意识地控制住黑人。这将会涉及一个社会群体的意识形态层面，他们是否对其他文化或不同意识形态下的人们天然地具有敌意？他们是否在法律上禁止或者限制某一文化群体的进入？比如美国早期的《排华法案》便是在法律层面限制了中国人进入美国领土，并且在社会层面引起了美国人对中国人广泛的仇视，在文化层面抹黑中国文化、侮辱华人。大众媒介上出现了许多中国身份的反派角色，如傅满洲等。这些形象在大众传媒的重复生产中不断地影响不同时代的美国人，进一步加深他们对中国的刻板印象。

（四）青少年面对跨文化适应问题的技巧与策略

跨文化现象发生在每个人的身边，因此，学会跨文化适应不可避免。然而面对跨文化适应过程中的种种因素和带来的后果，学习相关技巧策略提高跨文化适应能力迫在眉睫。

1. 培养跨文化适应意识

跨文化适应意识是跨文化适应的基础。意识是人脑对客观世界的主观反映，是感觉、思维等各种心理过程的综合。跨文化适应意识是适应者对跨文化适应活动在头脑中的反映，是对跨文化适应全过程所有心理活动的总和。这种意识从适应者内心主动表现出来，体现为适应新文化所具备的性格特征、愿望等。形成跨文化适应意识的前提是培养跨文化意识，首先，我们需要保持心理健康。良好的心理状态是我们能够迎接新文化、包容陌生文化差异的先决条件。稳定、外向的情绪状态可以帮助我们在不熟悉的文化领域仍然保有善意，愿意去了解它和学习它，在思维和心态上持有好奇心；而易于激动、情绪化以及神经质的心态容易在跨文化适应中被极其渺小的问题所激发，引发生理和心理上的重大考验。其次，当面对文化差异所带来的"奇观"时需要我们具有"移情"的能力，移情是能从对方的文化背景上思考问题，体察对方文化的境遇，从而产生共鸣。比如常年生活在内陆的人们就很难理解沿海地区的海祭仪式，甚至会有人认为这些仪式不知所谓。但是从沿海百姓的文化背景思考，这一切就会变得容易理解得多。沿海百姓的生计靠大海，但大海又是如此的神秘且变幻莫测，海上的一阵风浪便会让人尸骨无存。举行海祭仪式一方面是祝福渔民收获丰富，另一方面是盼望家庭平安，生活安乐。海祭仪式就像内陆人们会举办的"祭土拜土"仪式一样，充满着对生活的美好盼望。也正是在这一"移情"过程中，逐步形成了跨文化意识，提升了跨文化适应能力。

2. 学习跨文化适应知识

　　跨文化适应知识是跨文化适应的保障。跨文化适应知识是指那些为了适应目的文化而必须具备的语言文化知识和交际技能。一方面是关乎目的文化的客观知识，涉及他们的政治、经济、教育、地理、宗教、艺术、媒体等文化现象。另一方面是关乎与目的文化所属群体交际的语言与非语言知识。另外，需要注意的是，具备丰富的自我文化知识也是必不可少的，因为跨文化适应归根结底是文化与文化之间的对话，仅具备其中任意一方知识的情况下都会形成交往障碍。同时这种自我文化的知识储备不应该只局限于掌握表层文化，更要精确掌握形成本民族、本文化群体的深层文化观念。

　　目的地文化的语言与非语言知识实际上属于一种适应和交流的工具。从语言和非语言知识的学习中可以了解到隐含在这些符号系统中的反映一个民族群体的思维方式、价值观念、社会习俗等。作为初到新文化的个体，可以走上街头，注意观察当地人在交谈时的语气、神态动作、身体语言等，并且试着去模仿他们。另外一种途径是通过当地本土的社交媒介，关注网络上的语言文字，理解当地的流行语和使用语境，并且学着去用它。比如中国当下的社交媒体上流行着许多"新词"，它们通常是由中文语句缩略的四字词语，或是拼音缩写。面对这些"新词"，即使有一定语言基础的留学生也没办法理解，这就需要他们通过这些词语使用的语境、情态或者直接询问中国人来解释这些词语，了解它们的意思和使用途径。

3. 采取跨文化适应行为

　　跨文化适应行为是跨文化适应的结果，是建立在跨文化适应意识与跨文化适应知识的基础上显现出来的外在表现，也是实现跨文化适应的具体措施。跨文化适应行为是多方面的，首先最基础的就是生活适应，可以在陌生文化中解决自我的衣、食、住、行等生存方面的问题。其次是工作适应，它要求人们能够处理工作中遇到的难题，这个过程常常会涉及更为复杂和多样的交际问题。最后是目的文化民众交往适应。这要求人们在新文化中能够主动与当地人交往，能够入乡随俗，学会按照当地人的习惯做事情、考虑问题等等。参加当地的同好聚会，可以在陌生文化中凭借相同的喜好找到归属感；留学生可以多多加入学校社团，在社团活动中可以交到一批在年龄、学识等各方面相似的人，在与他们的相处中逐渐提升自己的跨文化适应能力；参观当地博物馆、美术馆，在音乐厅或剧院欣赏具有地方特色的艺术作品，它会为人们提供一种沉浸式的异文化体验。在这些氛围的烘托下，学习并且采取适当的跨文化适应行为将会变得顺理成章。

    虽然跨文化适应意识、知识与行为之间存在一定的逻辑，需要层层深入练习，但是它们每一项都不是孤立存在的，而是相辅相成的。每一次的跨文化适应实践都是在进一步培养跨文化意识、增长跨文化认知，良好的意识与丰富的知识也指导着人们做出相应的行为。因此，青少年在练习跨文化适应策略时，应该将三者一以贯之，从而实现良好的适应和有效的传播。

后 记

　　《传播与社会》是江苏省高等学校重点教材，经江苏省高等教育学会审核通过。

　　本教材建设始于 2009 年安徽师范大学教材建设基金项目《文化与传播》（校教字〔2009〕4 号），历经 10 年的教学经验积累。主讲教师于 2018 年工作调动至扬州大学，将教材进一步修改为《传播与社会》，教育对象由新闻传播专业本科生，转向各学科各专业大学生，侧重于大学生在现代社会中的媒介素养的培养，本教材用于扬州大学公共通识核心课程《传播与社会》，2020 年获批扬州大学重点教材建设项目，2021 年获批江苏省高等学校重点教材建设项目。因此，本教材是在历经 10 多年的教学实践检验并不断修改完善的基础上形成的。

　　教材出版过程中，得到了江苏高等教育学会、扬州大学教务处、新闻与传媒学院及相关专家的指导。同时，也广泛听取了高校教师和学生的意见建议。

　　本教材由秦宗财主持编写，扬州大学马克思主义学院王艳红副教授、新闻与传媒学院研究生张文佳、潘一嘉、刘佳欣、王洁源、陈越琦、李心洁、陈萱、刘聪、周中天、钟旭辉、朱玲玲、陶心玮、朱晓帆、徐怡、励倩、高璞珍等参与了教材内容的校对工作。对上述师友表示衷心的感谢！本教材参考了学界既有的研究成果，文中予以一一标明，在此表示衷心感谢，因时间仓促，难免存在疏忽遗漏未标明者，敬请谅解并告知笔者（邮箱：896351968@qq.com），待日后予以再版修订，在此表示十分感谢。

秦宗财

2022 年 10 月于扬州大学荷花池校区

责任编辑：涂　潇

版式设计：石笑梦

图书在版编目（CIP）数据

传播与社会／秦宗财 编著 . — 北京：人民出版社，2025.5

ISBN 978 － 7 － 01 － 025405 － 0

I. ①传… 　 II. ①秦… 　 III. ①社会学－传播学－高等学校－教材 　 IV. ① C91 ② G206

中国国家版本馆 CIP 数据核字（2023）第 023736 号

传播与社会

CHUANBO YU SHEHUI

秦宗财　编著

人民出版社 出版发行

（100706　北京市东城区隆福寺街 99 号）

北京新华印刷有限公司印刷　新华书店经销

2025 年 5 月第 1 版　2025 年 5 月北京第 1 次印刷

开本：787 毫米 × 1092 毫米 1/16　印张：17.25

字数：297 千字

ISBN 978 － 7 － 01 － 025405 － 0　定价：68.00 元

邮购地址 100706　北京市东城区隆福寺街 99 号

人民东方图书销售中心　电话（010）65250042　65289539